ポスト世俗化時代とヨーロッパ連合

自由と民主主義とキリスト教

坂本 進

新評論

まえがき

ＥＵでは、この一〇月にもアイルランドにおける再度の国民投票を実施し、全加盟国によるＥＵ憲法条約（リスボン条約）の批准を完了する予定で、条約はいよいよ発効する段階にまでこぎつけた。二〇〇四年末の調印、さらには二〇〇二年のヨーロッパＥＵ将来像検討委員会の発足にまで遡れば、形の上では七年間を費やしてようやくここまで辿り着いたという感じである。この間に、第一回目の国民投票におけるフランス、オランダ両国での否決や、第二回目のアイルランドにおける国民投票による否決に加えて、ほぼ同時期に発生した世界経済の同時不況などの煽りを受けて、ＥＵ市民の大半はＥＵ憲法条約成立過程に疲弊し、彼らは少なからずアンニュイを感じていた。フランスやオランダはもちろん、懸念されたポーランドや英国までも国民投票方式から各国議会による議決方式に切り替えてすでに批准をすませている現状では、唯一残されたアイルランドについてはなお一〇月の国民投票の結果いかんによるとは言え、仏独首脳をはじめＥＵ首脳が相次いで同国入りして国民説得に努めたことも奏功して、実質的にはもはやＥＵ憲法条約の批准を妨げるものは何も存在しない。

しかし、予想される新条約では、著者がこれまで声高に叫び続けたＥＵのアイデンティティ、すなわちＥＵの生みの父ロベール・シューマンも謳い、ヨーロッパ文化に通底しているキリスト教、などは条約の理念には反映されていない。今成立しようとしているのは、ＥＵが長年標榜してきた政治的統合にはほど遠く、もっぱら経済的繁栄を求めるための手段としての合理主義を強調したまさに経済基本協定とでも称すべき代物である。

ヨーロッパと言えばキリスト教との結びつきが濃いとはいえ、グローバル化の時代に何をヨーロッパの中核に据えるべきか、すなわち同地もまたアイデンティティ・クライシスに陥っていることも事実である。

一方、今世紀に入ってとくに行き過ぎた世俗化が随所に弊害をもたらし、時代は今まさにポスト世俗化時代に突入している。物質的繁栄のみに酔い痴れる時代は疾うにすぎている。いわんや、かつて思想的、精神的先駆者として世界を導いてきたヨーロッパにおいてである。

彼らが、あるいは彼らの先哲たちが長年希求してきた統合EUとは果たしてこのようなものであったのだろうか。ことに、著者を含めて統合の思想的背景を究めんとする者にとっては押し並べて痛恨のきわみである。

長年ヨーロッパに生活し、ヨーロッパをこよなく愛する著者による本著は、歴史的視点に立ち返って、現在進行するヨーロッパ統合のあり方に頂門の一針とならんことを願うものである。

もくじ

第2部　キリスト教と民主主義の政治思想

第4章　キリスト教と民主主義

第5章　（半）直接民主主義と少数意見――スイスに息づく宗教改革の伝統――　127

第6章 キリスト教と政治倫理
――ヨーロッパ精神の形成――

第3部 キリスト教と世俗化

第10章　ポスト世俗化時代と統合の今後
――21世紀におけるEU――

郵便はがき

料金受取人払

新宿北局承認

4523

169-8790

260

差出有効期限
平成23年2月
19日まで

有効期限が
切れましたら
切手をはって
お出し下さい

東京都新宿区西早稲田
3—16—28

株式会社 **新評論**
SBC(新評論ブッククラブ)事業部 行

お名前	SBC会員番号 L 番	年齢
ご住所 (〒) TEL		
ご職業 (または学校・学年、できるだけくわしくお書き下さい) E-mail		
本書をお買い求めの書店名 市区郡町 書店		
■新刊案内のご希望	□ある	□ない
■図書目録のご希望	□ある	□ない

SBC(新評論ブッククラブ)入会申込書
※に✓印をお付け下さい。

SBCに**入会する**□

SBC(新評論ブッククラブ)のご案内
◆当クラブ(1999年発足)は入会金・年会費なしで、会員の方々に小社の出版活動内容をご紹介する小冊子を定期的にご送付致しております。**入会登録後**、小社商品に添付したこの**読者アンケートハガキ**を累計5枚お送り頂くごとに、全商品の中からご希望の本を1冊無料進呈する特典もございます。ご入会は、左記にてお申込下さい。

ポスト世俗化時代とヨーロッパ連合——自由と民主主義とキリスト教——

凡例

① 欧州とヨーロッパの使い分け
原則「ヨーロッパ」とした。ただし欧州のほうがより慣れ親しんでいると思われる以下のような慣用表現には欧州を用いた。例。欧州議会、欧州委員会、欧州理事会、欧州中央銀行、

② カトリックとカソリックの使い分け
原則「カトリック」を用いた。ただし、原著書等にすでにカソリックとしてあるものはそのままカソリックを残した。

③ アメリカ、米国、アメリカ合衆国、フランス、仏国、等の使い分け
原則「米国」、「仏国」等を用いた。ただし、アメリカ、フランス等の後に大統領などの名詞がつく場合や、合衆国である旨を強調する場面、たとえば建国時代の米国にはアメリカ大統領、アメリカ合衆国などの表現を残した。

④ 民主主義とデモクラシーの使い分け
原則「民主主義」を用いた。ただし、デモクラシー（民主政治）とデモクラティズム（民主主義）とは混同されやすく、両者の区別が明示される必要がある場合には混同を避けるためデモクラシーと表現した。（今道友信『エコエティカ』講談社学術文庫、一九九〇年、二〇三～二〇四頁。拙著『ヨーロッパ統合とキリスト教』新評論、二〇〇四年、二七頁、注(16)）

⑤ なじみの薄い漢字を避けて、できるかぎり平易な日本語表現を用いた。このため、文意が通じにくい箇所ではやや難解な漢字の使用をお許しいただきたい。その際には、できるかぎりルビを付けた。

⑥ 登場人物名には判明するかぎり生没年等を付記したが、一部に不明のものがあることをお断りしたい。

⑦ 引用文には出来る限り出典を明記したが、長文にわたる引用の際には要約を記しているので必ずしも原文通りとなっていない箇所もあり、原著者には予めお許し賜りたい。

⑧ 欧文引用出典で日本語訳のあるものについては、「欧文」からの引用のものは著者名を欧文で、「日本語訳」から引用したものは著者名をカタカナで表示した。

序論

人間は宗教の始めであり、宗教の中心であり、宗教の終わりである。

出典：フォイエルバッハ『キリスト教の本質』

本書は西洋においてキリスト教と政治倫理を共通の土台にもち、相互に深く関連し合う三つの主題、すなわち「平和」、「自由」、「民主主義」の探求と、この間に進行している世俗化の問題について検討したものである。ただし、すでに著者は五年前に「平和」を中心として『ヨーロッパ統合とキリスト教』(新評論、二〇〇四年)を上梓し、「自由」についても触れた。本書では、改めて「自由」ならびに「民主主義」とキリスト教との関係を追究し、その上で、世俗化問題が時代の進展につれて変容を遂げ、いまや「ポスト世俗化」とも言われる時代に入っていて統合の行方に新しい影を投げ掛けていると思われる現状に視点を転じて考察する。

本書は、いわば前著の姉妹編とも申すべく、ここに前著とあわせてご参照いただければ筆者の意図もより鮮明にご理解いただけるものと思う。

キリスト教を視座に西洋の政治思想がどのように形成され深化し伝承されてきたかを追究しながらかつて**トレルチ**(**Ernst Troeltsch**, 1865~1923)が西洋において一八世紀以来際立ってきたキリスト教的文化の解体を目の当たりにして、それを「巨大なる破局」と慨嘆し、キリスト教文化の見直しを通じてヨーロッパの「文化体系」再建のための「ヨーロッパ文化綜合」の必要性を唱えたように、小著もトレルチの主題のいわば延長線上にある。

もとより、西洋政治思想にはギリシア思想の主流が一方にあり、現代に至るまでその影響はきわめて深く影を落としている。キリスト教的政治思想はいわばギリシア政治思想のさらにその下層に厚く堆積した地層にも似て、ギリシア政治思想と相携えて近世から現代に流れきたった。

政治思想、わけても本書でとり上げる政治倫理は、宗教的なものとのかかわりなしには考察不可能である。それは、倫理が西洋社会では性質上宗教に胚胎するうえ、分けても政治倫理はキリスト教を抜きにしては考察しがたいからである。

一般に思想は、現在の時点で永遠なものに思いを馳せ、相対的なものよりも絶対的なものに、そして個別性よりも全体的なものへと飛躍展開しがちな性質のものである。しかし、豊かな思想も文化の多様性や民族の創造性のうえに培われるものであり、文化や習俗が均質化され、すべからく合理性の追求のみに堕したときに思想もたちどころにしぼむ。

現実の経済的合理性追求に惑わされ、無思慮に画一的な法や規定の導入により、加盟国間の国益コンフリクトを増幅することのないように文明の揺籃の地として世界が仰ぎ見た西洋諸国が、各々の国や民族の習俗や感情を損ねることなく、一日も早くかつての精神的指導者の地位への復帰が期待される。

世俗化が社会の隅々にまで浸透し、高度の科学文明が支配する現代といえども、なお文化の底辺に脈々と息づく西洋の地で、キリスト教の見直しによって人間的潤いに満ちた揺るぎない社会の再来を思慕するものである。社会の無機質化の進行を多少とも食い止め、潤滑油として組織に潤いを与えるのは、キリスト教を含む宗教をおいてほかに見当たらない。

西洋社会を徒らに巨大化や合理化のみに専念させることなく共同社会の原点に立ちかえり、キリスト教が西洋社会の牢固たる絆となって不断にヒューマンな潤滑油を注入してこそ、伝統に恵まれ活力と精神性に富み、現代に相応しい健全な社会が甦ることが期待され、その可能性を検討するのが本書の目的である。

現代社会においては、「**平和**」も「**自由**」も、そして「**民主主義**」も新たな危機に直面している。現在の「**平和**」は束の間の平和にすぎず、先進経済大国はもちろん、後進地域においてもＯＤＡ資金の大半を防衛予算に充当するなど、各国がこぞって軍拡競争や核開発に走る様は、古来の「平和とは、次の戦争に備えるための準備期間だ」という俚諺がいつの時代でも現実味をおびている。

「**自由**」についても、現在の「自由」は虚構に満ちた自由ではないかと危惧される。際限もなく無規律で無節操な現代社会に「自由」は居場所を失い、さながら自らを蝕むがごとくで、あたかも自壊を遂げようとしているようでもある。それは、エデンの園を追われ去り往くものの姿に酷似している。「自由」は、再びエデンの園への無事なる帰還を希求するのだろうか。それとも、もはや人間社会に愛想をつかし、このまま静かに神のもとに召されてしまうのだろうか。

そして、現在の「**民主主義**」は、自由とともにいまや人類の抑止できないほどの高度の文明化をもたらし、人類を進歩よりもむしろ退歩へと導いている。「民主主義」はその美名のもとに一部の者の権力の具に供され、あたかも全体主義の台頭が懸念されるほどに腐食化している。

我々は、ながく「理性」に歴史の水先案内人の役割を託し、人間の歴史もいずれ「理性」の赴くところへ善導されるに相違ないと信じていたから、その中で人間はじっと堪《こら》えてそれぞれに歴史の小さなひとこまを担ってきた。それは人間の生来の善なるを疑わず、人類が描く歴史の軌跡もいずれかぎりなき「自由」と究極的「平和」を目指して登りつめていくに相違ないとの信念に支えられていたからのことであった。

欧州連合EUでは、二〇〇七年一月一日を期してブルガリア、ルーマニアの二か国が加わり現在二七加盟国となり、昨年、欧州憲法条約草案も「修正条約（リスボン条約）草案」と改定されて批准に向けて二度目の投票が行われたが、小国アイルランドの国民投票による否決を前にしてあえなく膝を屈した。

ヨーロッパは、イラク問題を契機に新たな混迷に陥ってしまっていた。統合による結束基盤を不安視させるような加盟各国間の利害の対立が相次いだ。やはり、ヨーロッパと総括できるような共通のアイデンティティができていないことにあるのではないかという日頃からの疑念がまたしても現実のものとなった。

さらに、この混迷に拍車をかけたのが米国に端を発したサブプライム・ローンに起因する未曾有の金融危機である。「仕組み債」といわれる野放図なまでの信用創造を繰り返し、なかば皆無に近い規制を背景にして世界を金融の大混乱に陥れた。これは、米国はおろか欧州を含む世界を巻き込んで資本市場のクラッシュを招来した。これこそは正しく際限のない自由がもたらした悪弊の象徴的な出来事であった。

ヨーロッパ社会が現在のような混迷に陥った原因の一つは、世界をも席巻する勢いのグローバリズムという市場原理主義である。

遡れば、ヨーロッパにおいては八世紀、**シャールマーニュ**（チャールス大帝・Charlemagne, 768~814）のフランク王国以来の悲願であった統合が実ってすでに半世紀がすぎている。統合は、加盟各国が国の命運を賭して行う、有史以来人類が初めて経験する歴史的大実験と称せられ、その帰趨は世界の注目の的となっている。巷間、統合もここまで来ればもはや後退することも、もちろん崩壊することもあり得ないという期待感で充満していた。しかしそれは、統合の現段階がもっぱら経済面を主体としたいわゆる経済・通貨統合であったからであり、ヨーロッパが本来目指すべきはヨーロッパの地に恒久平和を確実ならしめるための平和的政治統合の実現であることを考えれば、このような期待感はたちどころに消失してしまいかねない。

ひと口に政治統合と言っても、その実現の前に大きく立ちはだかる各国の言語・歴史・文化・宗教の相違や、それに起因する参加各国間の利害の衝突があって、これらの相違や衝突による国家間の違和感は容易には払拭し切れそうにない。先の中・東欧諸国の加盟に加え、さらに旧東欧諸国の追加加盟が予定されており、今後各国間の対立はいっそう激化こそすれ解消する気配にない。

ヨーロッパが誕生してミレニアムの歴史を超え、各国にはさまざまな歴史的変遷があった。そして、その間に幾たびとない戦火を交えた国同士が統合後わずか半世紀にすぎないこの時期に、寸分のわだかまりもないほどに交わりあえると期待するほうが無理である。

しかし、統合が現在のように相互の経済的期待を満たすだけの目的で、いわば物質的繁栄を達成するための道具としてのみ存在するならば、それは相互利益擁護のための単なる協同組合のような一時的な共同組織でしかない。たとえ多数の加盟国の命運を賭けたものといえども、このような人為的な共同組織に永続性を期待すること自体が大きな誤りである。

現下の世界同時不況のもとで不況の震源地である米国はもちろんのこと、ヨーロッパ連合の加盟国の一部には、自国製品の優先購入のみか自国民の優先的雇用を推進して国益増強を図ろうとする傾向が日ごとに増している。

本書は、あくまで統合を含む欧州政治の将来を展望するに際して、経済統合段階の現在はもちろん平和的政治共同体を目指して統合の進展する将来において政治・社会的倫理の重要性は増してくるであろうという点に重点を置いて、その背景となる政治思想をとくにキリスト教的視座から「平和」「自由」「民主主義」の三つの局面に焦点を当てて再吟味してみようという試みである。一応これら三区分にしたがって部門分けをしてはいるが、民主主義は自由と一体の関係にあって機能するように、真の平和も自由と民主主義の基盤のもとでなくして実現は困難であり、またそれぞれは相互に密接な関係を有しているので、推論上の区分は施してはいるもののこれらは頻繁に絡み合うことは止むを得ない。

欧州統合理論の領域では、主として経済的合理性達成のため組織の合理化、機能の充実、法制度の整備・改善などの技術論が主流を占め、統合の理念・精神などの政治哲学的・社会形而上学的側面からの議論に乏しい。それは、統合の合理性の視点からの考察に偏向があり、欧州全体を貫く共通認識、すなわちアイデンティティの希薄性に起因し、結局最終判断の段階では国益への寄与度の多寡に帰着してしまうからにほかならない。

欧州社会では歴史的・文化的にキリスト教が基盤となっており、共通認識としてのキリスト教にアイデンティティの基礎があると考えられるので、本書では、共同社会の成立とその基本的構成に関してキリスト教の原点に焦点を絞り、統合の思想が芽生えた中世にまで遡って政治思想の検証を試みた。これは、合理化を指向する現在の一般的理論からは異端視されがちではあるが、その重要性においていささかも劣るものではなく、二一世紀の統合の成否を占ううえで一つの試金石となると確信する。

本書は、こうした事情を踏まえて近代西洋政治思想の軌跡をキリスト教的視点から探ることにより、今後西洋の政治が指向すべき方向を模索しようとするものである。何故「キリスト教的視点」に絞ってその軌跡を探ろうとするのか、それは以下の五つの理由にある。

第一に、統合の直接的契機は一一世紀末に始まったイスラムのヨーロッパ大陸侵略に備えたキリスト教徒による十字軍の結成、およびキリスト教国の結束にあったこと。

第二に、中世から近世にかけての宗教改革の時期を中心に、キリスト教徒同士の激しい争いをなくしたいという強い希望のあったこと。

第三に、現実に統合思想の始祖とも称すべき一四〜一五世紀の論者はキリスト教聖職者が主流を成していたこと。

第四に、ヨーロッパにおいてはヘレニズム思想と並びユダヤ・キリスト教思想が圧倒的な影響力を有していたこと。

第五に、先に再び不調に終わった欧州憲法条約に象徴されるように、その原因はヨーロッパに共通する経済的パフォーマンスの低調さとともに、ヨーロッパ人を結ぶ紐帯となるべきアイデンティティの不明確さ、すなわちアイデンティティ・クライシスにあること、そしてそれはキリスト教を抜きにしては考察しがたいこと。

一方では、世俗化が浸透した現代科学文明社会でキリスト教をあえてもち出すのは時代錯誤であるなどの批判が予想されるが、この点に関しては、世俗化の原因・歴史・その功罪などについて十分の検証を加えてある。キリスト教的平和達成に向けてのキリスト教国圏の実現は等しくヨーロッパ人の悲願であったため、欧州統合の父**ロベール・シューマン**（Robert Schuman, 1886〜1963）も統合の基本構想に「民主主義」と「キリスト教」という二つの支柱を挙げたのである。彼は、民主主義を基本理念に据え、もっぱら民主主義国家のみによる共同体を構成し、キリスト教が民主主義と並んでEUにおける政治倫理原則として機能すべきであるとした。本書もこのような視点に立つもので、三部一〇章構成とした。

「**第一部　キリスト教と自由の政治思想**」においては、キリスト教と歴史に表れた自由思想の関係をトレルチの自由論を足掛かりに論じる。欧州政治思想史において、「自由」はすでに二〇〇〇年以上にわたって、きわめて重く倫理的な意味をもった概念であり、それは一つの絶対的な規範として観念されて、人間の行為や精神的内面性を規定してきた。自由は外部の何ものからも拘束を受けない「自由」ではあるが、自らに比較を超越した倫理的拘束力を有した。したがって、こうした「自由」に打ち拉がれて「自由」を放棄することは自らの人格の否定であり、生存者としての「人間」の資格を放棄することにもなった。だから、人類の歴史はさながら「自由」の探求の歴史でもある。

「**第二部　キリスト教と民主主義の政治思想**」では、補完性原理を尊重することを統合の基本理念に謳うEUにおいては、形式と建前ばかりが先行して補完性原理の本質が忘れ去られているのではないかと思われ、ピューリタニズムにおける共同社会の民主主義などを検証し、統合ヨーロッパにおいて健全な民主主義の発展に立ちはだかる隘路や諸々の困難さと民主主義のあり方をその原点に立ち返って考察する。

「**第三部　キリスト教と世俗化**」では、キリスト教の世俗化の過程、なかでもマックス・ウェーバーがもたらした世俗化の影響を中心に、キリスト教がヨーロッパ社会から次第に、そして時に急速に地盤を失っていく状況を検証する。西洋近代を基礎付けた政治思想のうち、世俗化の歴史・原因・その功罪を現在の統合ヨーロッパにどのように反映されているかを視点として観察した上で、さらに過度の世俗化が人間社会に悪弊をもたらしているとして、ポスト世俗化時代といわれて過度の世俗化がもたらした弊害と、新たな視点で捉えられようとしている世俗化問題に絞って論及する。

政治倫理の欠落した政治に関しては、いずれ暗礁に乗り上げる危険性を孕むものであることをプロテスタンティズムの倫理を中心に論及した。「道徳なくして法律は何の役にか立たん（Quid leges sine moribus.）」と古代ローマの俚諺に謳うごとく、倫理なきところの自由は放縦か怠惰に等しく、人間社会もいずれ荒野へと朽ち果てていく危険性を秘めるからである。

近代西洋におけるキリスト教は不幸にして主要な戦争において主役を演じたが、復興の過程では少なからず市民に結束と活力とを呼び掛け、とかく陥りがちな経済統合の無機質化を多少とも食い止めるべく寄与した。理性のみの判断のもとに探求する平和と自由には限界のあることや、もっぱらキリスト教を主体とする判断にも自ずと限界のあることは自明である。理性と霊性の双方に依存する政治判断こそ望ましいものである。

本書は、もとよりキリスト教の護教論を展開するものではなく、時代とともに無機質化が顕著となる西洋社会の政治文化形成に、政治倫理の重要性を主体としてキリスト教を含む宗教の見直しの必要性を提唱するものである。いわば、論理と合理の御旗のもとで市場原理主義を至上のものとする風潮に大いなる危機を感じる。これこそまさにブルクハルトが叫んだ真の危機の時代の到来を告げるものである。

世俗化の進行と軸を一つにした殺伐たる社会を招来してはならず、キリスト教を含む宗教の見直しを通じて人間社会に潤滑油とも申すべき情緒や感性を取り戻すべく、ささやかなる警鐘を鳴らし続けたく思う。

前著同様に、本書もヨーロッパの政治思想的背景を、ヨーロッパ文化の隅々にまで浸透しているキリスト教を主体とした思想的系譜を辿りながら、彼らが目的とした理想体系を現在進展する欧州共同体・ＥＵ拡大の過程に投射し、そのあり方の妥当性を問うものである。

前著に重ねて引用するが、ルソー（Jean Jacques Rousseau, 1712〜1778）がかつて「総ての民族は各々の過去や民族魂を持っているので、それらを無視して一律無差別に同一の規定を適用し、画一の法を当て嵌めて、習俗も感情も画一化しては、各人の人格を縮こませ窒息させてしまう」（『ポーランド統治論』ルソー全集第五巻、永見文雄訳、白水社、一九七八年）と西洋の将来を憂いたように、統合開始後半世紀以上を経過してもなお経済合理主義偏重から平和的政治共同体建設への十分なる準備も整ったとは言い難く、加盟国間の国益コンフリクトが絶えないＥＵは精神的に混迷状態にあるというに等しい。

文明の揺籃の地として世界が仰ぎ見たヨーロッパに、かつて世界の思想上の先駆的地位への復帰を希求するがあまり、現代社会の活性化のための宗教の見直しという迂遠な行動を唱える本書が多少とも寄与できれば望外の幸せである。

なお、以上に述べた事情から、キリスト教と自由に関する本書の第二章、第三章、キリスト教と民主主義に関する本書の第五章、第六章はいずれも拙著『ヨーロッパ統合とキリスト教』においてすでに一度取り上げてあるテーマであるが、ポスト世俗化問題を論じる本書の推論上ここで再度触れることが不可避であったことをご理解いただきたい。

第1部 キリスト教と自由の政治思想

第1章

キリスト教と自由

神に対する信仰は自分自身の本質の無限性と真実性とに対する人間の信仰である。

出典：フォイエルバッハ『キリスト教の本質』

その豊富な知識と高潔なる人格とを慕ってマックス・ウェーバーのもとに参集した多彩な思想家や文化人は数知れないが、その中の一人トレルチは比較的地味な存在のまま生涯を閉じた。(1) しかし、彼の思想や、そのひた向きで求道《ぐどう》者《しゃ》的とも言える学究姿勢は後日多くの思想家に高く評価され、やがて後世に多大な影響を及ぼすところとなり、現在でもトレルチを見直す動きは根強い。

トレルチが高く評価される根拠には、キリスト教の人格と文化の倫理を通して倫理学の再興を企図し、ヨーロッパ精神形成に輝かしい足跡を残したことのほかに、キリスト教と近代世界の関係を「自由と人格」「人権と民主主義」などのプロテスタント的な歴史文化価値に見いだして早くから政教分離を唱えるなど、自由並びに民主主義に関する思想で先見性を発揮したことにあった。そこで、まず初めに本章においては、彼の影響をとくに受けたとされるニーバーを取り上げ、主にキリスト教との関連を視野に入れて自由の本質につき考えてみたい。

第1節　自由の意味するもの

自由は、人類が誕生以来、永年求めてきた最大目的の一つであった。しかし、求める自由とは何かという問いに対しては、人により、時代や社会環境により、そして文明の進化の程度によって意味する内容はことごとく相違していた。そもそも、古代ギリシアからローマまでの歴史では奴隷制が前提とされていたし、コーランの世界では「平等」こそ重要であって、人間の自由はさして問題にならないとも言われている。

このように異なる自由の意味をクランストン（Maurice Cranston, 1920～1993）は、主要な思想家ごとに頗《すこぶ》る簡潔かつ包括的に取りまとめて整理している。以下に、その主要部分を彼の説明に従って掲げてみる［クランストン（一九七六）二四～三五頁〕。

それらは大別すれば、ロックやヒュームに代表される「自由とは能力である」とするものと、それとは異なって「自由とは理性の支配である」とするものである。この後者の部類に属するものは、ルソーをはじめとして近代以降の思想家の主流を占めている。

自由を能力であるとする代表的な理論はロックのそれであろう。彼は、「自由とは……人の有する個々の行為を行ったり控えたりする能力である」(2)として、「……からの自由」よりも「……への自由」を強調しているかに思える。人間の置かれた環境的な側面よりも、人間のもてる能力的な側面を捉えた表現をしている。ヒュームもほぼ同様の捉え方をしており、彼は「自由とは意思の定めるところに従って行動したり、しなかったりする力である」(3)と主張している。

彼らによれば、自由とは能力そのものであると要約できる。すなわち、能力を伴わない自由は「無意味」であると言わんばかりである。しかし、クランストンはロックの影響を多分に被っていると思われるフランスやドイツの思想家の自由に対する見解を引き合いに出して、「出来る＝可能性」ないし「能力」という意味のフランス語の「pouvoir」がもつ曖昧さに起因しているのではないかとして、この能力説の根拠の希薄性を指摘している。すなわち、彼は許可ないし可能を示す英語表現である「may」や「can」を用いない自由はほかに存在し、必ずしも「自由を能力

（1）M・ウェーバーを取り巻く学者・文化人クラブでウェーバー・クライス（Weber Kreis）と呼称。K・ヤスパース、G・ルカーチ、G・ジンメル、E・ラスク、H・リッケルト、T・モムゼンなど多士済々。とくに、H・イェリネック、E・トレルチ、F・マイネッケはウェーバーを囲んで頻繁に議論を交わした。
（2）Liberty is the power a man has to do or forbear doing any particular action.〔John Locke 1997; 226〕
（3）By liberty we can only mean a power of acting according to the determination of the will.〔David Hume 2000; 72〕

である」と規定するのは相応しくないとするのである。しかし、後述するアウグスティヌスやその後継者であるトマス・アクィナスのように、自由の能力説は古来根強い支持もあるのでクランストンのように一概には言えない。

第二の自由論ともいうべき「自由とは理性の支配である」との主張は、アクトンやルソーをはじめとして多くの思想家のとるところであり、彼らの主たる考え方は、自由を束縛の不在と看做すものから始まり、自己規律すなわち理性に固有の権威の維持説まで含まれる。それらがすべて自由の支配者であって、自由とは支配であるという理論につながる。つまり、理性、良心、精神、知性などによる支配説となるのである。ちなみに、代表的な理論を掲げれば以下の通りである。

アクトン――自由とは自然によるさまざまの束縛からの自由、病気、飢餓、危険、無知、迷信からの自由を意味する。(4)
ルソー――自由とは政治的諸制度がもたらすさまざまの束縛からの自由を意味する。(5)
カント――自由とは道徳法則のみに従い、そのほかのいかなるものからも独立であること。(6)
ライプニッツ――自由とは知性の自発性である。(7)
ヘーゲル――自由とは形を変えた必然性である。(8)
ハイデガー――自由とは存在するものを存在するものとしてあらわにすることに関与することである。(9)
スピノザ――自由な人間とは理性の命令のみに従って生きる人間のことである。(10)
シェリング――自由とは最高度に自然的である存在法則を通じての無差別者の絶対的限定にほかならない。(11)
エンゲルス――自由とは自然必然性に関する認識に基づいて我々の行う、我々自身および外的自然に対する統制である。(12)

このように無数に存在する自由理論の中で、「自由とは理性的自由である」とする定義がかなり多数の人々の支持を得て比較的優位にあるが、だからと言って必ずしも能力説が否定されるものではない。さらにクランストンは、束縛の不在として理解される自由は、自由に関する卑俗な理解だとした上で、自由は一種の「称賛語（a laudatory word)」であるという表現を用いているが〔クランストン・前掲書・五三頁〕、この表現こそむしろ自由の能力説を想起させるものではなかろうか。

哲学者の大半が主張している形而上学的理論からすれば、彼らは「自由という言葉に事新しく定義を与える必要はない」とも主張している。

理性的自由は自己規律の中に自由を見いだす。さらに、強制可能な理性的自由は規制の中に自由を見いだす。理性的自由は個人主義的であり、個人倫理に結び付く。強制可能な理性的自由は政治的であり、社会倫理に結び付く。なおクランストンは、ベルジャーエフ、フロム、アンドレジッドを列挙して、自由とは強制可能な理性的自由であると

（4） Freedom from the constraints of nature, freedom from disease and hunger and insecurity and ignorance and superstition.〔Acton, *History of Freedom*. 1907. p.3〕

（5） L'impulsion du seul appétit est esclavage et l'obéissance à la loi qu'on sèst prescrite est liberté〔Rousseau, Du Contrat Social, I, p.8〕

（6） Freedom is independence of anything other than the moral law alone.〔Kant, 2000; p.103, 106〕

（7） Freedom is spontaneity of the intelligence.〔Leibniz, 1991; p.63〕

（8） Freedom is necessity transfigured.〔Hegel, 1996; p.397/398〕

（9） Freedom is "a participation in the revealment of What-is -as-such"〔Heidegger, *Existence and Being*, English Edition, p.334〕

（10） A freeman is one who lives according to the dictate of reason alone.〔Spinoza, Pt, iv, Prop, LXvii〕

（11） Freedom is nothing but the absolute determination of the indeterminate through the bare natural laws of being.〔Schelling, *Vom 1 ch*, p.188〕

（12） Freedom is control over ourselves and over external nature which is founded on knowledge of natural necessity.〔Engels, *Anti-Duhring*, Ch.xi〕

する定義が成功を収めているとしている。ちなみに、クランストンは、同じく自由を意味する語ではあるが、いずれかと言えば「Liberty」は身体の自由な状態を指し、「Freedom」は精神の自由な状態を指すと記している。

さらに、フランス語には「Liberty」に相当する「Liberté」という語があり、ドイツ語には「Freedom」に近い「Freiheit」という語はあるが、「Liberty」に相当する語はないと言われる。また一般に、フランス人は「Liberté」という俗的な観念は理解しえても「Freedom」をいう哲学的観念は理解できないし、ドイツ人は「Freedom」という哲学的な観念は理解しえても「Liberty」という俗的な観念は理解し得ないと記されている。なお、「Freedom」がより高い自由を、「Liberty」がより低い自由を表すという説があるが（ブーバー）、この説は事実ではないとも表示されている［クランストン（一九七六）四九頁］。

自由の定義からは離れるが、自由を性質的側面から表現したものに以下の諸説がある。たとえば、**パトリック・ゴードン・ウォーカー**（Patrick Gordon Walker）では、「自由とは到達されることの決して無いゴールを目指しての飽くなき努力である。自由は人々の外部に存在すると同様、人々の内部にも存在する…辛苦して自由を獲得し、自らの社会を自由に相応しい住処となす人々のみが自由を享受し得る」(13)とし、**マイクル・ポラニー**（Michael Polany, 1891～1976）では、「自由であるとは明確な関連を有する一連の信念に対し全身全霊を捧げることである」(14)としている。自由に関する実存主義の理論は、マルクス主義の自由や強制可能な理性的自由に対し著しい対照をなす。そこでは自由は恐怖語に変わり、サルトルにおいては自由とは恐怖を意味した［クランストン・前掲書・六二頁］。さらには、**ハーバート・リード・エドワード**(15)（Herbert Read Edward, 1893～1968）においては、「自由は一つの価値である。そして実にあらゆる価値の価値である」とされ、ベルジャーエフは、「自由とは精神の内的動力であり、存在の、性の、そして運命の非合理的神秘である」(16)とも記している。

さらに社会的価値が多様化し、社会構造が複雑化した現代においては、J．ロールズがいう「相互無関心こそが人間の基本的条件であり、自由な社会の基礎である」［半澤（二〇〇六）二七〜二八頁］として自己の絶対的優位性を誇り、他者に対しては拒絶的態度をとる一種の他者の排除の論理が蔓延《はびこ》る気風まで現れる状況である。人間社会がこのまま現代のような世相を辿るとすれば、まさしく自由を追求してきた人間の歴史が、自由とは対極をなす不自由や非自由の世界へ回帰しようとする状況を予告しているがごときである。

第2節　自由と倫理

ヨーロッパ思想史において「自由」とは、二〇〇〇年以上にわたって重い倫理的意味をもった言葉であり、絶対的な規範として観念され、人の外的行為のみでなく個人の内面性までをも射程に入れた規範であった。これが「自由」の倫理的力であった［半澤（二〇〇六）三一頁］。ちなみに、こうした倫理的意味での「自由」を重視しなかった重要な思想家としては一八世紀のベンサム（功利主義者）以外にはいないと言われるほどであった［半澤・前掲書・三〇頁］。しかし、トクヴィルによれば、現代民主主義（デモクラシー）社会においては、すべての人々の精神を強力に支配するのは「自由」ではなく「平等」への衝動である［半澤・前掲書・三〇頁］。

（13）Liberty is an arduous pursuit of a goal that is never reached. It resides within men as well as without them and... can be enjoyed only by those who earn it and make their society a fit abode for freedom.〔『自由再説』*Restatement of Liberty*〕

（14）To be free is to be fully dedicated to a distinctive set of beliefs.〔『自由の論理』*The Logic of Liberty*〕

（15）Freedom is a value,and indeed the value of all values.〔*Existentialism, Anarchism and Marxism.* p.23〕

（16）Freedom is ...the inner dynamic of the spirit, the irrational mystery of being, of life and of destiny.〔Berdyaev, *Freedom and the Spirit*.p.121〕

こうした中におけるアウグスティヌスは、ヨーロッパ自由論の枠組みの決定者であり、彼こそキリスト教的自由意思論の完成者であると言われる。彼により、「自由」の倫理的力に最高の表現が与えられ、ヨーロッパ自由論の枠組みが決定付けられた。彼によれば、「能力としての」自由意思は喜びの源泉であると同時に「罪の源泉」である。

そもそも、「意思の自由」ないしは「自由意思」なる問題が登場するのはキリスト教神学においてであると言われる。こうした問題はおよそギリシア人のあずかり知らないところであって、アウグスティヌスがこの問題を提起した最初の人であろうという［クランストン（一九七六）一二三頁］。

こうしてキリスト教的自由意思論では、自由意思とは本来善なる行為のために与えられているものであるから、罪を犯したときには罰が与えられなければならない。こうしたヨーロッパ自由論の枠組みのもとで、弁証法的思考に従って自由の存在をある種の混迷に陥れたのはカントである。カントの自由概念は、彼の『純粋理性批判』における第三のアンティノミー（先見性理念の第三の自己矛盾）において詳細に論じられている［クランストン・前掲書・一四二〜一四七頁］。

そこではまず、正命題（定立）として「自然法則に従う因果性は世界の現象がすべてそれらを導来せられ得る唯一の原因性ではない。現象を説明するためには、その他になお自由による原因性をも想定する必要がある」として、人の意思は超感性的なあり方（物自体）としては因果性によって決定されないとするが、他方では「およそ自由というものは存しない。世界における一切のものは自然法則によってのみ生起する」と反対命題（反定立）を掲げて、人の意思は自然因果法則の支配下にあると述べて現象としての人間の決定過程を説明する［カント（二〇〇五）一二五〜一三三頁］。

すなわち、カントによると自由な意思と道徳法則のもとにある意思とは同一である。それゆえ、意思の自由が前提とされるならば、その概念を分析するのみで道徳とその原理とが導出されると説いている。

カントにおいては、世界を現象界と可想界とに二分し、前者においては決定論は成立するが、後者すなわち物自体からなる可想界においては決定論は成立しないとしている。要するに、人の意思は自然因果の支配下にあるが、同時に自然因果から自由であるとも述べて、二つの世界に区分することによって自由意思の存在性を説いている。

こうした思考は、すでにアウグスティヌスがキリスト教神学における「意思の自由」について相矛盾するかに見える二つの信条を宥和させる問題として提起しているところのものである。彼の説くところでは、その信条の一つはいかに行動すべきかを人間は選択し得るとする。しかし、神は全知である。そのため、人間の選択のすべてを神は前もって知るとなす。そのため、神が人間の行為のみかその計画や意思をも予知し得るとすれば、自由意思なるものは存在し得べくもない。神を自然と置き換えれば、カントの思考はまさしくこのアウグスティヌスのものと同一である。

結論として、カントは自由意思を必然の帰結として含む道徳哲学と、決定論を必然の帰結として含む自然哲学とは互いに矛盾しあうことなく、それぞれ固有の法則に従って自らを展開し得るとする。そして、意思の自由とは理性的因果性の有する独自の性質であり、これはそれを規定する外的諸原因に左右されることなく一個の因果性として機能し得るとして、自由な意思と理性の自律とは同等の意味を有するとする。そして、意思の自由とは自律、すなわち自己自身に対する法則であると結論するのである［カント（二〇〇〇）八五頁］。

カントのこのような自由の問題に関する扱い方に不満をもった**ベルクソン**（Henri Bergson, 1859～1941）の自由概念とは、まさにカントの「二世界」説的解決方法を非難・攻撃しており、その内容は以下のように説明される。

すなわちベルクソンでは、「我々が意思の自由を主張するとき、我々が主張しているのは、自由に意思された行為と、この行為がそこから生ずる意識状態との関係を、法則によって表すことは不可能である、ということである。したがって、人間の人格が科学の法則によって支配されていると説くのは誤りである」としている。要するに彼の主張は、「人格とはさまざまの意識状態の統一的全体であって、その集合ではなく、この内的で統一的な自我の外的表現が正に『自由な行為』と呼ばれるものである。なぜなら、その時には、この内的自我のみが自由な行為の創造者となっており、また自由な行為は自我の全体を表現するであろう。意思の自由には様々な段階がある。行為はそれがその人独自の行為であればあるほどそれだけ一層自由である。最も自由な行為とは創造的行為である」となる［クランストン（一九七六）一四七～一四八頁］。

これに対するクランストン自身の批評が記され、ベルクソンが主張する「自由な行為とは創造的行為である」という見解を表明しているが、それなりに自由の一面の真理をついているものである。

さらには、自由とは規律であるとして自由の倫理性をはじめて説いたのはアリストテレスであるとされるので、彼の自由概念を考察する（『ニコマコス倫理学』）。そこにおいてアリストテレスは、「善き行為は善き性格の人によってなされ善き行為をなすことは善き性格を与える」［クランストン（一九七六）一五二頁］としている。

さて、自由意思を論じるに際しては、アウグスティヌスこそヨーロッパ自由論の枠組みの決定者であると言われる。とくに、彼こそはキリスト教的自由意思論の完成者であると解されている。すなわち、彼により「自由」の倫理的力に最高の表現が与えられ、半澤によれば、それはカトリシズム思想史の範囲を超えてヨーロッパ自由論の枠組みを決定付けたとさえ言い表されている［半澤（二〇〇六）一〇二～一〇八頁］。

そこでアウグスティヌスの『自由意思』の分析［アウグスティヌス（一九八九）第一章一九～六八頁］をもとに、以下のように彼の自由意思論を探ってみる。

彼は人間における自由意思を主張し、それを根拠に人間の神に対する責任を強調し、「罪は自由意思によって起こる。このことは罪の本質からして明らかである」(17)［アウグスティヌス・前掲書・第一章一九頁］と記している。これは、マルコによる福音書第七章第二〇節以下の文句に類似する［半澤（二〇〇六）一〇四頁］。さらに半澤は、「アウグスティヌスにしたがえば、人間はその精神と行為において最高の善も最悪の悪も選択し得る能力としての自由の主体であり、罪の起源もそこにある。そして、人間は原罪によって損なわれているとはいえ、なお恩寵に導かれて『信』から出発して、そこで示された理性の指示に従って善なる行為をなす能力があるが、その純粋な実現状態は堕罪以前の人間の姿であって、現在の人間にはその能力としての自由によって理性の指示に反逆し、欲情に従って罪を選択して悪しく行為することも可能なのである。神の似姿たる人間の深い現実性であると見たと解せられる」としている［半澤・前掲書・一〇四頁］。

こうしたアウグスティヌスの自由意思説の出発点は「神はわれわれと共にいて、われわれの信じたことを知解することが出来る様にして下さる」というところにあり、「人間には神から与えられた内なる理性があり、それが人間に生の自覚を与え、生を導く」としている［アウグスティヌス（一九八九）第七章三八頁］。さらに彼は、「われわれは魂を持つことで動物より勝るのであり、それを理性と呼ぶほか正しく呼ぶことは出来ない」し［アウグスティヌス・前掲書・第七章三九頁］、「生きていることの知識は、生きているという事実よりも優れたものであり、『知解する』とは、精神の光そのものに照らされて、より大きな光と完全さの中に生きることに他ならない」［アウグスティヌス・前掲書・第七章四一頁］と続ける。そして、アウグスティヌスは、時間的なものの重要性や平和と秩序にとり正義の不可欠なることを取り上げ、歴史を世の終わりまで続く、神の国・神への愛と、地の国・自己愛という二つの国、二つの愛の絡み合いと見る態度がほとんど完全な姿で現れている［アウグスティヌス・前掲書・第六章三五頁］と説いている。さらに、「人間をして動物より勝るものとなすのは精神または霊と呼ばれるものによること」［アウグスティヌス・前掲書・第八章四二頁］、「理性が支配していなければ人は知者たり得ないこと」、「精神的欲情に仕えさせる

(17)　マルコによる福音書第7章二〇～二四節「人より出づるものは、これ人を汚すなり。それ内より、人の心より、悪しき念《おも》い出づ。即ち淫行、窃盗、殺人、姦淫、慳貪、邪曲、詭計、好色、嫉妬、誹謗、傲慢、愚痴。すべてこれ等の悪しき事は、内より出でて、人を汚すなり」

のは自由意思であること」などと述べ、さらに第二巻では、「神の存在証明や自由意思を含むすべての善きものの神からの到来を明らかにすること」と説き、第三巻の「たとえ自由意思が罪を犯し得るものであるにせよ、それが宇宙の秩序に参加している限りは、神はこの秩序のゆえに讃えられるべきであること」を説くに至っている。

アウグスティヌスの自由意思説の最大の継承者といわれるのは**トマス・アクィナス**（Thomas Aquinas, 1225～1274）である。以下は、トマスの『神学大全６』の「第八三問題　自由意思について」を中心に、彼の自由意思論を略述する。トマスは、「人間の行為のうち人間たる限りにおいて人間に固有のものだけが、厳密な意味において人間的行為である」と規定する。したがって、意思に基づく行為のみが人間的行為とされる。

トマスによると、「人はその本姓としての『善への傾向』ゆえに自らの幸福を求めるが、真の幸福は神への愛と観照になければならず、それを目指して人間は善き目的に向かう徳を形成しなければならない。とりわけ愛徳 **Caritas** や正義 **Justitia** などの徳はその基礎として常に意思を必要とする。そしてその意思の本質は情念も含めてそれが自由な能力たるところにある。情念なしに倫理徳も形成されない」とする。トマスは、「愛と正義、とりわけ愛こそ神との関係における人間にとってもっとも本質的に求められる」とする。しかし、自由意思によって神と人へ向かうこともできると同時に悪しく行為することもできるとしている［半澤（二〇〇六）一二四～一二五頁］。

またトマスは、アウグスティヌス以上に自由意思に対する恩寵先行性を強調している。たとえば、「神への関心は確かに自由意思によってなされるものであり、その意味で人間に対して神へと自ら向けるように命じられるのである。しかし自由意思は神がそれをご自身へ向け給うのでなければ神へと向けられることは不可能である」としている［トマス（一九九一）第一〇九問題第六項］。

自由意思についてトマスは、以下に挙げる四つの問題設定をした上、各々に関して検証を行い、結論として自由意思の存在を確認する。

❶ 人間は自由意思を有するか、
❷ 自由意思とは何か、それは能力、活動、能力態のいずれであるのか。
❸ 能力だと致せば、それは欲求の能力、認識の能力、のいずれであるか。
❹ 欲求の能力であると致さば、それは意思の能力か、それとも別のものであるか。

人間の理性を核として自由意思は存在するものなること、それは能力としての自由意思であること、欲求的な自由意思なること、そしてそれは意思の能力であることを明言している［トマス・前掲書・第八三問題二二九～二四四頁］。

要するに、トマスにあってはアウグスティヌスのキリスト教説を継承し、さらにそれを強調し、再定式化して意思の自由を支持する理論を世に提出したと言われるのである［クランストン（一九七六）一二五頁］。そして、こうしてキリスト教的自由意思論に基礎を置くヨーロッパ自由論の伝統がやがてロックやヒューム、ホッブス、ルソーなどを経て、その後のヨーロッパ精神史の中に引き継がれてきたのである。トレルチもこうした時流に沿ったものとして捉えることができる。

第3節　トレルチとニーバー――キリスト教的自由に関して

かつて**ベンサム**（Jeremy Bentham, 1748～1832）の幸福原理を批判した**ミル**（John Stuart Mill, 1806～1873）の自由論の核心は、「社会にとり多くの種類の政治的圧迫よりも恐るべきことは社会的専制である」とするにあった。それは、「社会的専制は政治的圧迫の場合ほどの重罰による制裁を伴はないものの、更に深刻に我々の生活の内奥にまで浸透し、魂までも隷属化するので、もはやそこから逃避する術を与えない」というものであった。さらにミルがベンサムの功利主義に加えた修正の一つに利他主義（Altruism）があった。ベンサムはあくまで利己主義的功利主義を基礎にしていたが、ミルはこれを聖書の隣人愛の原則、「己の欲するところを人に施し己のごとく愛せよ」を根底に据えて、いわゆる利他主義を強調した。そして、社会的制裁を基本にするベンサムの功利主義に対して良心の呵責を強調し、道徳の極地として共感の感情を力説して内面的制裁を取り入れた。ミルのこうした「自由」への思考はルターの「良心論」を継承するもので、ベンサムの幸福原理とは対照をなすものである。こうしたベンサム批判はリンゼイにおいても同様で、むしろ彼は幸福原理には終始批判的で、「相異なる様態の生活が持つ価値について下す判断を一切受け付けない原理である」と決め付けていた［リンゼイ（二〇〇六）二四頁］。

さて、ルネサンス以降近代の歴史はひたすら「自由」を求めて歩んだ道程《みちのり》であった。

まず、ヒューマニズムの立場に立ったエラスムスは、「人間の自由とは人間が自己の欲するままに生きられること」と言い、さらに「自由意思とはそれにより人間が永遠の救いへと導くものへ自分自身を適応させたり、それから離れたりし得る人間の意思の能力であり、自己の確立こそ最善のことである」と主張した。そして彼は、「自由」を「自由意思」のもとで近代人らしく魂の救済をも含めた一切を自力によって達成できる「自律」として捉えた。ベンサムの幸福原理はいわばエラスムスの合理主義やヒューマニズムの系譜に連なるもので、このように「自由」を「自律」と捉える考え方は、さらにカントによって、「自由とは規律である。自由とは諸々の拘束的規則から免れることではなく、道徳的意思が自らに課する規律である。それは自律である」とも説かれた。

他方、エラスムスのこの自由や自由意思に対してのヒューマニズム思想は、当時ルターによる鋭い批判を浴びる結果となり、かの「自由・良心論争」へと発展した。ルターは「神の意思を欠いた自由意思は自由とは程遠く、それ自身では己を善へと導くことが出来ず、それは罪の奴隷である」と糾弾し、真の「自由」とは「良心の自由」を意味するものであると断じた。そこにおいては、ヒューマニズムが説くような「自己の確立」や「自由」の主張は人間のエゴイズムそのものであって真の「自由」とは言えず、「信仰」こそ神から与えられる「自己を越えた真の自由」をもたらすものであるとした。また、「恩寵のない自由意思、聖霊の働きのない自由意思は悪以外の何ものをも成し得ない、人間は内なる聖霊によって悪を退け、善を意思するよう導かれる」とも論じている。

ルターのこうした自由概念は、基本的には聖書の自由概念を継承したもので、「人間の意思は様々な欲望により支配されて奴隷状態にある。人間は哀れな罪人であって自分の力でこのような欲望の鉄鎖から自己を解放することが出来ない存在である。しかしこのような罪人を救済し罪の奴隷から解放し、真の自由を与えるものはキリストの恩寵である。人はただキリスト信仰によってのみ救われ自由とされる」と説いている。要するに、人間の理性や自由意思によって罪を克服することは不可能であるというのがルターの確信とするところであった。

ルターの説く「良心の自由」こそ真の「自由」だという主張は、その後ベルジャーエフによって一層鮮明に説明された。彼は、「ヒューマニズムは人間性を何処までも擁護しその偉大さを追及しているが、神や他者を排除してまでも己を自律的な『自由』であると主張するときには、運命的重力とでも称すべきある種の力が働きその偉大さは一転して『悲劇』と化す」と明言している［ベルジャーエフ（一九九八）一六八〜一七一頁］。

ルター派に属していたトレルチは、ルターのこうした基本的な考えを支持した。西欧社会でかねて文明の発達に乗り遅れた一九世紀ドイツでは、プロテスタントが主流のキリスト教もイギリスやフランスなどほかの西洋先進国に比して次第に発展の遅れが目立つようになっていた。

トレルチとニーバーとは誕生年にしてほぼ三〇年近くの隔たりがあり、しかも大西洋を挟んで洋の東西に離れて活動していたことから考えても両者が直接接触したことはまず想定し難いが、これまでニーバーの著書などからニーバーが多分にトレルチの思想を取り入れていたことは知られている。しかし、ニーバーの著作の中でトレルチを直接取り上げたものはごくわずかであり［高橋（一九九三）八〇～八一頁］、むしろ両者の関係は彼の講演や研究者による論文などによって知ることができる。

西谷幸介によると、ニーバーは弟の**Ｈ・Ｒ・ニーバー**（Hermud Richard Niebuhr, 1894～1962）とともにトレルチアン（Troeltchian）として知られる［西谷（一九九二）四九頁、高橋（一九九三）八一、三五七頁］。さらに**Ｃ・Ｃ・ブラウン**（Charles C. Brown, 1938～）によると、Ｈ・Ｒ・ニーバーの学位論文はトレルチに関してであったと言われ、ニーバーは弟を通してトレルチやウェーバーを知るに至ったことが分かる［Brown, 2002, P.32］。彼はまたトレルチの『キリスト諸教会および諸集団の社会教説』には強い影響を受け、年代を超えてキリスト教の社会的・経済的力に対して最も重要な分析であると同書を賞賛した［Brown, 2002, P.43］。

Ｒ・Ｗ・フォックス（Richard Wightman Fox, 1945～）もトレルチとニーバーの関係について、ニーバーの名著『道徳人間と非道徳的社会（*Moral Manand Immoral Society*）』はトレルチからの一句を取って出版されたものなること、ニーバーは常に自由主義的な近代的キリスト者であり、ドイツの自由主義神学者であるトレルチ（およびハルナック）の真の継承者であったこと、そしてティリッヒ（Paul Tillich, 1886～1965）と並びニーバーは歴史的批判的方法の信奉においてトレルチ（およびハルナック）に忠実であったことの三点を掲げている［Fox, 1985, P.134, P.146, P.161］。また、トレルチの『社会教説』に関しては、Ｃ・Ｌ・ベンソン（Constance L. Benson）がいかにニーバーに影響を残したかについて詳細に論じている［Benson, 1999, Introduction］。

さらに**Ｒ・Ｈ・ストーン**（Ronald H. Stone, 1938～）は、ニーバーが「トレルチがキリスト教こそ西洋文化にとって精神的理想の一番の源泉として運命付けられていると主張したこと」に同意しており、宗教が形而上学や倫理学の領域で人格を擁護したものであるとしている［Stone, 1981, P.44］。

トレルチは、キリスト教の復活を思考する傍ら失われた自由と民主主義について真剣に悩んだ。この時代がウィルヘルム一・二世の治世下で、政治的にはビスマルクが政権の座にいて専制的政治を行った時代であったことも背景にあった。彼の考える自由としては「個人的自己表現の自由」、「思想運動の精神的自由」、そして「国家的総体意思の形成に対する個人意思の協力の本来の政治的自由」の三つを掲げているが［トレルチ（一九七〇）八八頁］、彼がとりわけ問題としたのは最後の諸民族の自治にかかる政治的自由に関するものであった。彼によると、国により自由は発展史的に以下のように差異がある［トレルチ・前掲書・九二〜一〇七頁］。

まず、イギリスの自由思想は中世的、身分的伝統の結果である。すなわち、イギリスでは自由主義はイングランドの自由主義に淵源を発し、この伝統はイギリス大革命におけるピューリタン的敬虔と、自由教会の控えめな個人主義とに結び付いていた一つの混合物であった。これは、イギリス的自由の根本特徴としての独立心と個人的主導権と責任とを完成し、議会で保証を与えたものであった。換言すれば、イギリス的自由とは、①個人の不可侵性と活動の自由、②目的に適った行動の主導権と責任、③国家強制からの信仰及び意見の自由、などである。すなわち、イギリスでは「自由主義は最小限の支配国家に基づくこと」が基本とされた。イギリスがヨーロッパでは自由の母国として抜群であるとされる所以である。

これに対してフランスの自由主義は、いわば「国家本位的自由主義」とも申すべく、個人は国家を自分自身のものとなすべしと主張する。自由は国家を通じて実現されるべきだという考えが基本にある。フランス革命がイギリス革命の娘であるのと同じく、フランスの自由思想はイギリスの自由思想の娘であると言われた。しかしこの国では、王や教会という大組織に反抗したという前提の違いのために自由はブルジョアジーの産物となった。すなわち、市民的なのが特徴で革命的傾向を有しているのである。イギリス的信仰やイギリスの事実感覚とは対照的に、反教権的合理主義的独断論や熱狂さをもっていて、個人の平等を得ようとするが独立は求めない。こうした自由思想は、本国や外国におけるあらゆる不合理な活動に対して神経質で邪推深い不安を有し、絶えず攻撃を仕掛けるという点にも特徴がある。イギリス人にとって自己の自由が啓示秩序を補う自然な神の掟であるとするならば、フランス人にとっては、彼らの自由は人類思想・人類理性・世俗的人間性・あらゆる超自然に代わるべき普遍的自然法則の表現である。

さらにアメリカの自由思想は、イギリスのピューリタン的およびフランスの合理主義的影響が混合したものと言われる。アメリカの民主主義は世界中でもっとも純粋な民主主義であるといわれ、そこでは自由があらゆる強制に対して保証されている。ちなみに、クランストンによれば、自由を意味するリベラル（Liberal）はアメリカにおいては古いチューダー（Tudor）、スチュアート（Stuart）両時代に用いられた「気侭な」「下品な」「慎みがない」を意味し、通常用いられることはない。このためか、アメリカには「自由党（Liberals）」なる政党は存在したことがないという。そして、イングランドの自由主義は当初から民主的であったとは言い難く、他方アメリカの自由主義は当初から民主的であったという［クランストン（一九七六）一〇三〜一一〇頁］。

一方ドイツは、ヨーロッパにおいては文化的に後進国であったために、その自由思想は先進国フランス・イギリスの自由思想の影響するところが大であった。それは、ロックとルソーによる理論的な影響と、イギリス憲法と自治やフランス諸革命の影響とを多分に受けたということである。この国では自由とは平等でなくて、自己に相応しい器官・地位において自分の場で果たす個人の務めであると理解された。俗に「民族国家的統一体の自由」と言われるゆえんである。

ドイツにおいて自由思想が民族国家的統一体のものに発展した理由の一つは、ルターの自由概念に起因しているところが多いと言われる。たしかに、ルターの「信仰の自由」や「良心の自由」の主張はドイツで近代自由主義の出発点を形成した。しかし、「キリスト者の自由」の教義はキリスト教信者の人間存在の中心的価値としての自由の確立には有効だったし、自由の歴史において基本的な個人の価値に対する主要な貢献をなしたが「外的自由」、「社会市民的自由」にまで展開せず、現存の秩序を肯定し権威主義を維持した。このため内面的には自由であるが、外面においては権威に盲目的に従うというドイツの政治的伝統の特徴を負の遺産として残してしまった。

この点をついて**トーマス・マン**（Thomas Mann, 1875～1955）は、「ルターはキリスト者の自由を説いて政治的・市民的自由を説かず、『外への自由』と『内への自由』という二重構造の精神をドイツ人に植え付けてしまった」と説明している。このため、彼によればドイツ人は「外的共同体的自由」を得ることができなかったという［マン（一九九〇）二一～二九頁］。しかし、トーマス・マンのこの批判は、彼が第二次世界大戦開戦とともにアメリカに亡命してドイツ批判に転じたもので、それ以前はルター並びにドイツ的自由の擁護者であったとする見方もあり、必ずしも彼の見方に一貫性があるわけではないという［安酸（二〇〇一）一二七頁］。

トレルチは、このルターの自由概念の解釈の点についてトーマス・マンとは異なっていた。**H・ボルンカム**（Heinrich Bornkamm, 1901～）の『ドイツ精神とルター』によりこの点を探ってみれば以下の通りである［ボルンカム（一九七八）一三七～一三九頁］。

第一にトレルチは、合理主義的かつ民族主義的なルター伝説を打破しようと試みた。すなわち、ルターはトレルチにとって決して近代主義の父ではなく、近代の政治史にとっては一つの悲運であった。トレルチによれば、ルターは保守的・家長的思考によって公権と国家との優位並びにドイツ民衆の政治的受動性を養育するのを助長し、ドイツが社会的改革へ向うのを阻害したという。ルターはキリスト者に信仰と隣人愛のみを要求し、世俗の事柄は権力や理性、そして自然法に委ねるといった、いわば世俗に対しては無関心な倫理を有していた。

これとは対照的に、トレルチは第二の試みとして、当時すでにドイツ神秘主義において始まっていた秘蹟から恩寵へ、教権性的教会から信仰共同体へ、思弁的教義から心の敬虔さへ、といったルターによる宗教的完成度への賞賛を行った。そしてこれが、宗教的世界から精神的世界の形成へ、さらに人格と自由の理念へと発展し、プロテスタント遺産としてここにドイツ観念論がその生命を得たと説いた。こうしたトレルチのルター解釈を継承したのがニーバである。

まとめ

本章では人類の歴史、とくに西洋政治思想において追求してきた自由、あるいは自由意思がどのようにキリスト教的な自由意思論に影響され、その枠の中で発展してきたかを継承してきたトレルチやニーバーを通して、西洋が求めてきた自由とは何かを研究した。人類の幸福と発展の実現を目指した近代科学の進歩が核やＤＮＡ技術の開発をもたらし、文明の発達への期待が膨らむ傍らでは、もはや取り返しのつかないほどの人類の悲劇をもたらそうとしている。それは、「自由」が今新たな危機に直面しているということである。今の「自由」は、際限もなく無規律で無節操な現代社会のもとであまりにも虚構や欺瞞に満ちた「もの」ではないかという気もする。いまや「自由」は居場所を失い、自らを蝕むがごとくである。

このような「自由」の野放図な現状を目のあたりにするとき、常に思い浮かべるのがヴィーコの循環史観である。彼は人間が原始の森から出てきて、民主的な文明社会に到達したのちに自由の乱用の時代が訪れ、その咎で骨の髄まで堕落して無政府状態に陥り、いずれ再び原始の森林の世界へと帰っていくと説いている［ヴィーコ（一九九九）四五五〜四五六頁］。

ルターの「自由論」は力のための力の慫慂《しょうよう》を行い、いわゆるマキャヴェリの政治思想に類似するものであった、というのがトレルチのルター観であるというボルンカムやトーマス・マンの観察は、トレルチの一面のみを捉えた狭隘なるものと言わざるを得ない。トレルチによるこうしたルターの解釈が、その後長くドイツ史に誤った方向付けをしたとして、ボルンカムはこれをトレルチの責めに帰している［ボルンカム（一九七八）一四〇頁］。

このため、トレルチが追究した自由や民主主義の思想は祖国ドイツにおけるよりもむしろ英米をはじめとした外国で注目されるところとなった。全体主義を慫慂《しょうよう》したとされて、同様に非難された**G・イェリネック**（Georg Jellineck, 1851～1911）、世俗化を倍化させたとされるウェーバー、国家理性論を主張したマイネッケとあわせて、ウェーバー・クライスの主だった人たちは多少とも後世、とくに祖国ドイツにおいて歴史の指弾を浴びることともなった。

ウェーバーをはじめとしたいずれの思想家も、それぞれに偉大な功績を残し、十分高く評価されてはいるが、同時に、不幸にして四人ともにこのように後世の政治家や歴史学者から不本意な評価を下されるに至ったことは偶然の出来事とし解釈してはならないのかもしれない。もちろん、いかなる思想にも功罪相半ばするものがあり、一概に一つの思想の善悪を決め付けるのは早計であろう。幸い、ニーバーやリンゼイはこうしたトレルチ解釈に従わず、キリスト教の愛と福音に裏付けられた自由理論と民主主義論を継承してそれらを展開した。

第2章

自由の探求と時代的危機の認識

――代表的歴史観とブルクハルトの歴史観との対比――

愛は自然の観念論であり、愛は精神であり、エスプリである。

出典：フォイエルバッハ『キリスト教の本質』

人間の歴史の果実たるべき「自由」と「民主主義」とが現代社会の足枷《あしかせ》となっているとして、キリスト教とともにある伝統的進歩史観に貴重な一石を投じたのがブルクハルトである。「自由」と「民主主義」がもはや人類の抑止できぬほどの過度の文明化をもたらし、人間を進歩よりもむしろ退廃へと導いているとしている［Löwith, 1994, P.221］。

本章では、ブルクハルトの歴史観が彩なす美と偉大さのヨーロッパとはいかなるものかに思いを馳せ、真の時代の危機を認識しなければならない。代表的歴史観とされるアウグスティヌス、ヘーゲル、ランケのものに対比して、人類の勃興・発展から終焉に至るまでを、いわば人類に課せられた一種の運命と唱えるヴィーコの特異な歴史観を概観した上ブルクハルトの歴史観のもつ特徴を考察する。。

第１節　キリスト教的終末論と歴史哲学――代表的歴史観

初めて統一性をもつ世界史の概念を形成したのはキリスト教である。このような「世界史」は、ギリシア哲学者の知らないところのものである。この世界史は神による創造から始まり、人類の堕落から終末に至って救済によって完結する。このような始めと終わりをもち、完結的にして統一性をもつ世界史はキリスト教において初めて成立した観念であり、本来的に宗教的信仰に基づくものであって、いわゆる認識に基づくものではない。イエスの宣教はもっぱら終末の到来とそれの覚悟のために「悔い改め」を説くものであって、キリスト教はこの終末論の信仰において成立したと言われる［下村（一九九四）五六七頁］。

したがって、世界史を「発展」として理解することは「近代史学」の創設者であるランケをはじめとするほとんどすべての哲学者、歴史家の一般的通念であった。それは、彼らの世界史の概念がキリスト教において形成されたこのような「世界史」を背景とし、根底とするからであり、むしろ発展史としての世界史以外のものを考え得ないことによっていた。「世界史」という概念そのものがキリスト教の所産であったのである。

（二）アウグスティヌスの歴史観

古代では時間と歴史は永遠の循環である自然の過程でしかなかった。しかしアウグスティヌスはこれを論駁し、「時間は神によってつくられたはじめをもち、神の定める終わりをもつ」と説いた［Löwith. 1964, P.173］[1]。すなわち、**K・レーヴィット**（Karl Löwith, 1897～1973）は、「キリスト教の歴史解釈では、未来を一定の目標と究極的な成就のための時間的な地平と考えて未来へ目を向けるものであり、世俗内的な成就を目指す意味のある未完成の進歩として歴史を叙述する近代の試みは、すべてこの神学的から救済史的な図式に基づいている」としている［Löwith, op.cit. P.173］。さらに、上記のアウグスティヌスの見方を支える決定的な前提はキリスト教的な人間理解にあった。こうして彼は、「人間は単なる宇宙の有機的な部分ではなく、このような自然的世界から原理的に区別された『人間の魂』、すなわち人間の自我の意味が発見された」としている［Löwith, op.cit. P 173］。

レーヴィットによれば、「アウグスティヌスのいう神によってつくられた歴史の始まりとは世界の創造と人間の堕罪であり、また神の定めた歴史の終わりとは最後の審判と復活」にほかならなかった。彼にとっては、「歴史の始まりと終わりに起こるこの二つの超歴史的な出来事が最重要であり、救済の出来事の最初の啓示と、その未来の達成と

（１）アウグスティヌス『神の国』（De Civitate Dei Contra Paganos）>Am Anfang schuf Gott Himmel und Erde.<

の間にある現実の歴史は中間時にすぎなかった。この決定的な救済の出来事というパースペクティヴにおいてだけ、世俗史はアウグスティヌスの視野に入ってきた。この限られた歴史の中心に立つのがキリストの降臨という信仰の終末論的な出来事」にほかならなかったのである［Löwith, op.cit. P.173］。すなわち、「キリストはひとたびわれわれの罪のために死んで甦ったのだから再び死ぬことはなく、宇宙すなわち自然的な生起の恒常性に関する等しいものの永遠回帰の論議が、キリストの出現も回帰もともに普遍的な意義をもつ唯一・無二の出来事であるという超自然的な論証に終わるのは何ら偶然ではない」としている［.Löwith, op.cit. PP.178～179］。現に、アウグスティヌスの『神の国（De Civitate Deicontra Paganos)』はキリスト教的歴史観の典型とされる。

（二）へーゲルの歴史観

一方、終末論的世界史をもっとも壮大な形で哲学的体系にしたのがへーゲルであると言われている。**へーゲル（Georg Wilhelm Friedrich Hegel, 1770～1831）**の歴史哲学では、「哲学がもつ思想は理性の思想、つまり理性が世界を支配し世界史も理性によってつくられる」というもので、哲学の中心にあるのは地上的な人間ではなく絶対的な「世界精神」であるとされる［下村（一九九四）四四六～四五七頁］。そして、歴史の本質は「発展」であるとして、「それは世界精神の本質の自覚を実現するものであり、そこで歴史的に重要なる人物は、世界精神の代理人として行動する世界的個人のみである。精神は自由を本質とし世界史はこの自由の自覚の発展であって、実質的にはキリスト教的歴史神学、すなわち終末論の世俗化であり、進歩主義史観に属する。すなわち『理性』や『世界精神』が世界史の主役であり、もっぱら理性的思惟によってその展開が根拠付けられ、個人や民族を相互に戦わせながら、自由の完全な実現という本来の目的に向かって着々と歩を進めていく。そして闘争によって没落して行くのは個人や民族であって、『理性』はつねに背後に控えて痛手を蒙《こうむ》らないとされる。この『理性』に、ある種のずる賢さがあるものとして、ヘーゲルはこれを『理性の狡智』と称した。さらに、世界史は一人のみが自由である東方の専制的君主国から、若干の人間が自由である古代ギリシア・ローマへ、最後に総ての人間が神の前に平等に自由であるキリスト教的ヨーロッパへの発展として理解され、終末論的歴史神学が完全に歴史神学として完成された」としている［下村・前掲書・五七七頁］。

すなわち、ヘーゲルにおいてもキリスト教的発展史が「ヨーロッパ史」であり「世界史」なのである。

(三) ランケの歴史観

一方、ヨーロッパの歴史学の父とよばれる**ランケ**（Leopold v.Ranke, 1795〜1886）の進歩史観では、彼の時代がナポレオンによる強硬なヨーロッパ支配に対する戦いの中にあり、自国の権利の意識が目覚めたときにあたっていたために、「民族は神の思想である」という独特の思想を生んだのはこの時代の「歴史的位相」に由来するといわれる［下村・前掲書・五七七頁］。彼においては、民族の歴史はそれの精神的な発展を「それの内面的連続性において跡付ける」ことを理念とするものであるといい、これの可能な民族のみを歴史的民族と名づけ得るとして、この連続的な生命、それの個性的な生命力エンテレキーを直接に世界史と結び付ける［下村・前掲書・四五九頁］。さらに、国民は人類の普遍的精神的発展に参与せねばならないこと、民族と個人は孤立し得ないこと、これを達成できる民族のみが克《よ》く無限であり得ること、そして、このような発展こそ真の自由であることを基礎にするものであると説く。

すなわち、ランケにおいては「国家」は精神的実体であり、人間精神の根源的創造に基づくものであること、そしてその歴史は「神の思想」の実現であるとしたものである［下村・前掲書・四六〇頁］。ランケによれば、「人類の歴史は国民そのものにおいて出現し、歴史的生命は一国民から他の国民へ、一民族圏から他の民族圏へと動くのであり、国民は決して自然発生的なものではなく、歴史的個性的なもの」である。それが「政治史主体」の歴史観と呼ばれるゆえんである。彼は歴史を「神の思想」の実現であると規定する立場にあるので、「世界史の光明は上（神）から来る」と説いた。そして、成果としての文化と手段としての権力との間に調和的関係を認めた。文化、国家、宗教の間に調和が想定されており、それを見いだして記述することが歴史家の使命であるとした。

(四) ヴィーコの歴史観

さらに、ヘーゲルやランケに先立つことほぼ一世紀の**ヴィーコ**（Giambattista Vico, 1668～1744）の循環史観にも独特な視点を読み取ることができる［ヴィーコ（一九九九）四五五、四五六頁］。すなわち、イタリアの史家ヴィーコは自らが敬虔なカトリック教徒であることを疑わず、歴史の根底に「神の摂理」が働いていることも信じていた。数学を一切の学問のモデルと見て、あらゆる問題の研究に数学的厳密性を要求した**デカルト**（René Descartes, 1596～1650）に対してヴィーコは、「人間という複雑で曖昧なものがつくる歴史という捉えどころのないリアリティーは学問の対象としては資格を失する」と説いて［清水（一九九九）一六頁］、デカルトの敵であると看做された。しかし、彼が「歴史学」において真に哲学的に基礎付けようとしたのは、人間の諸々の歴史的学問に関するより大きな真実性と、より本源的な科学性であったと言われる［レーヴィット（一九五七）一八～一九頁］。

彼はその際、真の、かつ確実な知識は、われわれが自分でも惹起したもの、あるいはつくったものについてのみ可能であるという根本命題から出発した。すなわち、「諸民族の共同の自然」である市民的世界、つまり「歴史」とわれわれが呼ぶものであり、これが彼の哲学書『新しい学』として結実した。それはまさに歴史を初めて哲学の中に取り入れたものといわれ、そこでは「あらゆる民族は勃興、発展、停滞、衰退、終焉を時の流れの中に刻んでいく」として以下の三段階説を展開した。すなわち、「神々の時代」と言われる第一段階、「英雄の時代」と言われる第二段階、そして、全員が法のもとにおいて自由で平等な「人々の時代」と言われる第三段階である。

ヴィーコの歴史観の特異なのは、第三段階の民主的な文明社会に到達した民族が再び第一段階の原始状態に引き戻されると説く点であった。その理由は、どの民族もせっかく手に入れた自由を乱用して堕落し、無政府状態に陥るからである。人間とは自由を手に入れればそれを無節操あるいは無規律的に行使し、骨の髄まで堕落していくとしている。

敬虔なカトリック教徒であるヴィーコであるから、「神の摂理」はこうした都市の崩壊に対して文明の次の段階で以下のような三大救済手段の一つを利用する形で働くという。

まず、これら人民の中から一人の人物を見いだし、君主制を確立するように計らう。そして、この君主に、自由の中から生まれるものであるにもかかわらず、もはや自由を規制し、限度内に止める力を完全に失った一切の制度および法を武力によって手中に収めさせる。これは、現代に換言すれば、さしずめ健全なる自由や民主主義の回復のためには、国民に一時の不自由と窮乏を忍耐をもって凌がせ、普遍的な満足と安心感とを期待させようとするに等しいものと言えよう。

もし、神の摂理がこのような救済手段を国内に見いだせぬ場合にはそれを国外に求める。すでに骨の髄までも腐敗した民族は、自分で抑制できない情念の虜《とりこ》と化しており、神の摂理は、万民の自然法に基づいて彼らを被使役者の地位に貶《おとし》め、武力によって彼らを征服するより優れた民族に支配させ、その属国となって秩序を回復すべしと命じる。

また、こうした事実には自然法秩序の二つの偉大な啓示が現れる。その一つは自分で自分を治めることのできない者は、それができる他人によって治められねばならないということで、もう一つは、その性質がより優れた者が常にこの世界を治めるということであるとしている。

しかし、それでも適わない次のような場合には、そのときの神の摂理は彼らのこうした極端な不幸に対して、以下の極端な手段に訴える以外にないとしている。すなわち、腐敗した民族は、各自がまるで野獣のように自分自身の個人的な利益のことしか考えない習慣に陥ってしまい、しかも極端に神経質になるためか、あるいはむしろ傲慢になるためにまるで野獣のようにほんのちょっと気に障ることがあると腹を立てていきり立ってしまう。精神においても意思においても、市民たちはこの上なく深い孤独の中で各自が自分自身の快楽や気まぐれに従っているために、たとえ二人の間でもほとんど合意に達することは不可能になってしまう。

こうして彼らは、すべてのことに執拗《しつよう》きわまる党派争いと絶望的な内乱とを引き起こし、都市を森と化し、森を人間の巣窟と化してしまう。つまり、あまりにも文明化し堕落した人間を立ち直らせる最後の手段として、神の摂理は人間を森の中の野獣状態に引き戻すのだという。摂理は正義の自然的基礎であり、神の永遠的な秩序を飾る美や品位でもある敬虔、信仰、真実などを彼らの間に甦らせるとしている［ヴィーコ（一九九九）五四八～五四九頁］。

ヴィーコの思想は、近代の進歩史観が中世以来のキリスト教における歴史観の長い伝統に根ざしていたことに対する一つのアンティテーゼと解することもできる。

以上、ヘーゲルにより大成されたとされる歴史哲学からヴィーコの循環史観に至るまで、（いずれもそれぞれキリスト教徒としてキリスト教的世界観に基礎を置く進歩史観を奉じるものの）理性の導くところに従って果てしなく自由を求め続けるヘーゲル史観と、自由を弄《もてあそ》び、結果として自由から弄ばれるに至ってかぎりなく発展する人間の歴史は再び原初へ帰らざるを得ない運命を辿るであろうとするヴィーコの史観とでは、きわめて顕著な相違のあることが確認される。

第2節　ブルクハルトの非科学的歴史観

バーゼル出身の聖者ブルクハルトは、初めてキリスト教的世界史理念から独立し、一切の神学的形而上学的な原理を想定せず、むしろこれを意図的、徹底的に排除してあくまで「人間的立場」を貫いて世界史を構成した。そして、この原理に直接的な明証性を与え、さらにこれを動機付けたのは彼の「現代批判」であった。彼の世界史解釈に直接の実証的な証拠を与えたのは、正しく現実的事実としての時代の文化的状況であった［下村（一九九四）四五四頁］。下村によれば、歴史解釈は本質的に「現代解釈」すなわちその時代の「位相」に制約されるという［下村・前掲書・四五五頁］。ちなみに、ヘーゲルにとっての「現代」は一八世紀の終わりから一九世紀の初めであったが、ブルクハルトにおいては一九世紀の後半、すなわち一九六〇年代から一九九〇年代にかかっていた。ヘーゲルの時代にはフランス革命の影響はいまだ完了していなかったが、ブルクハルトにおいてはすでにかなり深刻化していた。ヘーゲルにおいては、ルネサンスはいまだ近代の曙であり、宗教改革やフランス革命は近代を成立せしめる「日の出(Sonnen-aufgang)」であったが、ブルクハルトにおいては革命はもはや希望ではなく、歴史的進路の傾向は決定的に危機的な様相を示していた［下村・前掲書・四五四～四五五頁］。

そして、すでに民主主義の帰結としての大衆支配の到来は不可避に見えてきていた。また、フランス革命の理念は社会に対してきわめて強い影響を及ぼし、その要求は人民の平等権の確保に向けられ、当時教会のみがそれらに煩わされずに非合理的組織として大衆の目に映ったため、大衆は宗教を欲するものの教会のない宗教を希求した［Burckhardt, 1994, P.97］。まさに、ブルクハルトの「現代」は昏《くら》い未来を予告していたといえる。

フランス革命の与えた教訓は、一九世紀半ばのヨーロッパ政治思想の主題でもあった。これがブルクハルトの史観をそれまでの進歩史観から離脱させた一因であったとされるものであり、フランスの政治思想家トックヴィルもほぼ同じ見解に立っている。フランス革命がその後さらに一八三〇・一八四八年の新たな革命への導火線として、いっそう社会への影響を拡大していったと指摘している［Kahan, 2001, P.11, P.12］。

さらにブルクハルトをして、キリスト教的世界史理念から独立して「人間的立場」の世界史観へと向わせたもう一つの重要な理由は、キリスト教そのものへの不信感であった。その一つは、本来の性質からいって国家宗教にはおよそ適さないキリスト教が、コンスタンティヌスによるローマ帝国と結合し、迫害された教会が勝利する教会になったことで国家はキリスト教を利用し、国家を手本としてキリスト教が形づくられるように仕向けた。キリスト教徒はあらゆる犠牲を払って新しい社会を形成し、最大の努力を投じて一つの教義を正当とし、異端など対抗するあらゆる副次的解釈から分離して自分たちの教区を根本から階層的に組織した。多くのことが非常に現世的で、以来教会は、国家の支援を得てますます強大となった［Löwith, 1994, PP.284～288］。

さらには、宗教改革が当初の意思に反して国家全能の最大の先導者となったことで、ここでも宗教改革は国家の庇護のもとに入らなければならなかったといわれ、こうした政治的支持がなければ宗教改革は民衆のもとでも大部分解消してしまっただろう［Löwith, op.cit. P.234］とブルクハルトは判断していた。やがてプロテスタント神学が「科学性」を病み、合理主義への反転に傾いたとき、プロテスタント諸国が「精神的自由」の場所となったことについては、「プロテスタント諸国がプロテスタント的だったからではなく、もはやプロテスタントに熱意を失ったからであった［Löwith, op.cit. P.237］」という。すなわち、宗教改革を推進した物質的な力は無規律で、教養は後退し、人文主義者は沈黙した。このためドイツは、三十年戦争により宗教改革の弁済をしなければならなかった［Löwith, op.cit. P.236］。

キリスト教は本来苦悩するものであり、権力や所得の実践とは一致しないものであるにもかかわらず、こうした実践により、ことにカルヴァンにおいては奇妙にもそれらと結び付けられた［Löwith, op.cit. PP.291～292］。そしてブルクハルトは、「謙虚な自己放棄や、右の頬を打たれたら左の頬も差し出せという物語はもはや好まれず、人々は自分が生まれた社会的層を守ろうとし、どんな信仰心をもっていようとも近代文化の利益や幸福を断念しようとはしない。こうして、彼岸の観念に変化が生じた」と見た［Löwith, op.cit. 1994, P.292］。すなわち、宗教改革まではキリスト教は自己の成長を立証していた。宗教改革によるいわゆる内面化によってキリスト教は自己の外堡《がいほう》と義務とを失った［Löwith, op.cit. P 292］。これらがブルクハルトをしてキリスト教的世界史観からの離脱を余儀なくされた理由に挙げられる。

また、彼が没落の必然性の原因をルソーに認めたのも注目せねばならない。人間の性善を認めない彼は、近代の性善の主唱者としてのルソーを憎悪した。そして、ルソーのオプティミズムに基づいて歴史の進歩を唱導した知識人の責任をもあわせて糾弾した。ブルクハルトにとっては、貧困空疎なこの現代の文化を人間の歴史の発展したものとして、過去に対立せしめることほど僭越きわまりないものはなかった。

そして彼は、下村の分析にもある通り、「歴史における幸・不幸という、いわゆる歴史の合目的性の判断は総て主観的相対的であって、人間のエゴイズムに基づくものであり、歴史は悪しき人間の跳梁する世界であって、悪人は決して消滅せず、必ずしも罰せられず、しかも結果の善によって原因の悪は浄化されず、もとより赦免されない」とした［Burckhardt, 1905, PP.190～191、下村（一九九四）五四五頁］。

ヘーゲルとの歴史観の相違が「現代の位相の相違」に起因するものであるから、遠い過去に対する歴史的判断については それほど相違はないとされる。「現代」に接近するほど対立が顕著になるゆえんであるとされる。とくに歴史的変化が急激な時代ほど「現代」は著しく変貌する［下村（一九九四）四五五～四五六頁］。言うなれば、ブルクハルトは直観的であり、いわゆる理論の人ではない。歴史は精神の展開であるが、その精神は壮大な世界精神ではなく

「忍耐し、努力し、行動する」地下の土竜《もぐら》であるとする。歴史を、「理性」あるいは「道徳性」の発展とする「合理的・理性的」解釈を根本的に否定した。そして、「歴史はもっとも非科学的である」と主張した。歴史観におけるヘーゲルとの基本的対立がここに見られる。

またブルクハルトは、すべての歴史的事実には精神的側面が認められねばならぬとして、歴史を「精神的連続体」であると規定した。世界史の統一性はこの連続性に求められた。彼にとって世界史の根本問題はこの連続性の認識であり、連続性の断絶の危機が「革命」であった［前掲書・五八五頁］。生き続ける人間精神は世界史の根源的事実であり、これは結局われわれには一人の人間の生命のように思われる。その人間精神の生命は、歴史においてまた歴史を通じて意識されるものであり、次第に思索する者の目を引きつけ、それを全面的にきわめて追究することにより、幸・不幸の概念は次第に意味を失わざるを得ないとして、その著『世界史的諸考察』の末尾には「成熟することこそすべてである」と結論している［Burckhardt,1905, P.195］。

ブルクハルトの主張を特色付ける重要なものの一つとして、彼が国家を暴力の体系化であるとし、随所で「誰が行使しようと権力はそれ自身において悪である。権力はそれ自身が不幸であり、他人をも不幸にする。権力は犯罪なしに打ち立てられず、諸国民の物質的・精神的な所有はただ権力によってのみ確実にされた生存において発展する」と繰り返したことが挙げられる［Burckhardt, op.cit. PP.70～71］(2)。

本来、ブルクハルトの歴史観を特徴付ける最大のものは、代表とされるギリシア文化研究に象徴されるように「文化史」主体の美的な世界史判断である。ブルクハルトによれば、歴史は常に大部分が詩であり一連のもっとも美しい絵画的構図である。「詩は歴史よりも哲学的でありより荘重である。何となれば詩はむしろ普遍性を描き、歴史は個性を描くからである」というアリストテレスの文句が、ブルクハルトの基本にあったからである［西村貞二（一九八二）一九〇頁、アリストテレス（一九四九）四三頁］。またブルクハルトは、「私達が出発点とするものは、私達にとって可能なただ一つの恒に変わらざる中心である『忍苦し、努力し、行動する人間』であり、そのあるがままの人間以外にない。それゆえに、私達の考察は幾分とも情緒論的になる」と説いている［Burckhardt, op.cit. P.4］。

彼はまた、成果としての文化と手段としての権力との間の調和的な関係を拒んでいる。そして、文化は国家と宗教に対立し、これに絶えず変形し、分解する影響を及ぼし、批判するもの、時を知らせる時計であると説いた［Burckhardt, op.cit. P.42］。

「政治史主体」のランケに対して、「文化史主体」のブルクハルトはことごとく厳しく対立したと言われる［下村（一九九四）四六一～四六二頁］。もっともマイネッケは、これらの対立を「まったく過度な単純化で誤りである」と指摘している。しかし下村によれば、「マイネッケ自身の文化史と政治史の対立こそ単純化にすぎる」と見ており、「こうした対立は歴史的関心の深部にかかわるもので、文化や政治といった研究領域に相違や対立に帰すべきものではない」としている。先にランケが「世界史の光明は上から来る」としたのに対しても、ブルクハルトは「世界史の光明は下から（内部から）来る」として、人間こそ歴史の主体であることを強調した。「下から」や「内部から」とは人間の自発性からという意味であり歴史の内在的な立場を保持することであるが、一方「上から」は、歴史に対して超越的なものを想定し、導入することであるとしている［下村・前掲書・四六二～四六三頁］。

歴史的世界には悪とともに善があり、権力とともにそれから独立な文化がある。その対立相克の解消は空想でしかない。「歴史に進歩はなく、破壊があっても蘇生はない。しかし、正義や人間の善性を信じ得ないような経験をした人こそ人類の教師や亀鑑ともなるであろう。破壊者があらかじめ存在しなかったら建設者も現れない。ブルクハルトにとってのペシミズムは、歴史の連続性の根源である」とレーヴィットは述べている［Löwith, 1994, P.178、西村

（２）　ドイツの歴史家 Friedrich Schlosser（1776–1861）による名言という。

（一九八一）二〇八頁］[3]。すなわち、彼にとって歴史は、間接的に現代の出来事と対決し、いわゆる歴史的尺度をもち、歴史的視点の距離を置いて自己の時代と結びつくための媒体であった［Löwith, 1964, P.177］。

現在に生きる自己の不確実性と目的もなくどこかへ押し流されていく未来への自己の根拠の薄弱性とが当時は明確に意識されておらず、ただ未来は、あらかじめ知り得ないからこそ未来であり、であるからこそ人間も民族も自分自身のために内的な力に触発されて意思をもって懸命に行動できるのだ、というのがブルクハルトの主張であったと解される。

第3節　ブルクハルト歴史観の基礎

『世界史的諸考察』はブルクハルトの歴史観を象徴するもので、基礎概念として「国家」「宗教」「文化」の三つを取り上げ、歴史はこれら三者の「力」ポテンツの交互的制約や被制約といった根本思想の上に成立する劇的な出来事とする独自の構想である。この新しい歴史像を直観的な形で演出することが、『世界史的考察』の意図するものであるといわれる。主題は文化の自由と、国家・宗教（教会）の権力との角逐を表示することであると言われる［Burckhardt, 1905, PP.20～59］。

重要な問題は、歴史をつくる「力」ポテンツをこれら三つに限定したこと、および新しい「文化」の概念規定とこれと並ぶ国家・宗教の位置づけである。すなわち、彼にとって自然や風土は、人間の歴史の力ポテンツではなくて単なる制約にすぎない。ポテンツは、人間自身の意欲や本質に根ざす「力」であるとする［下村（一九九四）四七二～四七三頁］。

それまで一般には「国家」と「宗教」とがこの意味でポテンツとされたのに対して、ブルクハルトはこれらにさらに「文化」を加え、これを他の二者に対立するものとして捉えた。そこでは、文化の概念は「自発的に起こり、何ら普遍的あるいは強制的妥当性を要求しない精神の展開の全体である」と規定し、それに対して国家と宗教は「自己に所属する者に自己の普遍的妥当性を強制し強要するもの、したがって固定的であることを本姓とし、権力によって自己を保持するものである」としている。したがって、文化は本性上常に動的かつ流動的であって、固定的な国家や宗教と対立し、これらに対して批判的性格をもつ。そこでブルクハルトは、文化は国家と宗教の老化の程度を測る時計であるとした。

これら三つの歴史のポテンツである国家・宗教・文化のうち、国家と宗教は「生活形態」の中心をなし、これらは一旦樹立されると何時までも自己を持続させようとし（静的）、民族や世界に対して普遍性を主張するとしている。これに対して文化は、「人間の物質的生活を促進し、精神的生活を表現するための総括概念である」とされた。以下に三つのポテンツの特徴を概観し、ブルクハルトの歴史観・世界観の特徴を描出してみる。

（一）国家

彼によれば、一般に国家の起源や創始についての伝承には信憑性がない。国家が正義の要求によって成立することははるか未来のことで、国家の成立には二つの場合だけがありうるとしている。

（3）西村によれば、ブルクハルトはギリシア人のペシミズムに強い共感を覚え、「彼はペシミストではあったが、そのペシミズムとは豊かになるために、努力して身に付けねばならない明朗で勇敢なもので、悲惨や喪失によって脅かされている生の財産の計り知れないほどの分け前を諦め、中庸健康、自由と言った残部で遣り繰りしようとするものを指す」としている。

❶ 暴力が先行する場合、国家はこのような力の体系化である。
❷ 極度に強暴な過程、とくにいくつかの力の混成過程が起きる場合。

国家が「一国民の政治的統合」として生命力を発揮し得るのは、国家が暴力から支配力に変じる場合のみであるとする。前者では大衆の欲望が、後者では国家理性（**Staatsraison**）［西村（一九八一）一一二頁］[4]が優先的に仕事を決定するとし、やがて彼《か》の「権力はそれ自身悪である」事態が現れるとしている。

一方、国家がもたらす最高のものには善良な人々の義務感情・愛国心があり、国家の恩恵としては、それが正義の楯となることにあるとしている。彼においては、国家の建設に対して契約説を説くことは荒唐無稽であるとされる。またルソーにおいても、それはただ理念的な仮設的な応急手段として考えられているにすぎないとされる［Burckhardt, 1905, PP.21～22］。

（二）宗教

ブルクハルトは、宗教は人間性の不壊《ふえ》な形而上学的な要求の表現であるとしている。宗教の偉大さは、それが人間の欠陥を超感性的な力によって補足する試みのすべてであり、人間が自分自身では与えることのできないものを全体として代表する点にある。同時に宗教は、すべてのの国民や文化、時代を大いなる他者の中に反映するものであり、あるいは自己を無限の中に引き入れて形づくる映像であり輪郭であるとする。ちなみに、ギリシア人の場合の道徳性は宗教から本質的に独立している［Burckhardt, op.cit. P.28］。

なお、宗教の発生に関して**ルナン**（**Joseph Ernest Renan, 1823～1892**）は、「もし、宗教が畏怖を勘定に入れることによってのみ生じたとすれば、人間は彼の心の昂揚した瞬間に宗教的とはならないはずであろう。宗教はまた、一六世紀のイタリアにおけるソフィストたちの信じたように単純なもの、弱い者によって発明されるものでもない。もしそうならもっとも高貴な天性の人々がもっとも宗教的な人ではなくなるであろう。むしろ、宗教は正常な人間の創作なのである」と記したわけだが、それに対してブルクハルトは、恐怖の宗教も存在していると主張した[Burckhardt, op.cit. PP.29~30]。

たしかに、宗教が根を下ろすためには世俗生活に勤しみ、労働する国民よりは一種の瞑想的な国民や、生真面目一方で神経質で興奮性に富む国民がよく、この場合、奇跡や超自然的なものや幻想などを損なうことなく、繊細で精密な精神が支配的である民族のほうが適している。そうした民族には、いっそう長い準備段階、つまり宗教的懐胎が存在したであろうというのがレーヴィットの見方である[Burckhardt, op.cit. P.31、下村(一九九四)四八〇頁]。

(三) 文化

ブルクハルトが「文化」と呼ぶものは、「自発的に起こり、一般の承認もしくは強制的承認を要求しない精神の発展に関する総和」のことで、自発的に成立するすべてのものの総括概念を指している。それは「国家」と「宗教」という二つの固定した生の設計に対して、絶えず変形し分解する作用を及ぼす。文化はそれら二つを批判するものであり、それら二つがもはや形式と現実において一致していないというときにそれを知らせる時計であるとしている

(4) 西村によれば、ブルクハルトの挙げるイタリア・ルネサンス精神の特色の一つに合理的・計算的精神があり、これは企業家や商人は元より、政治家や芸術家にも当て嵌まり、これがこの時代のイタリアに「国家理性(ragione di stato)」を生んだと言う。

[Burckhardt, op.cit. PP.41~42]。

科学、哲学、社交、技術、芸術、学問などがこれに属する。動くもの、自由なものの世界であり、国家や宗教とは異なって普遍性を主張しない。要するに、国家と宗教とを核とする「生活形態」を打ち立てては壊す、人間精神の働きとその成果の一切を指して「文化」と呼んでいる。文化にも成長と衰退があり、高度の計り知れない生の法則に従うとしている。

あらゆる文化の先端にあるものは、精神の驚異である言語である [Burckhardt, op.cit. P.42]。言語は、民族の精神のもっとも直接的な、もっとも特殊的な啓示であり、それの理想的な像である [Burckhardt, op.cit. P.42]。言語自体が「あらゆる文化の頂点」であり、「民族精神の最も直接的顕現」だからである [Löwith, 1966, P.92]。言語は初期ほど純粋で豊富である。傑作をもつ高度の精神的文化は言語がすでに盛りをすぎたときに初めて出現する。また言語は、粗雑な歴史的な生活や物と使用に荒らされて鈍化する。

文化のうちでも、芸術はそれなしでも存在するものとはかかわらないし、また何らの法則も発見しない。むしろ芸術は、それがなければ存在しないであろう高次の生命を叙述せねばならない。芸術は、魂がその中に移し変えられる神秘に満ちた律動に基づく。この律動によって解き放たれたものは、もはや個人的時間的にではなくて、象徴的に意味深く移ろはねばならぬものとなる。そして外的には、芸術作品は一切の地上的かつ伝承的なものの運命に従う。しかし、それを離れても十分生き続け、もっとも後代の幾千年を自由にし、感動させ、精神的に合一するというのがブルクハルトの主張である [Burckhardt, 1905, PP.44~45]。

さまざまな地域の個々の文化要素や文化段階は、最初は主として交易によって相互影響をする。すべての高度に完成された文化を生み出すべき主たる条件は、このような一流の交易場を別とすれば社交である [Burckhardt, op.cit. PP.46~47]。高度に「社交」と呼ばれるものは、とくに芸術に欠くことのできない市場を提供する。芸術はこの市場に本質的に依存すべきではない。しかし、一般に理解されるというその標準を社交界からとるのは当然で、それなくしては、芸術は出放題にあがくか、あるいは少数の崇拝者の範囲にかぎられる恐れがあるとしている［Burckhardt, op.cit. P.47］。

道徳的進歩の時代に生きているという我々の臆断のもとでは、知的発展の向上さえ疑わしい。それは、文化が進むにつれて分業が個人の意識をますます狭くすることもあるからである。科学では個々の事業のまったく専門的な発見のために全体の概観がすでに暗くなりつつあるし、どんな生の領域でも個人の能力は全体の増加とともに一様に増えはしない。文化は、自分自らの脚に容易に躓くことでもあろう、としている［Burckhardt, op.cit. PP.48～49］。

第４節　ディスコルディア・コンコルス（Discordia concors）

ブルクハルトは、歴史において「ヨーロッパとは何か」を問い詰めているのではなく、真にヨーロッパ的なものを愛しているという［仲手川（一九八七）二七二頁］。彼の歴史叙述は、批判でも、像でも、説明でも、状況照明でもなくて、本質において賛歌であるとされる。もしも、ヨーロッパ史において美と偉大さを認めることができないならば、この賛歌は仕えるべき主題をもたないことになるであろうとしている。

しかし、ヨーロッパという言葉がいかに朗々たる美しい響きをもとうとも、この概念の歴史は決して単純なものではなかった。そして、ブルクハルト自身、この概念の発展において一つの注目すべき地点に立っていた。すなわち、彼の同時代人の意識においてヨーロッパ理念が国民的および国民主義的運動の圧力のもとに解体して、無に帰そうとするかに見えた地点であり、かつ彼自身自ら放棄する気のなかったヨーロッパ概念に、彼独特の新しい内容を与えなければならなかった地点に立っていた［ケーギ（一九七九）三七六頁］。

ブルクハルトは、**メッテルニッヒ**（Klemens Metternich, 1773～1859）によって確保された平和の傘のもとに成長した。すなわち、ブルクハルトのヨーロッパ理念を形成したものは、彼の生涯の初期におけるより古い諸理念ではなかったかと言われ、それはメッテルニッヒのいわば古典的ヨーロッパであったと言われる［ケーギ・前掲書・三七七頁］。

ケーギ（Werner Kaegi, 1901～1979）の説くところに従えば、ブルクハルトのヨーロッパ理念の形成は五つの段階に区別して考えることができる。

第一段階――彼の青春時代の基本体験であるイタリア時代のものである。ゲーテの『イタリア紀行』（相良守峯訳、岩波文庫、一九六〇年）に彼自身の教養人としての人間存在の補足を見いだした、いわば南北の両極性を説いた時代である。

第二段階――ランケの星のもとにあって、彼のヨーロッパ理念史の中で中世を特徴づけた「ヨーロッパの救済」「キリスト教世界全体」「西欧全体」といった諸思想を示す時代である。いわゆる、ランケ流の一体性理念の支配した段階である。

第三段階――ヨーロッパが一体性理念から多様の対照と緊張が引き出された時代である。西欧の一体性的「騎士族」と並んで都市が登場し、教会には異端があり、キリスト教世界にはユダヤ人がいた。しかも、依然として一体性に変わりはなく、ロマンティックな中世崇拝の個性説を説いた時代である。

第四段階――ヨーロッパが新たに東方と対立する一つの全体として現れた。すなわち、東西の緊張下においてのヨーロッパ観へと変容する。そこを支配するものは恐怖であった。モンテスキュー流の東西両極性を説いた時代である。

第五段階――ブルクハルトが抱く本来のヨーロッパ理念に相応しい段階である。すなわち、彼自らの表現をもってすれば以下のように表現されている。

「記念物、絵画、言葉、制度、党派、また個人に至るまで、これらすべてのものの中に一切の諸力が自らを吐露し表明すること、あらゆる面と方向に精神の働きが余すところなく徹底的に生かされること、精神が自己の中にあるすべての証《あかし》をあとに残そうとし、帝国主義的専制や神政に黙々と忍従はしないように勤めること——これこそがヨーロッパ的である。一つの高い遥かなる立場から聞けば鐘の音がともに美しく響く、よく近くに聞けば不調和であるにせよないにせよ調和せる不調和（Discordia concors）である。（中略）蓋《けだ》しヨーロッパ的とは、単に権力、偶像、金銭ばかりではなく、また精神をも愛することである。彼らは、ギリシア文化、ケルト文化、ゲルマン文化を創造した。これらの文化は、アジアの諸文化をすでに次の事実によってはるかに凌駕する。すなわち、多様の形態を備えていたこと、またその中には個体が十分発展し、全体に対して最高の奉仕をすることができたことである（以下省略）」

ヨーロッパ生活の多様性説、緊張豊かな多様性の中の一体性という理念（Discordia concors）という言葉は一体何に由来するのか。ケーギによれば、この一句は本来ブルクハルトに由来するものではない［ケーギ・前掲書・三八四頁］。むしろこの一句は、本来不調和なる調和（Concordia discors）という形が一般的成句で、ホラティウスなどはこの形を用いていたとしている。

一六世紀半ばをすぎた後、改革派教会内部の分裂を悲しむあまり一致信条（Concordia concors）を公にし、中でルター派の諸信条を統一して調和させようとしたとき、スイスの一神学者[5]［ケーギ・前掲書・三八四頁］が「ルター派の一致は何ら一致ではなくて不調和なる調和（Concordia discors）である」と指摘したのをブルクハルトが学び、

（5）チューリッヒのルドルフ・ヴィルトなど。

彼自ら神学の槍を逆に向けて、一六世紀の皮肉な言い回しから、歴史的肯定の論拠として「Concordia discors」から「Discordia concors」をつくり出したものではないかとされる。

しかし、ブルクハルトの含意したものは、対立者間の闘争であるよりもむしろ競争原理であると言われ、この競争原理こそ、彼がギリシア文化においてすこぶる高い意義を施したものであったとされる［ケーギ・前掲書・三八七頁］。

彼は、ヨーロッパ各国が互いに武力を誇り、歴史家が歴史に内在する対立者の闘争から均衡の調和が生まれ出るであろうと予告していた時代に、ヨーロッパ全体という危殆に瀕した理念を倦《う》まざる歴史活動において擁護した。「Discordia concors」の句をもって彼は、生命を推進する歴史的力学の発條を言い表したものにすぎないという。「緊張豊かな均衡」という思想を表現しているものである。したがって、彼の真意とするものは「Discordia concors」としてのヨーロッパ精神の諸理念を捨てずに、来たるべき「Concordia」の姿が今日同様に見極めのつかなかった時代に、彼の活動全体の基本テーマにしていたというところに存在する。

ブルクハルトの唱えるヨーロッパの歴史的連続性は果てしなく壮大であり、彼自身そのヨーロッパで活動的人間の一人であることを大きな誇りとしていた。

第5節　時代的危機の認識

ブルクハルトによれば、「人間の魂も頭脳も歴史的時代においては目に見えるほどの向上はなかったし、能力もすでに久しく以前からできあがっている。したがって、私たちが進歩の時代に生きているかのごとき思いすごしは、理想的意思の自由な力が幾百もの高塔をもつカテドラルとなって天空に聳えていた彼《か》の時代に比べれば、実に他愛なく、失笑のかぎりと言うべきである［Burckhardt, 1905, P.48］」として、幾星霜を経ても燦然と輝くギリシア文化をヨーロッパの精神的中核に揺るぎなきようしっかりとすえ付けねばならず、文化の真価は、それが十分に再生（ルネサンス）への能力を有しているか否かにあるとしている。

彼の論じるところに従えば、もっぱら利潤性と合理性を追求する現代社会では、文化人はひたすら迅速に多くのことをあわせ学んで享受しようとするため、自ら直に創造や制作といった文化活動の最善かつ最重要な部分を他者に委ねるという苦痛を忍ばねばならない。すなわち、皮肉にも他者が彼に代わって教養をもつことになる。これらの営利的な文化人の代表例はアメリカ人たちであり、歴史の浅い文化国民である彼らは、歴史的なもの、つまり精神的な連続性をほとんど断念し、不幸にも芸術や詩はわずかに贅沢品の形で味わえばよいと考えているとしている。

このような時代にもっとも不幸な状態にあるのは芸術と詩それ自体である、というのが文化史主体のブルクハルトの説くところで、この当時の世界における忌まわしい環境下ではどこにも棲み家はなく、芸術作品の制作上のあらゆる素朴さも正しく脅かされているという［Burckhardt, op.cit. P.50］。彼は、最新の世界の風潮は人権として教養を求める欲望であって、嘆かわしくもそれが幸福に対する隠れた欲望と堕している、と警告を発していた［Burckhardt, op.cit. P.50］。

歴史の連続性を重要視するブルクハルトにおいては、人間は「精神の連続体」としての過去に負うところが大きく、それはわれわれの最高の精神的財産に属するものであるとされた。このような財産を断念できるとすれば、それらの人たちは文化への障壁を打ち破ることのできない粗野な野蛮人か、あるいはアメリカ人を代表とする歴史を欠いた文化人であろうとした。だが、そのアメリカ人たちでさえヨーロッパに由来する歴史的なものをすて去ることはできないと記した。

われわれは今、歴史的な危機の時代に生きていることを認識しなければならない。「歴史の危機」に「本物の危機」と「偽りの危機」が存在することをしっかりと識別しなければならない。ブルクハルト自身、彼の時代の一九世紀における危機の多くは「偽りの危機」であったと見ていた。人々は日常生活の単調さに耐えられず、その倦怠から騒擾を求めた。しかし、その騒擾が本格的な危機に発展すれば、人々はその中で暮らしてきた古い「生活形態」は一挙に掃討されることにならざるを得ない。何よりも、安全性を求める現在の人々に耐えられることではないから、発端だけの小規模な騒擾、つまり「偽りの危機」が繰り返される。

「偽りの危機」が繰り返された揚げ句の果てに一般化するのは、結局、所有欲と営利欲に支配されたアメリカ型の営利社会の実現・拡大であり、もはや民族同士の区別さえも失われていくのではないかとブルクハルトは憂慮した[Burckhardt, op.cit. PP.123～124]。歴史の浅い国アメリカに端を発したグローバル化が経済や金融部門にとどまらず政治や社会、文化の各分野にまで普及するに及び、当然のこととは言え、果ては各部門の背後に付随する各種のリスクに至るまで浸透すると懸念されるとき、時代は正しく一九世紀においてブルクハルトが予測した危機の方向へ着実に接近している。

さらに民主主義は、「国家の肥大化」を招くとの指摘もある。すなわち、国家の肥大化は大衆民主主義の登場と深く関係していた。大衆が願望する幸福とはすぐれて物質的なものであるが、このような物質的な願望は決して満たされることはない。そこで大衆は国家に向かって公共の福祉という名のもとに改革を求め続けるが、そうしたことは結局国家権力の増大をもたらすことになる。社会主義も、とどのつまりは「国家の肥大化」を招来すると看做された[Löwith, 1994, PP.249～261]。

もはや、人間の抑止できぬほどの物質的文明の発達は、われわれに精神性や宗教性を異物視させ、文化を無機質化し、人間をかぎりなく動物化させてしまう。したがって、結局真の民主主義ほど一九世紀にとって相応しくないものはない、というのがブルクハルトの主張であった。

ブルクハルトにおいては、歴史の変化運動を進歩・発展として認めず、「忍耐し、努力し、行動する人間」の立場に立つ者にはあらかじめ歴史に進歩や発展を想定する根拠はないとしていた。歴史の始めも終わりも問題にし得ず、したがって、始めと終わりを欠く単なる中間過程をあらかじめ進歩・発展とする根拠はないとしたものであった[Löwth, op.cit. P.183]。

歴史的な危機はきわめて多様であるが、その間には普遍的人間的なものに基づく「奇妙な類似性」があるという。「歴史の偉大な瞬間ほど自由であったことはない」(6)とブルクハルトが述べている[Burckhardt, 1905, P.139]が、無規律で無節操な時代に、自由に弄ばれるがごとき現代社会の危機の根源と特質を象徴しているのではないかと危惧される。やはり、彼において世界精神は必ずしも理性ではなく、世界精神の進行も理性的でも必然的でもないかも知れない。

彼の歴史観は、自由と権力との闘争の歴史に貫かれていた。彼において権力は、自由を否定するものとして文化の敵であった。下村によれば、「ブルクハルトは、権力はそれ自身において悪であっても、権力なしに文化の発展は不可能である」とし、一方では「結果の善は原因の悪を浄化し得ない」とも言った[下村(一九九四)五四三〜五四四頁]として、ここにパラドックスがあったことを指摘している。「必要悪は悪であっても必要である」というのが彼の主張でもあった。

そして、長期の平和は単に意気の阻喪を生み出すだけではなく、苦悩と不安に満ちてせっぱ詰った生存を続ける多数の人々の発生をも許すが、長期の平和なくしては生ずることのないこのような存在はやがてはまた大声で「権利」

---

(6) >Quant à la pensée philosophique elle n'est jamais plus libre qu'aux grands jours de l'histoire<

を求めて叫びつつ、どんな仕方でも生存にしがみつき、真の力の占めるべき場所を先取りしてあたりの空気を濃密なものにし、全体として国民の血液さえ猥雑なものとする［Burckhardt, 1905, PP.118～119］ともいう。

新たな危機発生の萌芽の一つである。また、大きな文化国民的危機にかぎって、国家や宗教や文化が極度に派生した形で相互に並んだり重なったりしていて、そこでは大抵の事物が当時の組織上、その根源との正当な関連を失ってしまって途方もなく複雑な生活状態となっている。そのような状況では、大分以前から一つの要素が過度に膨張するか権力を占めるかして、すべての地上的なものの習いにそむかずそれを乱用する。したがって、その他の要素は過度な制限を蒙らざるを得ないとして［Burckhardt, op.cit. P.122］、ここにも危機発生の兆しを予知する。

こうして発生する危機は、同時代全体や同じ文化圏のすべてか、または多数の国民にわたってもっとも巨大なまでの広さに広まる。それは外に向かって押し出す力も、外から押し入る力も、自分から進んでそれと結合するからである。こうして世界過程は突然恐るべき速さとなって、普通は数世紀を要する発展が一ヶ月か一週間でまるで飛びゆく幻のように経過し、それで万事決定してしまうように思われるとしている［Burckhardt, op.cit. PP.122～123］。

危機に対して対立する法の信念が弱くなったのは目新しい現象である。以前の危機は自分に対立する神権を認めていて、そのような権利が勝利を占める場合には極端な処罰手段をとることも正当化されていた。いまや、これに反して一般の発言権が支配的になっていて、それが選挙から延長されてすべてのものにまで及び、絶対的な市民的平等なまでになる。ここからしていつかは、私たちの時代の、営利の天才に対しても主たる危機が起こってくるであろうとする。

まとめ

ヨーロッパ中心の世界史の統一性は、キリスト教的歴史理念に根底をもっていた。このことが同時にヨーロッパ的世界史の限界となった。そこで開かれた世界史は、キリスト教的歴史意識からの解放を要求した。

近代の歴史学的考察はすべて現代を終点とする。ブルクハルトにとっては、「歴史は現代と過去との対話」であった。彼は常に「歴史は人生の教師」であると唱えた［Burckhardt, op.cit. P.7］。すなわち、彼にとって歴史を学ぶことと人生を生きることとは、もっとも深いところで不可分に結びついていた。たとえば、歴史が一個の「謎」であるとすれば、人生もまた一個の「謎」であった。だから、人間の野蛮性は歴史の欠如であるとも説いた。

彼《か》の『反時代的考察』は、昨日が何であり今日が何であるかを知らず、瞬間の杭に縛り付けられて終日無心に草を食む動物の幸福に忘却を学び得ず、過ぎ去った「過去の鎖」に苦悶する人間の、嫉妬の目を向ける姿を画いた［ニーチェ（一九九八）一二二頁］が、そもそも人間の大人は「現在」を知らないというブルクハルトの指摘はまさに時代的な危機を衝《つ》く彼の歴史観を表象している。

こうしてブルクハルトは、一九世紀の人々が「安全性」にこだわり、その観点から過去の歴史に関して幸・不幸の判断を下すことを厳しく批判した。人々が求める「安全性」とは「国家によって守られる法律に恣意を従属させること、あらゆる財産問題を客観的に確定した法律に基づいて扱うこと、営利活動と交通の安全を最大限に保障すること」などを含む「われわれの現在の道徳全体がこれらの安全性に本質的に方向付けられている」と指摘した。

一方、ヴィーコの歴史観では、第三段階の民主的な文明社会に到達した民族が再び第一段階の原始状態に引き戻されると説いていた。どの民族もせっかく手に入れた自由を乱用して堕落し、無政府状態に陥るというのがその理由であった。人間は、自由を手に入れればそれを無制限に行使し、骨の髄まで堕落していくとしていた。

私は以前、地球環境問題をめぐる南北間対立を代表的な例として取り上げ、個々人としての「理性」や「良心」の集積が必ずしも「国家」としての「最大理性」や「最高の良心」とはならないとして、真の道徳性や倫理性は国境を超えるものと指摘したことがある。[7] 一般的な道徳律は、個人には継続的に通用しても国家はそれを免除されている。道徳的なもの、倫理的なものは歴史の流れとは別のところに裁きの場をもっている。近代の進歩史観が犯してきた最大の誤りは、歴史における勝ち負けと道徳的な善悪とを直接的に結び付けて同一視してしまったところにある。「歴史の危機」の時代に必要なのは、現実から一歩退いて、自分を諸々の運動の外に置きながら危機の過程をじっと見極めようとする人々である。したがって、「私的人間」に徹しながら「観照的生」を生きようとするブルクハルトのごとき人間が必要だと言われる。

ブルクハルトは「人間にもっとも必要な資質は諦念である。諦めこそ、人生のあらゆる瞬間がわれわれに説き明かしてくれることである。そして、われわれの願いのもっとも美しいものが満たされないままで終わるのである。自らの願いと戦いのうちに、人間は老いていくのである。人間の最高の目標は自らの願いを惜しみつつ断念し、人間嫌いとなる瞬間に耳を貸さず、世間との平和のうちに死を迎えることである」とし［Löwith, 1966, PP.89~90］、「静かに生きた者こそ立派に生きた者である」と説いたが、自由を弄び、無規律な時代を偽りの教養で装い、哀れにもやがて自由に弄ばれるに至る時代を冷静に凝視する彼の生活信条をよく物語っていると思う。

すなわち、一九世紀に登場した大衆の臆病さを嘲るブルクハルトは、かねてからこの世紀の軽薄な教養に対して嫌悪の念を示していた。人々が求めるのは「教養」というありきたりの烙印を押してもらうことであり、それも「近代生活と称せられる怪物」の中にうまく入り込みたいためである。今日では、どんな愚か者であろうと自分は教養ある人間なのだと思い込んでいるが、近代の教養なるものは非凡な人間の代わりに「精いっぱい背伸びした凡庸人」を生産しているにすぎない、今日の文化は「足がもつれて自分でよろめくだろう」と喝破して［Löwith, 1994, P.63, P.64, P.94］、時代に対して鋭い警句を投げかけた。

しかし、彼にとって現代の危機は外部から来る粗野な野蛮人による脅威ではなく、むしろ自己自身のうちにある新しいバーバリズムの勃興によるものであり、この危機に対してヨーロッパの文化を守ることが彼の悲願であったのである。だから、「私の望むところはヨーロッパの古い文化を発見することである。そのために私は滅びることになっている」というのは、自らの限界の表明でも諦念でもなく、ギリシア文化の研究に情熱を注ぎ、古い文化の再発見により汚れの少ないヨーロッパ文化とその上に築かれるヨーロッパの復活へ漲る不屈の闘志を反映しているものと解釈する。

したがって、ブルクハルトが歴史の入り口に「汝らこれより嘆きの町に入る」という『神曲』の地獄の門札を掲げて、「歴史のうちに安息の場所を求めているのではなく、また求むべくもないことであるとしている。彼は歴史に発展や進歩を期待していない。彼が歴史に赴いたのは安息無事への逃避でなく、地獄の歴史に留まる勇気であった。これに耐える剛毅な精神と意思とをこそ思うべきである。彼の世界史は権力と自由との葛藤《かっとう》の舞台であった」という下村の解釈［下村（一九九四）六〇七頁］はきわめて正鵠を射ていると言える。

（7）　坂本進（二〇〇四）『ヨーロッパ統合とキリスト教』新評論、一五五頁。

第3章

政治と政治倫理のグローバル化

——R・ニーバーとH・キュングの政治倫理観に学ぶ——

掟（おきて）は自己に人間を服従させ、愛は人間を自由にする。

出典：フォイエルバッハ『キリスト教の本質』

ポスト世俗化時代とヨーロッパ連合を探る本書の中で、とくに本章では、グローバリゼーションの進展に伴う国家共同体における政治倫理のあり方をニーバー、キュングの思想を中心として宗教との関連において考察する。もとより、政治倫理の醸成はひとり宗教のみに俟《ま》つべきものではないが、西欧においては宗教がその母体として大をなすものであることから、本章においては、とくに宗教的観点に絞ってグローバリゼーションを考察しようとするものである。

第1節　政治倫理のグローバル化

政治や経済のグローバル化が進行して久しい。とりわけ、経済のグローバル化はともすれば文化や習俗の領域にまで足を踏み入れかねない勢いにある。

「人間社会とは、誰しもが追求している生の充実のための基礎的ベイシス（基盤）であり、同時にそれが獲得できないという報復的ネメシスである(1)」というニーバーの言葉［Niebuhr, 1932, P.1］は、社会的存在としての人間の宿命を象徴している。ここに言うネメシスとは、ギリシア神話に出てくる女神のことである。ニーバーによれば、「人間社会とは、生の保持と充実のために与えられる物質的ないし文化的な恵みをいかに公正に分配するかという問題に尽きる。人間は他の被造物と異なり想像力をもち、またそれに呪われて、欲望を生存のための必要以上に拡大させる。しかし、自然がもたらす資源は人間の欲望をすべて十分に充たすわけにはいかない」のである［Niebuhr, op.cit. P.1］。

つまり、政治とはこの物質的ないし文化的な恵みの公正な分配を期す目的のために存在するものであり、それは必要最小限の組織・活動であるべきものである。それにもかかわらず、人間は果てしなき欲望という呪縛を負うために政治の場において恵みの分配を支配する権力の獲得を巡る闘争を繰り返し、ときには政治を必要以上に拡大したり歪曲したりし、挙句の果てにネメシスの咎めを受ける。すなわち、「政治とは歴史の終わりに至るまで、良心と権力とが衝突しあう場であり、人間生活のもつ倫理的要素と強制的要素とが相互に入り組み、両者間の一時的・不安定な妥協が成立する場」なのである［Niebuhr, op.cit. P.4］。

ニーバーの説くところでは、現代における平和とは力によるものであって、一時的な妥協の場であり、それは常に不安定かつ不正なものである。力をもった階級が国家を組織化するように、力をもった国家が粗野な国際社会を組織化する。そのどちらの場合もその平和は不正義なものであり一時的なもの［Niebuhr, op.cit. PP.15～19］であって、それは諸権利を合理的かつ道徳的に調整することによってつくられたのではなく、相反する利害の相互調整によってのみ部分的に達成されたものなので、平和がこうした表面的で一時的なものであるかぎり、それは再び新しく台頭する力により必ずや破られるという悲壮な運命にある、としている。

近代文明の発展の陰で、キリスト教をはじめとした宗教は時代から遠い存在となってしまっているが、「キリスト者は政治や社会的事象に発言しない」という旧来の殻を打ち破るかのごとくに意欲的に登場したのが、一方では二〇世紀の偉大な神学者ニーバー(2)であり、他方ではエキュメニズム運動の総帥キュング(3)なのである。

ニーバーはプロテスタントとして米国に生を享け、主として二〇世紀半ばまでを活躍期としたのに対して、キュン

---

(1)　ネメシス**Nemesis**とは、ギリシア神話で「人間の思い上がりを憤り罰する女神」のこと。
(2)　**Reinhold Niebuhr**：アメリカの神学者、プロテスタント。同じくアメリカの神学者**Helmut Richard Niebuhr**の兄。キリスト教社会思想と国際関係の分野で多大な寄与。二大著書MMIS、NDM。政治活動にも参加、戦前社会党、戦後リベラル派。
(3)　**Hans Kung**：スイス・ルツェルン出身の神学者。カトリック。基本テーマは二五年にわたり、ローマ・カトリックの制度機構の研究を出発点にカトリックの基本原理の考察、最終的に神の存在の研究に及ぶ。熱心なエキュメニズムの推進者。

グはスイス生まれのカトリック教徒であるが、第二回バチカン公会議や第二回世界宗教会議を主宰するなど、エキュメニズム運動を中心に国際的に顕著な活動をしている。両者の活動した時代、所属宗派、活動地域などの相違を考慮すれば直接の接触はきわめて稀であると推測されるが、キュングがたぶんにニーバーの影響を受けていたことは彼の著書を見れば随所で証明される［Küng, 1998, P.35］。

ニーバーの政治哲学では、「人間自身による自由の腐敗こそ罪の根源である」として、以下のように原罪を基礎に罪の赦しを通して歴史へ解放されるという贖罪論的人間観を説いている。すなわちニーバーによれば、「歴史があるところに自由があり、自由のあるところには罪がある［鈴木（一九八二）五四頁、Niebuhr, 1941, P.80］」ので、原始的人間の素朴さも幼児の無垢な心も、自由を内包しているがゆえに罪から無縁ではありえない。それは、「堕罪神話は人間の生命におけるあらゆる歴史的瞬間の姿のシンボルであると理解さるべきである」と主張するものである。

キリスト教における基本的解釈では、人間は原罪(4)をもってこの世に生まれてきている。

ニーバーにおける原罪とは「人間の自己絶対化」、すなわち「自分の不当な要求によって、当惑するよりも、むしろ、いっそう自分に関心を持つ自我の普遍的な傾向」［ニーバー（オーチス・ケーリー訳）（一九六四）二〇頁］であり、決して人間の原始性の残滓ではない。原罪の深い意味を理解することが人間理解の必須条件であるとする。

代表的な罪の形態として、ニーバーは傲慢の罪と肉欲の罪［R. Niebuhr, 1941, PP 228～240］とを掲げ、そのうち傲慢の罪については下記のように記している［Niebuhr, 1941, PP.178～240］。

傲慢の罪（The sin of pride）［Niebuhr, 1941, PP.186～203］

実存的不安に耐え切れない人間が自分自身を宇宙の中心と見ることによって不安を解消しようとする努力のことをいう。すなわち、人間が人間以上になろうとすることであり、神に取って代わろうとすることであって人間特有のエゴイズムである。これは、さらに四つに大別される。

①**権力の傲慢**（The pride of power）――権力の傲慢はこの世の力への究極的信頼であり、権力を得ることによって実存的不安を克服しようとする努力でもあるが、この世の力という一時的なものに自己の存在を賭けざるを得ない人間の儚さを象徴している。

②**知的傲慢**（Intellectual pride）――知的傲慢とは理性の絶対視で、一種のイデオロギーとも言える。自らが時間的過程の中にいることを忘れて自分が歴史を完全に超越している、と考える理性の傲慢である。

③**道徳的傲慢**（Moral pride）――道徳的傲慢とは、本来相対的な道徳的基準をあたかも絶対であるかのごとく

（4）罪とは宗教的には神から離反した人間の状態である。キリスト教においては人間の始祖とされているアダムの犯した罪が、アダムの子孫とされる人間全体に及ぶという思想を原罪という。パウロは「ローマ人への手紙」（五章：一二～一三節）の中でアダムに言及し、「一人の人によってこの世に罪が入り、またこの罪によって死が入ってきたように、こうしてすべての人が罪を犯したので、死が全人類に入り込んだのである」と記したが、この思想から原罪の教義が展開された。それによれば、「すべての子供がアダムと同じ種を宿しており、始原におけるアダムの不服従の罪と、またその罪を犯す性質を引き継いでいる。しかし罪のない子キリストの死によりすべての人間の罪が贖われ、新生児は洗礼によって、この遺伝的な罪の汚れから浄められると考えられた。カトリックでは原罪によって人間性が完全に破壊されたのではなく、なお回復の余地が残されているとするが、プロテスタントでは原罪は徹底的な人間の堕落であり、その救済は神の恩恵としてのキリストへの信仰によってのみ為されるとする。（『西洋思想史大事典』平凡社、一九九〇年、『社会科学大事典』鹿島出版会、一九六九年）

に考えること。有限なる人間が、己の非常に制約を受けた道徳が究極の正義であるとし、己の相対的な道徳基準が絶対であるとする見せかけである。

④**精神的傲慢**（Spiritual pride）——精神的傲慢とは、自己の傲慢を神の名によって正当化しようとする宗教的傲慢である。カトリックの傲慢、プロテスタントの信条信奉者の傲慢、ローマ法王の傲慢等々。

カトリックやプロテスタント、挙句の果てにはローマ法王まで傲慢の一つに掲げたのは、政治や社会的現象に積極的関心を寄せたニーバー固有のもので、元来原罪を負っている人間には限界があるにもかかわらず、あたかも神のごとくに振る舞うことは傲慢の誇りを免れまいが、本書ではその是非については主題でないので省くことにする。

ニーバーは、聖書から聖書独特の歴史観を体得したと言われる。すなわち、ニーバー研究家の鈴木有郷によればニーバーは、「歴史が人間の創造的可能性と罪の混合である以上、一つ一つの歴史的事柄の意味は定かではない。聖書においては歴史の意味の曖昧さは、歴史を通して働き給う神に応答することができる、という信仰によって克服されている。正義と深く結びつかない信仰は信仰ではなく、悪に対し憤らない礼拝は神への冒涜である」［鈴木（一九八二）二六頁］と言い、これこそニーバーの歴史観であるとしている。すなわち、ニーバーの「政治や社会的事象」への積極的姿勢の原点がここにある。「キリスト教は社会や政治の理想像を有しない」というキリスト教の基本思想が、キリスト教は社会的事象に口出しせぬという半ばキリスト教信者への戒律ともいうべき基本理念に転換を迫ったのである。

鈴木は、ニーバーの政治哲学の原点をさらに以下のように分析している。すなわち、人間の自己超越性はその対極的要素である有限性と逆説的緊張関係にある。とくにニーバーは、パスカルこそ思想的恩師と自認するほどにパスカルの感化を受け、「人間とは『宇宙の栄光』でありながら『宇宙の屑』であるがゆえに、『安全とか落ち着きとか』を手中に収めることができない。宇宙を超越するとともに宇宙に深く内在する神に支えられてのみ生きることができる」というパスカルの逆説的人生観［鈴木・前掲書・二八頁］(5)を思想の源流としている。

すなわち、ニーバーにあっては、罪は人間が自らに下す過大評価であり、人間の神に対する傲慢であって、人間のつくる歴史は創造的可能性の場であると同時に破壊の場でもある。また、人間は無限であると同時に有限であるというパラドクシカルな存在である。つまり、自然から独立して生きることはできないが、同時に自然の中に埋没して生きることもできない不安定な存在が人間なのである。人間は、存在そのものが不安定であるがゆえに不安である。人間はその超越性にもかかわらず、自らの力によって己が存在の意味を成就することはできないという定めにある［鈴木（一九八二）四四頁、Niebuhr, 1941, P.2］(6)。

いわば、特定の場所と時間に生きる有機体であるという意味で人間は自然の生き物である。このためにニーバーは、「人格は自然と精神の両方が生み出す果実である［Niebuhr, 1941, P.54］」と言う。生き物に種はあっても人格や個性はなく、それらを有するのは自然に生きると同時に、自然を超越する有限と無限の総合としての人間である。人間は、互いに矛盾する両極をパラドクシカルな緊張関係にもつ存在である。この緊張関係が緩和されるとき、人格の意味は損なわれるとする。

（5）パスカル（一九七三）『パンセ』前田陽一・由木康訳、ブランシュヴィック版、中央公論社。（Pascal, c 1680, Pensées）七二番、四一～五二頁。四三四番、二七四・二八一頁。「人間とはいったい何という怪物だろう。何という新奇なもの、何という妖怪、何という混沌、何という矛盾の主体、何という驚異であろう。真理の保管者であり、不誠実と誤解との掃き溜め。『宇宙の栄光』であり、『宇宙の屑』」。

（6）旧約聖書、カナンを目指して出発したモーゼの死。すなわち、人間は人間の生と歴史の究極的意味を模索することはできても、モーゼがカナンの地を目前にして死ななければならなかったように、人間は自力でその目的を完遂することはできない、としている。

さらに続けてニーバーは、神の本質について「それは無限にまで高揚せしめられたところの人間的美徳」であるとし、「人間は宗教において世界を彼自身の生や憧れとかかわりのある仕方で記述する。宗教とは、絶対者の前での謙虚であると同時に絶対者による自己主張である」としている［Niebuhr, 1932, P.67］。だから、「罪とは神への不従順となることであり、それ以外の何ものでもない。神に対する反抗、そして神の前における自己意思の行きすぎ（**Impertinence of self-will**）、それらが罪と見なされる」としている［Niebuhr, op.cit. PP.63～64］。

ポストモダンな現代では、政治はもはや地球規模のものであるので、経済的実績や資源が往々にしてより重要な権力的要素ファクターとなっている。そこで「新しい地球規模の政治は新しい地球規模の倫理への考察なくして実現しない」というのがキュングの主張［Küng, 1998, P.59］であり、一九九三年、米国シカゴで開催された第二回世界宗教会議において採択された「地球倫理宣言」[7]である。

キュングの説明によると、地球倫理は何も新しい地球的理念を意味するものではなく、ましてや現存の宗教の上に立つ世界統一宗教を意味するものではない。少なくとも、ほかの宗教の上に立つ一宗教などは毛頭意味しない。それは、拘束力のある価値（**Bindingvalues**）や取り消し不能の判断基準、個人における基本的態度などの基本的総意の意味であり、これがなくてはどんな社会集団もいずれ無政府主義や新しい独裁政治のもとに脅かされるであろうというものである［Küng, op.cit. P.104］。

地球倫理の考察に際して、キュングはその前提ともいうべき各民族・宗教間などの相違に関して注目される**ウォルツァー**（Michael Walzer, 1935～）の考察を引用している［Küng, 1998, P.105・Walzer, 1935, PP.4～6］。すなわち、ウォルツァーは地球倫理についての具体的形式は最小限の基礎的倫理（Thin minimum ethic）も最大限の広範な倫理（Thick maximum ethic）も提供しないであろうとしながら、地球倫理について中核とすべき道徳 **Core morality＝Minimal morality**）を以下のごとく説いている［Küng, op.cit. P.96・Walzer, op.cit. PP.10～11］。

❶ 地球規模の合意は、いくつかの基本的な要求に限定すれば基礎的道徳（Thin morality＝Elementary morality）に関しては達成可能である。

❷ 文化的に異なる道徳（Thick morality＝Differentiated morality）に関しては何も地球規模の合意を達成することは必ずしも必要ではない。それは、そうした「Thick morality」がたくさんの特殊な文化的要素（特別な形の民主主義や教育方法）を有しているからである。

これに対してキュングは、以下のように三点で異論を唱えている。

❶「Minima lmorality」と「Maximal morality」の間には実質的になんら二重性の存在するものではなく、むしろ存在するのは異なる国家・宗教・文化をもつ人々の間の総意について研究するべきレベルの違う結びつきを容認する連続性（Continuity）ではないか。

❷ ウォルツァーが初歩的な倫理的価値として真実と正義を明言したのは正しいが、同様の初歩的な価値として人権を加える必要はないだろうか。

❸ ウォルツァーはユダヤ系のバックグラウンドをもつ者として旧約に言及しているが、人権に対する他の宗教ない

（7）世界宗教会議は第一回目をコロンブスの來米百年記念の世界博覧会に合わせて一八九三年にシカゴで行い、その後一〇〇年を経た一九九三年に第二回目を同じくシカゴにて開催した。宗教的対立の解消を目途とするエキュメニズムの運動の精神に基づいて世界の諸宗派の代表が一堂に会して行われたもので、『世界人権宣言』と並ぶ『地球倫理宣言』を採択、地球倫理なくして地球秩序なしとして、根本原則に「汝己の欲せざることを他人に施す勿れ」（黄金律［Golden rule］）（孔子、ユダヤ、イスラム、ジェニズム、仏教、ヒンズー、キリスト）を掲げ、四つの戒め（仏教の五戒、十善の最初の四、キリスト教の十戒の第六以下の四）である①不殺生、②不偸盗、③真実語、④男女平等共同、が必要であるとした。ＤＧＥ『地球倫理宣言』ｉ・ｖ頁、二一〜三五頁。

し倫理哲学的伝統にも言及すべきではないか。

これをもとにキュングは、地球倫理宣言［Küng. 1998, P.107］を以下のようであるべきだとしている。

❶ 現実に即していること。各種規範の現実的意義を知るには、その否定的な体験から始めることが必要。
❷ 深い倫理のレベルまで掘り下げること。
❸ 一般に理解しえるものであること。技術的論法や学術的用語は避けること。
❹ 総意を得やすいこと。

キュングはさらに、地球社会における倫理のあり方について下記の疑問を投じている［Kung, op.cit. PP.91～92］。

❶ 信仰者との相互の尊敬による協調なしに民主主義は残存し得ない。
❷ 異種宗教間の平和なしに異種文明の平和はない。また、宗教間の対話なしに宗教間の平和はない。
❸ 世界倫理、すなわちすべての教義上の相違を超越した地球規模の、あるいは宇宙規模の倫理なしに新しい秩序は訪れない。一つの地球規模の倫理とは単一の地球規模の文化を意味するものでもなければ、ましてや単一の地球規模の宗教を意味するものでもない。地球規模の倫理とは、人間の共通価値、判断基準、基本的行動における必要最小限のもの以外の何ものでもない。

地球規模の倫理とは諸々の価値を拘束し、確固とした判断基準、そして教義上の相違を超越したすべての宗教に支持され、非宗教者たちにも協力されることのできる基本的行動基準に関する最低限の合意のことである。ことに多元主義社会の今日、倫理的合意とは社会的・政治的・宗教的方向のあらゆる相違にもかかわらず、人間の生活および行動の最小基礎単位において作用する基本的・倫理的標準に関する必要な合意を意味する［Küng, op.cit. PP.96～97］。

ヨーロッパ中心主義から地球主義の台頭に変わり、地球規模の倫理が叫ばれる現在、政治行動においての最高の評価基準は「現実」ではない。政治はもはや権力やそのシステムについてだけ関係するものではなく、人間そのものに関係するものであるので、近代化のあらゆる経験をもとに新しく倫理的に決定された人間的パラダイムの政治が求められる［Küng, op.cit. P.109］、というのがキュングの主張の核心である。

第２節　個人の道徳と社会の不道徳

人間は個人として行動を決定するに際しては、自分のことのみか他人のことをも考慮することができるし、場合によっては自分のことよりも他人が有利になるような選択をすることもできる（利他主義［Altruism］）。この意味で個人は道徳的であり、正義の感覚を呼び覚ます。しかし、それが人間社会または社会的諸集団となると、このことはきわめて困難となる。集団にあってはその本能的衝動を方向付けたり、抑制したりするための理性が不足し、自分を超越する能力が不足し、さらに他者の必要を顧みる能力が不足して、そのエゴイズムはかぎりなく野放しになる［Niebuhr, 1932, Pxi］。

そこでニーバーは、個人の道徳的・社会的行動と国家的・人種的・経済的な社会諸集団の道徳的・社会的行動との間には明確な区分がなされねばならないと説く。また、この区分は純粋に個人主義的倫理にとって常に問題と感じられるような政治的諸政策を容認するとともにそれを要求することになる。

ニーバーの表現をそのまま引用すれば［Niebuhr, op.cit. P.xii］、「集団の道徳性が個人の道徳性よりも劣っているのは、社会の結合力をなす自然的衝動に匹敵する強い理性的・社会的力を樹立することが困難であることが一半の理由」であり、他方「その社会的力も単に集団的エゴイズムの発現にすぎず、それは諸個人のエゴイスティックな衝動の集積であって、個別的に慎重に表現される場合よりも露骨なものとなり、もっと相乗的・累積的効果を表す」からである。人間の集団的行動は自然的秩序に属していて、それを理性や良心の支配のもとに完全に置くことはできないものがあるとしている。

たぶんにニーバーの影響を受けたキュングにおいては、政治倫理に関して、それは何ら妥協を許さず、融通の利かない教条的視点を意味するものではなく、また何ら弁解を許さない狡猾な鋭い技巧を意味するものでもないとして、政治倫理とは抽象的な状況における善悪についてではなく、具体的な状況における善悪に関する良心の義務・責任を意味するとしている［Küng, 1998, P.73］。

ニーバーによれば、罪悪が「罪の歴史の中に現れた客観的結果」であることを知る者にとって、個人の罪悪と集団の罪悪の相違は明確である［Niebuhr, 1941, P.208］。「グループはその目的の追求においては個人より尊大であり、偽善的であり、自己中心的であり、残酷である」、人間の集団の中でこれらの性格をもっとも徹底した形で内包しているのが国家である。よって、「人種的、国家的、社会的、経済的グループの利己主義は国家によってもっとも徹底的に表現される」とする。

ニーバーは、以下の三つの理由を掲げて国家の罪悪を説明している。

❶ 国家は、個人ほど「自己を超越する能力」をもたない。「倫理的行為は自己批判なしにはあり得ない」とする、国家における自己批判の欠如である。

❷ 国家は、個人を無条件に支配する力をもつ。個人のエゴイズムは国家という美名のもとに正当化され、美化され、昇華される。

❸　国家は、個人に自己を国家と同一化させることによる自己主張か、自己を国家の中に埋没させる自己逃避かのどちらかの機会を提供する。それは、国家のエゴイズムと集団的自己逃避の奇妙な結合である全体主義の最大の特徴である。

道徳的見地からは、罪には常に自己欺瞞が内包されているとされる。すなわち、人間は他者を欺く前にまず自分自身を欺かねばならない。自己欺瞞は、罪を犯す者が自分自身に対してなす弁明である。またさらに、人間は己《おのれ》自身に徹底的に正直であることはできず、自己欺瞞は罪が人間に与えられた本来的人間性の破壊（Destruction）ではなく、人間性の堕落（Corruption）であることの証明であるとしている［Niebuhr, 1941, P.203］。

前節で取り上げたニーバーに対するパスカルの思想的影響はさらに原罪論にもうかがい知れ、パスカルが言う「自分の悲惨を知らずに神を知ることも、神を知らずに自分の悲惨を知ることも、どちらも人間にとって等しく危険である」［鈴木（一九八二）七一頁、パスカル（一九七三）No.586・三六八～三六九頁］はその現れとも言われる。これに関してニーバーは、「罪を知らずに神を知ろうとすることは人間の神格化に帰結する。逆に、罪のみを知って神を知らない人間は絶望せざるを得ない。人間が真に人間として生きていくためには罪の現実を凝視すると同時に、絶望から解放されるという信仰の告白をおいてほかにない。それを可能ならしめるものは罪の許しとしての十字架である」として、十字架の意味を四つにまとめている（救いの源としての十字架）［鈴木（一九八二）七六～八三頁、Niebuhr, 1943, PP.98～126］。すなわち、贖罪としての十字架、神の弱さとしての十字架、神の力としての十字架、および神の知恵としての十字架、である。

鈴木によれば、キリスト教の正統主義は信仰を政治から完全に分離した二元論に堕させてしまった。一方、正統主義の蒙昧性を批判した自由主義はキリスト教信仰の独自性を放棄する羽目に陥った。ニーバーのクリスチャンとしての政治へのかかわり方は、正統主義と自由主義が犯した誤りを修正しようという彼の情熱の所産である［鈴木（一九八二）一二三頁］。そして、国家が達成できるもっとも高度な道徳性とは、国家の利益を犠牲にすることではなく、国家の利益とより普遍的利益の間にある共通点を発見する方法を模索する理性的によく分別された自己利益（**Prudent self-interest**）であるとしている［鈴木（一九八七）一一七頁、Davis and Good (eds), 1960, P.330］。

国家に対して期待しうる最善のことは、彼らがその偽善を少しでも逆に国際的に現実的業績を上げることによって正当化することであり、また彼らが自分の利益を追求しながら、それよりももっと大きな利益に対していかに対処するかを学ぶことである［Niebuhr, 1932, P.108］としている。

支配的集団は、彼らが行使する権力や彼らが享受する特権には特殊な知的適性があるという主張だけでなく、そのほか別の形の偽善にも腐心するのである。このような自らの特権を、知的な優越性だけでなく道徳的優越性をもってしばしば正当化する［Niebuhr, op.cit. P.123］。また、特権的集団は自己の特殊な利害を普遍的な利益という概念によって正当化する。さらにもっとも好む方法は［Niebuhr, op.cit. P.129］、彼らがそこから利益を受けているところの特定の社会機構を、普遍的な社会の平和や秩序と同一化するという方法、また彼ら自身を法と秩序の使徒と任ずる方法とである。

いかなる社会も秩序を保って闘争を避けるという本能的欲求をもつものであり、そのような方法は不正義なる現状を維持するきわめて有力な道具なのである。どの社会も不正義をその調和の中に取り入れることなしに、平和を実現することはできなかった。したがって、不正義を除去しようとする人間は常に平和を危険に陥れるものと見なされ、道徳的に不利な立場に押しやられる。ニーバーによれば、人間の想像力には限界があり、理性は偏見や感情に容易に屈服しがちなものであり、その結果、集団的行動において非合理的エゴイズムが執拗であることにより人間の歴史の中ではおそらく終末に至るまで社会的闘争は不可避なものである［Niebuhr, op.cit. P.xx］。

ニーバーはまた、社会は社会生活における強制（Coercion）の要素が平和をつくり出す過程で不正義を生み出すという事実によって絶えず悩まされるだけでなく、さらに強制力が一つの社会集団の内部に不安定な平和を樹立することを目指しながら、その集団と他の諸集団との間の相克を激化させ、権力はその共同体の中に平和を実現するための正義を犠牲にし、諸共同体間の平和を破壊する［Niebuhr, op.cit. PP.15～16］としている。

集団的諸関係は、個人的諸関係を特徴付ける倫理性をもちえない［Niebuhr, op.cit. PP.83～84］。そこで、国家については以下のように述べている。

❶ 国家は、国家利益以上には信頼されえないもの［Niebuhr, op.cit. P.84］(8)。

❷ いかなる国家も自己利益以外の理由によって条約を結ぶことはない。

❸ 国益以外の動機をもつような政治家は絞首刑に値する［Niebuhr, loc.cit.］(9)。

国家の不正直さとは政治政策のもつ必然性である。それは、国家が彼自身の特別な独特な共同体として、また普遍的価値と理想とを体現する共同体として個人から忠誠と献身という二重の要求の利益を得ようとするからである［Niebuhr, op.cit. PP.95～96］。国家は、他の国家に対して明白な、戦争的な対立関係に立つまでは決して十分に自覚されない。理性それ自体はよりよい権力のバランスを樹立しようとする傾向をもっている［Niebuhr, op.cit. PP.237～238］。道徳的理性は、強制力を自己の味方としなければならない。しかし、この味方が勝利を奪い、それをないがしろにするようなピュロス的勝利(10)にどうして堕さずにそうできるかという方法を学ばねばならない。

（8）Nations were not to be trusted beyond their interest.（George Washington の格言であったという。）

（9）Johannes Haller, The Aera Buelow、ビューロー時代。

第3節　国益とパワーポリティックス

冷戦時代をすぎて、ますます強大な力を発揮して国際政治を支配しているのは、比類なき軍事力を誇る米国であり、そこで主導的役割を演じたのはパワーポリティックスである。ここでは、キュングによる批判を基礎に、国益論者**モーゲンソー**（Hans J.Morgenthau, 1904～1980）とパワーポリティックス理論とを考察する。

モーゲンソーの出発点は、「人間の本性は相互に対立する力によって動かされること、このことは相反する利益や闘争の不可避の世界であるので、道徳原則は完全に実現されることはあり得ない」［Küng, 1998, P.38・Morgenthau, 1978, P.3］という点にある。彼の理論にあるリアリズムとは、その中心に権力として解される一種の利益の概念を据えているという事実に存する。

モーゲンソーは「人は人間性をそれ自身としてその侭《まま》で受け入れなければならず、常にあらゆる形での生存への闘争が存在する」とする。そして、政治に関して言えば以下の七つのように説明している［Küng, 1998, P.39］。

❶ 政治は、国内のものであれ国外のものであれ、本質的に政治権力への闘争を意味する。すなわち、それは人類を人類によって統治するものである。

❷ 何処においても、問題は権力を維持・拡大・誇示することである。これらは、三つの基本的政治行動のパターンである。

❸ 国民国家の外交政策の基準はあくまでも国益でなければならない。平和が国の主たる目標であるところでは、自らを国際社会のもっとも無謀なメンバーの手中に貶めることになる。

❹ 権力闘争においては、利益をめぐる競争も協調も可能である。

❺　利益が一致するところでは協調が可能であるし、利益が衝突するところでは敵対関係や闘争は不可避である。
❻　万人の万人に対する闘争を回避するためには、権力闘争に対してそれぞれの利益への合理的獲得のために優れて外交が必要であるし、力の均衡のために巧みに活動しなければならない。
❼　このようにして可能ならば、平和は外交によって安全に保たれねばならない。しかし、必要な場合は力の脅威によって保たれねばならない。平和というものは理想主義者やユートピアンが思うような天からの恵みではない。それは各国間の安定の副産物であり、バランスオブパワーによるものである。

彼の理論の中心概念が国益であることは明白で、その積極的内容に対して纏う者よりも、正面からぶつかった者のほうが理解し易い［Küng, 1998, P.40］というのはもっともなことではある。しかし、次に挙げたように、これに対するキュングの反論には鋭いものがある。

❶　国益表現に際して、権力政治の理論は国際政治がどう機能するかを示しているか。あるいは、国際政治がどう機能すべきであるかを示すことは一般的であろうか。
❷　国益は国家（Nation）の利益、すなわち国民全体の利益と同一であろうか。または、その政府（State）の利益、すなわち権力を有する人々、外交政策を掌中にしている人々だけの利益のみに一致しているのではあるまいか。国益は、往々にして大衆の利益（国内政治における改革・改善）とはまったく一致しない。
❸　特定グループや階級、または圧力団体の利益は、往々にして厳粛な議論のもとでの国益の影に隠されていないだ

---

(10)（Pyrrhic Victory）ピュロス（Pyrrhus, BC 318～BC 272）は古代ギリシアのEpirusの王Asculumの戦いでローマ軍を破ったが、両軍とも同数の死者を出したとから、多数の犠牲を払って得た勝利、引き合わない勝利のことをいう。

ろうか。たくさんのグループが、自分たちの利益を国益のレベルにまで高めてしまう意思決定過程に参画している。

❹　一国の政府は、最終的に他国ないし国際社会の利益を踏み潰していいのであろうか。これは、今後増大する経済・環境・貧困・過剰人口の地球規模の問題に対する先駆的スローガンとは成り難い。

キュングの解釈では、「モーゲンソーは著書『国際政治（*Politics among Nations*）』（現代平和研究会訳、福村出版、一九八六年）で権力政治の現実主義を誇示し、理想主義批判を行う。すなわち、自由・民主主義・人権のごとき道徳原則に代わり、そこでは権力と国益の冷静な計算だけが示されている。アメリカ理想主義、法律主義、センティメンタリズムの代わりに、外交は合理的権力政治をもつのみである」としている。世界政治のメインファクターとして、「国家は権力を指向し、すべては合理的に行動すべし」と解している。

キュングは、モーゲンソーの著書の疑問点として、「権力や利益に関する主張よりも、むしろ道徳の不断の欠如や相対化・政治的従属化といったことで、これにより地球的に拘束すべき倫理的基準を抽象的であるとしたり、政治的道徳を非現実的であるとしたりして退け、最高の価値や世界的道徳原則を認めようとしない。これは、道徳を政治から果敢に排斥すること、道徳を権力と関係するすべてのものから切り離すことを意味するものではなかろうかと不可解に思う」［Küng, 1998, P.46］としている。要するに、モーゲンソーの国益論とパワーポリティックスはもっぱら権力と合理主義追求のみに貫かれ、道徳や国家理性に対する考慮は希薄であるというのがキュングの解釈である。

政治において権力による国益論を唱道し、宗教や理想主義的政治道徳論を曖昧で抽象的であるとして排除するモーゲンソーは、自らの説くパワーポリティックスとは本質的に異なる政治倫理を説くニーバーを多用している［Küng, 1998, P.41］。彼がニーバーの功績を讃える講演［ハンス・モーゲンソー（一九七〇）二〇七～二一二頁］では、「ニーバーこそ『政治的人間の再発見者』であり、アメリカ現存の最大の政治哲学者である」としてニーバーを信奉しているかのごとく読み取れる発言をしているが、キュングは政治道徳の追求に限界ありと表明するモーゲンソーに疑念を抱いている。

ちなみに、モーゲンソーは、「政治における道徳的問題は、キリスト教倫理の命令と政治的成功の論理との間の不可避的分裂によって明示されている。政治家として成功することと、良いキリスト者であることとは両立不可能なことである。（中略）ニーバーの政治思想に圧倒的なヴィジョンもその類のプログラムもないのは、政治行動の限界に関する深甚なる理解のしるしである。ニーバーの政治思想にはある自己抑制がある。それこそ政治の主題的事柄の反映である」［モーゲンソンの同講演］などと明言している。

キュングはさらに、「道徳の基準の有効性はなんら社会に負うものではない。重力の法則のごとく、それは誰も認めずとも、誰もそれに依拠せずとも価値をもつものである」という究極の価値の意味や必要性を詳述している［Küng, 1998, P.47］。

先の反論に加え、さらにキュングが掲げるモーゲンソーのパワーポリティックスに対する基本的な疑問とは以下の通りである［Küng, op.cit. P.48］。

❶ 国家の偉大さの本質が究極的に思想や価値によって決定されるならば、「すべての政治はパワーポリティックスに拠《よ》っており、すべての国家は権力政治的利害によってのみ動かされる」という理論は支持されるであろうか。

❷ 外交政策の成功のための戦略としての国益追求を伝播することは正しいだろうか。または、安全的世界秩序のために一つの道徳義務として、あるいは国益に対する道徳的尊厳のために貢献することは正しいだろうか。

権力とは何か。広義には、「権力とは個人または集団が、他の個人または集団の行為をその臨む方向で変えることのできる能力」であり、狭義の厳密な意味では「服従者の同意に基づいて制度化され、正当性の承認のもとに自発的な服従を期待するが、他方では服従を拒否するものには実力による強制が発動される」とされる。さらに、権力政治となれば「すべての政治は力がその中で顕著な役割を果たすという意味で権力政治である」といわれる［『社会科学大事典』鹿島出版会、一九六九年］。

現実の国際政治において、権力政治は半ば常識とされ顧みられることが少ない。この点で、いかにもモーゲンソー理論は正当化されているかのようにも思える。しかし、モーゲンソーはその中核思想が曖昧かつ不正確であるとの以下の批判を浴びる［Küng, 1998, P.58］。

❶ その権力の概念が茫漠としすぎていること。人間の宇宙的資質として権力を欲求することは、他の人間の博愛的性格を無視するものと考えられた。

❷ 国家間にまたがる合理性が一般的すぎること。非合理的な要素が考慮されていない。

❸ バランスオブパワー——権力の均衡——が世界的概念として過度に注視されていること。現実の均衡状態のみに注がれ、権力闘争のあらゆる状況を想定していない［Küng, op.cit. P.54］。

さらに、国益（National interest）の定義もさまざまである［Küng, op.cit. P.61］。

❶ すべて可能なるものは国益となりうると宣言すべきであるか。

❷ 必要なもの、すなわち国家の維持のために必要なもの——ここでは、少なくとも領土結合、政治的独立、基本的政府制度、経済的繁栄を含む——に限定すべきであるか。

❸ 上部から、すなわち政府によって国益は政府の利益として定義されるべきであるか。あるいは、下部からすなわち民衆によってさまざまな人々のグループの利益が国益に反映されるように定義されるべきか。

❹ 国家の維持のみが最終目標であり、他のもの、すなわち領土統合も政治的独立も単なる手段であるか。

もし、個別利害を目標としてではなく単なる手段として看做すならば、争いが生じた場合でも人はもっと柔軟でいられるし、必要ならば交渉や妥協譲歩の可能性もある。人によっては国益を純粋に主観的なもの、あるいは逆に完全に客観的なものと捉えるし、また人によっては国益は定義しがたいもの、実現不可能なものと捉えて放棄してしまう場合もある。このことから、キュングは国益という概念を除去してしまうよりも明確化するほうがよいと主張する[Küng, op.cit. P.63]。

❶国益は、純粋に主観的な概念ではない。国益は、本質的基礎すなわち政治的現実主義における基礎をもっている。たとえば、一国の政治地理状態やある原材料の利用状況に関するときである。

❷国益は純粋に客観的な事実のみでもなく、それは主観的な把握にもオープンである。

❸多極化、経済統合、政府ないし非政府組織、国際的乃至超国際的組織、そしてそれらの相互依存関係がますます高まる新時代においては、国益は高度に複雑なプロセスによって客観的に定義される。現実主義者でさえ、今日、国益の中核要素については謙虚に語っている。

❹国益は、粗野または煽動的に実施さるべきではない。それは倫理的に説明されねばならない。

権力が肥大化し濫用されて歴史上幾多の悪をなしたことから、「権力とは悪魔の落し子であり、国家の本質が権力であって、国家が自らの存在を求めて、権力を欲しいままにするかぎり、それは正しく悪魔以外の何ものでもない」[Küng, op.cit. P.63]という批判もあながち不当とも言えない。自由放任主義的経済哲学は、それ自体が孕む弱肉強食的傾向の正当化につながり、権力政治を招く。米国の民主主義がとくに自らの価値観や理想像の伝播をもってする国益の追求と結びついたことが、疑いもなく自己矛盾、そして正に欺瞞へと導いたとも言える。

第4節　国家理性について

無思慮な国益追求が、現在、世界的にたくさんの弊害をもたらしていることは枚挙に暇《いとま》もない。先進工業国による自国経済中心の工業化推進が、排気ガス問題、無謀な森林伐採、天然資源採掘、文化破壊、社会破壊などを惹起し、自国利益の拡大化・安定化のためとは申せ、他国利益の侵害は無論、自らの存立基盤をも危殆《きたい》ならしめている。国際社会の問題となるとおよそ理性的な判断は希薄となり、いたずらに腕力のみが目立つ。そこで、国益と国家理性については拙著『ヨーロッパ統合とキリスト教』（新評論、二〇〇四年）にて詳述してあるので、本章ではニーバー理論に関連してその重要性について敷衍《ふえん》する。

国家理性に関する分析は、F・マイネッケの『近代史における国家理性の理念（*Die Idee der Staatsrason in der neueren Geschichite*, 1924）』をもって嚆矢《こうし》とする。マイネッケによれば、「近代」における国家理性の概念はマキアヴェリに始まり、マキアヴェリをもって近代西欧における国家理性の理念の始祖とまで崇めている。一方、現実政治の上では、**リシュリュー**（Jean Richelieu, 1585～1642）が国家理性（raison d'État）をすべての教会とその関係者にもたらした最初のヨーロッパの政治家であった［Küng, 1998, P.16］と言われる。国家の理性と政治の自立とは、中世的な概念であるすべての人民やその支配者をも拘束する道徳的価値や義務に取って代わった［Küng, op.cit. P.16］。当時、「国家理性」と人々が呼んだもの、そして現代では「国家の安全」とか「国益」とか呼んでいるものは、ほとんどマキアヴェリ的な手法で正当化することができると信じていた。

たしかに、一六世紀中葉に**デラ・カーサ**（Giovanni dela Casa, 1502～1556）(11)によって初めて使用された「ラジオネ・ディ・スタト（ragione di stato・国家理性）」の唱道者として、マキアヴェリは権力の獲得・保持・拡大という国是をなし、あらゆる手段を講じての自衛という国家の行動としての基準ないし最大限のものを求めた。しかし、これは政治の分野を超越した基礎をもつあらゆる道徳性の抑圧と同義語である、というのがキュングの解釈である。

そしてキュングは、現実政治の上ではブルボン王朝で権力の座を欲しいままにしたリシュリューを名指しで、「リシュリューこそ、必要とあらば既存の法律や一般道徳をも無視するマキアヴェリの原則によって唱導された政治行動原則の古典的具現者である」[Küng, op.cit. P.16] とする。このような国家理性は個人の理性、すなわち個人の良心が従わねばならない倫理的基準からは遊離することができる、ということになる。

実際にマキアヴェリの説いた道徳性と不道徳性とは、たとえば成功を狙う政治家は時として不道徳に行動せねばならず、逆に、常に道徳的に行動する政治家は必ずや滅びるであろうという信念にあった。そこでマキャヴェリは「できるかぎり道徳的に行動せよ、必要なかぎり不道徳たれ」と説いた [Küng, op.cit. P.69]。現に、マキアヴェリの『君主論』には「人間は実態よりも外見、すなわち他人が見たり聞いたりするときは、紳士らしさ、忠誠心、信頼性、人道性、慈悲だという印象が重要で、人間は単純で外見で判断するために騙されやすい(12)」とある [Küng, op.cit. P.70]。

ここに、ニーチェの善悪を超越した現代人が登場する。彼は可能なかぎり善を成し、已むを得ざるときは不善を成す。そこで欺瞞や賢さだけではなく、必要とあらば不実、裏切り、腐敗をもなす政治家を許してはならないだろうかと問う。これに対してキュングは、政治家に対する反マキアヴェリ的助言を主張する [Küng, op.cit. PP.71~72]。

❶ 職業的悲観主義の否定（No professional pessimism）――政治においては、異常が正常であるかのように、ある

---

(11) 一六世紀のヴェネティア教国大使。

(12) マキアヴェリ（一九九八）『君主論』河島英昭訳、岩波文庫、第一八章。(Niccolo Machiavelli, Principe.)

いは人間の弱さのために誰一人として尊敬すべき政治家はいないかのごとく行動してはならない。

❷ 特殊な道徳の否定（No special morality）――数多くの政治決定においては、道徳的決定が政治的必要性と均衡せねばならないことは確かであるが、このことは時として難しい。

❸ 厳格主義の否定（No rigorism）――複数の義務の衝突が生じ、それぞれの義務を同時に達成することが不可能なときに、より小さな悪を選択するため善の評価がなされねばならないときがある。

しかし、理性は人間における道徳の唯一の基礎でもなければ、人間の社会的な衝動は人間の理性的なレベルよりもっと深いところに根を下ろしてもいる。理性は彼自身の生よりも、他者の生を肯定するという能力をつくり出しはしない。ただそれを、拡大したり堅固なものにしたりするだけである［Küng, op.cit. P.26］。また、社会関係の調和とは慈愛心の感情に依存するのと同じくらいに正義の感覚に依存する。正義の感覚は知性マインドの産物であって、心情ハートの産物ではない、とキュングは説いている［Küng, op.cit. P.29］。

一方、ニーバーによれば理性と道徳のあり方は以下の通りである［Küng, op.cit. ,P.41］。

人間の共同体への献身は、利他主義の表現であると同時に、常に利己主義の変形した表現を意味するようになる。たしかに、理性は利己心を社会的衝動全体に調和させるため、それを抑制することができる。しかし、その同じ理性の力は、個人の利己心を社会の生命的諸力全体において認められるべき要素の一つとして正当化せざるを得ないのである。道徳における理性的な立場が人間を説得しうるのは、人間の自己中心性が社会に対する危険であるような場合が第一で、その次の瞬間には、同じ理性をもって人間のエゴイズムは社会全体の調和における必要不可欠の要素として許容される、そういう場合においてである。

人間の自己意識は理性の所産である。人間は、理性に支配されるよりももっと想像力によって支配される。想像力とは、知性と衝動の複合物である［Niebuhr, 1932, P.44］。もっとも理性的な人間であっても、自分の利益が危険にさらされているときは決して理性的ではないとしている［Niebuhr, op.cit. P.45］。そしてニーバーは、「理性は衝動の主人である以前にその僕である」と権力の強さを強調する［ラングドン・ギルキー（二〇〇〇）三八一頁］。

特権階級のもつ集団エゴイズムとは個人のエゴイズムの総和であり、その点国家の自己中心性がしばしば個人の自己否定的な忠誠心によってつくり出されているのとは違っている［R.Niebuhr, 1932, 140］。個人の倫理・道徳の総和が集団倫理の総和とはなり得ないのに対して、なんと対照的なことであろうか。社会は生き延びるためにももっと大きな平等を必要としている。その平等の基礎とは社会における「権力の不均衡である」、とニーバーは主張する［Niebuhr, op.cit. P.107］。

そこでニーバーは、「政治においては理性や良心に全面的に依存することは不可能である。圧力の使用は必然的である［Niebuhr, op.cit. P.209］」として、「この同じ不正義が国際間では闘争を志向する。したがって、国家に服することは階級闘争よりも国際戦争を選ぶ。かかる選択は理性的には正当化され得ない。理性の力はそれに逆らっている。それは、国際戦争が国内の不正義から生じるものであり、階級闘争はその不正義を除去することを求めるからである。理性が偏見に屈したことを表す」と述べている。

第5節　統合ヨーロッパの倫理的基盤

現代文明の社会においては、宗教がその存立の基盤を脆弱なものにし、宗教的信仰が揺らいで、もっぱら合理主義、実利主義が支配するようになっている。そこにもたらされたものは自由の腐敗と道徳の退廃である。われわれの社会はどこへ漂流していくのか、さらに一般ヨーロッパ人にとってユーロとヨーロッパとは一緒なのかそうではないのか、「クォヴァディス（Quo Vadis・主よ何処《いずこ》へ行くのか）」だというのか、とキュングは問うのである［Küng, P.137］。

キュングは、統合ヨーロッパのパースペクティヴを描くに際して三つのモデルを検証する［Küng, op.cit. P.137］。まず、統合の現状に関して以下の見解を主張する。すなわち、一九八九年の偉大なヨーロッパ革命の予測の困難さを慨嘆の上、世界中で現在を診断し、時代を分析する者は誰でもヨーロッパや世界に何が起きようとしているかを問う。キリスト教のヨーロッパであろうか。これは依然として未来を鼓舞する考えであろうか、と。

（一）テクノクラートのヨーロッパか

これは、工業国家のロビーストのごとく、ブラッセルのテクノクラートや利益集団によって伝播されている機能主義者的な政治経済の構想である。ヨーロッパの精神的・文化的コンセプトは再び甦らないのであろうか。まさに、トレルチやブルクハルトの描いた生命的統一体、あるいは文化的総合体としてのヨーロッパである。ヨーロッパは、前任の法王パウロ二世が常に説いていたように精神的・文化的再生を必要としているのである。キュングにおいても法王パウロ二世においても、統合ＥＵに馳せる思いは同様のようである。

（二）キリスト教ヨーロッパの復活は

一九八二年に前法王パウロ二世が宣言したヨーロッパの精神的統合とヨーロッパの再伝道計画とは伝統主義者のユートピアであり、これはいくつかの疑問を投じた。というのも、精神的・文化的再生は本質的には正当化し得ても、現在のヨーロッパの民主主義を消費経済とか、快楽主義とか、物質主義とかという鋭く一方的な非難を伴うからである。ローマ教会の教書によれば、すべての良心の自由は明らかにローマ教法に従うもので誤りなきものである。

一方、第二回バチカン公会議によれば教法は聖書に従属していなければならないとされるが、実際は任意に聖書の解釈をコントロールしているという。

文化政策の目的は何か。ヨーロッパは中世の反近代化精神に則って革新されてはならない。このヨーロッパの精神的再生は実際には再カトリック化であり、さらには再ローマ化であって、教会に関する脅威、教会全盛の脅威が存在するとしている。今日では、このようなキリスト教ヨーロッパの復活構想は大半のポーランド人にとってだけでなく、ほとんどのヨーロッパ人にとっても悪夢である。

(三) 倫理基盤をもったヨーロッパ

大戦後の新しいヨーロッパは、諸国の多様な利害にもかかわらず統一が維持されたときに実際の効果を発した倫理的な推進力の上に建設された。スペイン、ポルトガル、ギリシアがECに受け入れられなかったのは第一に経済的な理由によるが、倫理的な理由によるものでもあり、これはポーランド、ハンガリー、チェコも同様であるとしている。しかし、政治や社会の構造的変化の分析によれば、現在のヨーロッパにおける精神的・宗教的状況においては以下のことが言われようとしている [Küng, 1998, P.140]。

❶ われわれはますます加速化する世俗化の社会に生きていること。すなわち、それは必ずしも無神論を意味しないが非宗教的となることであり、この時代、たくさんの人々はイデオロギー的な結びつきが希薄化ないし破壊されている。

❷ われわれは激しい個人主義の時代に生きていること。すなわち、個人は誰もが成人になると、自分の意志を主張して自分で決定しようとし、社会からの支配を排除しようとする。

❸ イデオロギーの多元化の時代に生きていること。すなわち、宗教はますます小さなグループや団体に分岐し、宗教的な提案の華々しい市場が活発となって即席の宗教がたくさんの人々に実践されている。明らかに、世俗化、脱宗教化・合理主義がそうやすやすと伝統や宗教・神秘主義に取って代わるものではない。

このような時代に、ヨーロッパでさらに精神的な一体化が可能であろうかとキュングは問う。こうしたキュングによる問いは、ニーバーの以下の疑問を参考としている。

すなわち、ヨーロッパ統合のような世界共同体を建設する事業は、ニーバーによれば(13)、「人間の究極の必要性でありまた可能性でもあるが、同時にまた究極の不可能性でもある。必要性であり可能性である理由は、歴史は人間の自由を、自然的過程を超えて、普遍性が達せられるところまで拡大する過程だからである。また不可能性である理由は、人間の自由は増大するにもかかわらず、人間は時間と空間とに結び付けられており、特殊的で時間の限定を持たないところの文化や文明の構想を樹立することのできない有限的な被造物だからである」とした。そして結局、「このように、人間生命の究極の可能性にして不可能性として立つところの世界共同体は、現実には、人間の希望を絶えず成就していくものであると同様に永遠の課題でもある」と断じている。

要するに、世界共同体は文明の発達という技術的普遍性とともに道徳的普遍性という二つの力の複合を不可避的なものとするからである、としている。すなわち、ヨーロッパ統合のような世界共同体の必要性は、長年人類の理想とする者であり、歴史がこれを証明しているが、その実現のためには究極的に精神的一体性が必要とされ、これは容易に達成されることなく永遠の課題として求め続けられるであろうということである。

現在、国益主張と並んで外国人排斥運動を主体に極右の活動はますます峻烈をきわめている。いったい、ヨーロッパに精神的な一体化はあるのだろうかというのがキュングの問いである。このような精神的な一体化が叫ばれるヨーロッパで統合を真に実効あるものとするために、キュングは倫理的な基盤、すなわちその一つとして宗教の必要性を説いている。以下は、宗教がいかに現代人の支えになり、現代社会を結合させているかをキュングの説明に従って略述する［Küng, op.cit. P.142］。

❶　いかなる宇宙的倫理でもなく、唯一宗教のみが善悪・正邪に直面して深い尺度、包括的地平の解釈を伝達できるのである。宗教のみが不可避的なる死に直面して、絶望の淵にある虚無主義者にさえも究極的意義を伝えることができる。換言すれば、宗教こそ人間性の深層の記憶を呼び覚まし、一体われわれがどこから来てどこへ行くのかという問いに答えてくれる。

❷　倫理自身ではなく、宗教こそが無条件に各種の価値・規範・動機・理想を保障することができる。しかも、同時にそれらを具体化することができる。倫理的指令は無条件の前提に立ってのみ無条件なのである。純粋な人間の理性はまた、価値や規範・動機・理念に対しても基礎を与えることができる。しかし、人間的なものすべてと同じく倫理的指令は条件的に止まる。それらは無条件のものと一体となったときにのみ、すなわち最初にして最後の現実と一体になったときにのみ無条件となるのである。換言すれば、宗教は、われわれがなぜ責任を負うか、何に対して責任を負うかという究極的な問いに答えてくれる。

❸　倫理自身にあらずして、宗教のみが儀式や信条を通じて、あるいは歴史描写や希望の像を通して精神的安定や信頼・望みの故郷を創造することができる。換言すれば、宗教こそが究極的に社会や家庭の精神的な問いに回答を与

（13）R.Niebuhr（1944）邦訳の一八六頁。

えてくれる。

❹ 宇宙的倫理でなく、宗教こそ不正なる条件に抗して抗議や抵抗を実現させてくれる。こうした抗議や抵抗が無駄に見えたり、フラストレーションがすでに生じたりするときにさえもである。換言すれば、宗教は望みの表現であり、この世における効果的で、失うことのないもの、神聖なるあの世の表現である。

端的に言えば、宗教と倫理とは互いに補完しあう関係にあり、キリスト教はとくに――原則すべての信者も同様だが――宗教と倫理とを競い合わせることがあってはならないというのがニーバーの主張でもある。ほとんどの信念は、人々を人間的な倫理、超絶的で宗教的、究極的に宗教によって支えられ、動機づけられ、具体化される範囲にまで開かれた倫理へと人々を強要する宗教によって維持される。

まとめ

以上に考察したように、キリスト教においては、人間は原罪をもってこの世に生を享《う》けており、人間社会における悪の根源も原罪のなせるものとの解釈の上に成立している。歴史において人間は不断に自由を求めるが、求めた自由によって人間は不安に陥る。そして、自由のあるところに罪が芽生えて腐敗が生じる。実存的不安に耐え切れぬ人間は、己《おのれ》を宇宙の中心に据えるなどして、少しでもこの不安を解消しようと努める。そして、己を神に代わる存在にしようとする。

政治と倫理の間には解決不能な緊張関係が存在すると、キュングは主張する［Küng, 1998, P.57］。この主張は「政治と倫理とは均衡しなければならない」というトレルチの思想と軸を同一にしている。すなわち、政治が倫理に従属することは政治の自立に正当性を与えないし不合理へと招く。一方、政治を倫理からまったく分離することも倫理の世界を犯して不道徳へと導く。したがって、政治も現実には人間とその社会の高度の両面性を認識すべきであるというのがキュングの主張である。

人間の原罪を考えれば、政治と倫理とは一体として相互に固く結ばれていなければならず、いずれか一方のみ強くてバランスを欠けばその効果も効率性も減殺するのみか、破滅の危機さえ招くことになる。アウグスティヌスのごとく、「この世の国は不正義に充満しており、その統治者は悪魔、それはカインによって立てられ、その平和は戦争によって求められる」として、「社会問題は倫理的基礎からは解決不能である」と説き［Niebuhr, 1932, P.70］、キュングも「政治における理想主義は偽善的になり得る」とも説いている［Küng, 1998, P.35］。

一方では権力政治を批判しておきながら、自らの力の及ぶ地域では、あるいはパワーポリティックスを実施しているかも知れない。また、理想主義政治はしばしば無力である。現実的な政治権力（あるいは軍事力）に支えられず、基本的に道徳的信念や理想のみに基礎を置く政治であるから、ともすれば究極的には破綻へと突き進む運命にあるかも知れない。

しかし、キュングも説くように［Küng, op.cit. P.35］、少なくとも、責任の倫理は世界秩序にとって有用なものである。倫理と自制なしに自由のみ求めれば、やがて人間は原始の森へと回帰してしまうであろう。前例のない変化の社会においては人間によって立つべき倫理基盤を絶対的に必要とするとしてキュングは、「倫理は政治や法律に先行する。つまり、政治行動は価値と選択に関係するからである。倫理は我々の政治的リーダーシップを呼び覚まし、鼓吹するものである［Küng, op.cit. P.109］」と主張する。

グローバル化が政治や経済を軸に進行して入る現在、政治や経済と表裏をなす倫理の地球化を前提としたパラダイムシフトが検討されるべきときにある。それには、民族・宗教・文化などの境界を越え、地球社会の平和と繁栄を目指した人類共通の価値観を基礎とするものが必要とされる。

一方、ニーバーは、「理性に立つ倫理が正義を目指すとすれば、宗教的な倫理は愛を理想」とするとして、理性的倫理は他者の必要を自己の必要と平等に考えることを追求するが、宗教的倫理は隣人の必要を満たしてやることを強調すると説く[14]。それは正義が理性を基礎に置くのに比し、倫理に発する愛の純粋性を強調し、政治倫理も基本に愛の裏づけを不可欠とするものであることを説いている。

ニーバーによれば、「宗教とは常に絶望の淵に立てられた希望の砦である[15]」。宗教は、今日の複雑な社会において人々が己の思う立脚点に達し、同時に異なる考えの人たちにも寛恕を施すように支援しなければならない。社会は、非利己的であることをもって最高の道徳的理想とするのではなく、正義をもって最高の道徳的理想とする［Niebuhr, 1932, PP.258～259］。社会の目的は、すべての生に平等な機会を与えることを求めることでなければならない。もしも、この平等と正義が利害に対して利害を主張したり、隣人の権利を侵害したりする人々の主張に抑制を加えることなしに実現できないならば、社会は自己主張とか抑制とかを是認せざるを得ない。

権力をめぐる人間社会や政治上の争い、国益の衝突から生じる国際紛争などは、いずれも人間の生の保持や充実のための物質的ないし文化的恵みの不公正な分配に起因する。だからキュングは、社会にとってもっとも理性的に究極的な目標とは平等だということ、もっと限定して言えば、平等的正義であるということを結論する。もし、この結論が正しければ、より大きな平等を目指す社会的闘争は道徳的正当性をもつ。特権の永続化を目指す努力に対しては道徳的な正当性は与えられない。彼にとっては平和よりも何よりも平等がより高い社会的目標である。自由と平等が同時に達成されることはきわめて困難である。

平等は完全に達成することはできないかもしれない。しかしそれは、正義ある平和という理想を示す象徴である。

この観点から見れば、今日の平和はどれも現在の不均衡な諸力間の休戦を意味するにすぎない。平等は、今日のあらゆる平和状態へと凍結せしめられた権力と特権の不平等の除去を主張する。

(14) R.Niebuhr (1932) p.57。ニーバーへのトレルチの影響は少なくなく、「宗教的理想主義はもし理性的な政治思想の助けがなければ政治的理想としての平等には決して到達し得ない」はその現れである。

(15) R.Niebuhr (1932) p.62. Religion is always a citadel of hope, which is built on the edge of despair.

第2部・・・キリスト教と民主主義の政治思想

第4章

キリスト教と民主主義

言語能力は詩的な才能である。言葉は世界を照らす光。言葉は人間を自由にする。

出典：フォイエルバッハ『キリスト教の本質』

キリスト教と民主主義との関係を問い直すのには、キリスト教二〇〇〇年の歴史を顧みるのみか、キリスト教の前身であるユダヤ教の歴史にまで遡って検証する必要があることは申すまでもないが、このことはすなわち、キリスト教あるいはユダヤ教が政治にいかに関係してきたかを追跡しなければならない。そして同様に、一方の民主主義についてもその誕生からキリスト教とどのように接点をもち、いかなる関係を維持してきたか、さらには広く宗教と政治の関係の分析から議論を解きほぐしていくのが筋となろう。

しかし、これらの検証の重要性は十分認識はするものの、ポスト世俗化時代のヨーロッパ統合の進路を探る本書では、それらの膨大な課題に存分の議論の展開を割くだけの紙幅はなく、これらについては別の機会に委ねることとし、ここでは現代政治思想家のごく代表的な理論を参照するにとどめて本筋議論の展開に忠実を期したい。

第1節　近代民主主義

近代民主主義思想の基礎は、ホッブスおよびロックの自由主義理論によって多大の影響を受けた。彼らは、人間の本性について二つの基本的仮定から出発している。

❶ 人間は理性的な動物で、自らの理性を駆使してその社会的存在の改善に努める。

❷ 人間は利己的、すなわち自らの個人的幸福に関心がある。

この内**ホッブス**（Thomas Hobbes）においては、「個人は利己的であり、『自然状態』の中では、万民の万民に対する闘争に明け暮れ、人生を『邪悪で残酷であり短いもの』にしているが、社会契約はそのようなおぞましい『自然状態』に取って代わるもの」としている。これに対してロックは、対照的に、「自然状態」をもっと恵みの深いものとして捉え、「大多数の理性的な人間は自然の法則を理解し、共同体の公益のために利己主義を抑制する必要性を認識できる存在である」と説く。人間の善意ではなく、政府が自然法の擁護者であるとしている。

しかしロックは、教会にはほとんど言及せず、ロックの宗教は「あらゆる善良な人間の宗教であった」という。そして、ロックの言う社会とは平等な人々の社会であり、そこでは万人は平等の道徳権（**moral right**）をもっているとされ、多数決原理を支持した。一八世紀の米国では、このロックの理論を採用した［リンゼイ（一九六九）一六三、一六四頁］。ただし、一七九五年の米国憲法ではその第六項で「法は市民およびその代表者の多数により表明された総意である」として、ルソーの信条を採っていると言われる［リンゼイ・前掲書・一七〇頁］。

このように、両者間には「自然状態」の現実の状態に関する考え方について相違があるものの、理性ある諸個人は自然状態よりも社会契約による安寧を選ぶという点では両者の見解は一致している。

さらに近代の民主主義は、その発展史から以下のように四つのタイプに一般的に分類されている。(1)

① **擁護型民主主義**（Protective Democracy）――個人の自由を擁護する手段として政府による民主的統治を提唱する型。一九世紀の二人の政治哲学者、ジェラミー・ベンサムとジェイムス・ミルが代表的である。「民主主義は自由な競争にある諸個人が最大限の自由を享受することができ、物質的豊かさを追求できるようにするために存在する」として「最大多数の最大幸福」を唱えたベンサムの功利主義理念もここに包接される。

② **発達型民主主義**（Development Democracy）――ジョン・スチュアート・ミルが代表的であり、「善良な市民」がこのモデルの中核をなす。善良な市民は、積極的に参加することによって共同体の福祉に貢献する。米国の歴史

（1）ウィリアム・ハドソン『民主主義の危機』（*American Democracy in Peril*）一四頁。

を通じて、アメリカ人の政治生活の解釈を支配してきた民主主義概念である。トックヴィルが米国より学んだものである。リンカーンからウィルソンに至るまでここに含まれる。

③ **多元論的民主主義**（Pluralist Democracy）——ポールラザーズフェルド、ウィリアム・マカフィーが一九四八年の大統領選挙のときに説いたもので、一部市民に見られる政治への無関心に対処したものである。無関心で無知な市民が民主主義社会に存在することに社会科学者が注目したことに起因する。市民が自らの手で統治者を選ぶことである。

④ **参加型民主主義**（Participatory Democracy）——市民の政治への無関心は、人間の本性に内在する事実としてではなく実質的に参加する機会が欠けている結果として捉える概念である。意思決定を下す人々に責任意識をもたせる方法として、社会の中での意思決定への参加機会を拡大することにある。

一方、現存の民主主義のタイプとしては、自由民主主義、社会民主主義、そしてキリスト教民主主義の三つに大別されるであろう。しかし、社会民主主義やキリスト教民主主義は、その次元のカテゴリーに属し保守主義的民主主義と呼称されるのに対して、一般に民主主義という場合には自由民主主義を意味するものと解される。もちろん、次節以下に登場するリンゼイやニーバーをして「キリスト教民主主義者」であるとは言わない。

第2節　トレルチとリンゼイの遺したもの

トレルチが高く評価される根拠には、キリスト教の人格と文化の倫理を通して倫理学の再興を企図し、ヨーロッパ精神形成に輝かしい足跡を残したことのほかに、キリスト教と近代世界の関係を「自由と人格」、「人権と民主主義」などのプロテスタント的な歴史文化価値に見いだして早くから政教分離を唱えるなど、自由並びに民主主義に関する思想で先見性を発揮したことにあった。本章では、とくに彼の影響を受けたとされるリンゼイを例に取り上げ、トレルチとの関係を辿りながら民主主義を考えてみたい。

ニーバーなどトレルチの影響を受けたとされるキリスト教思想家のうちで、トレルチとリンゼイとの間は誕生年も一四歳違いと半世代の開きがあるのみで、両者はほぼ同世代に属していた。しかし、両者の直接の交流は、リンゼイとの面会直前のトレルチの急死という不幸も重なって実現せずに終わった。

半世代とは言っても、トレルチの新しいキリスト教社会哲学、すなわち禁欲的プロテスタンティズムの社会哲学はドーバーを越えてリンゼイに大いなる影響を及ぼした。

ヨーロッパ文化に関して、トレルチのかねてからの主張である「生命統一体」論や彼の諸著作から、彼が国家多元論をとっていたことがうかがわれるが、同じく国家多元論者として知られていたリンゼイであるので、両者が互いに相通じるものを有していたことは想像に難くない。以下の通り、リンゼイの主著である『現代民主主義国家（Alexander Dunlop Lindsay, 1943, *The Modern Democratic State*, Oxford Univ. Press.）』には、トレルチを支持すると見られる箇所が随所に見られる。

すなわち、その第一は、トレルチの「二つの倫理」(2) を引用したリンゼイの『二つの倫理』(3) であり、リンゼイ自身が

---

(2)　リンゼイの二つの倫理とは「完全へのキリスト教的要請の倫理 Christian challenge to perfection」と「通常の社会的諸基準 Ordinary social standard」を意味しているがここでは紙幅の関係で詳細に言及することはできない。

(3)　A.D. Lindsay, 1948, *The Two Moralities*, Our Duty to God and to Society, London）とあるためにこれを『二つの道徳』と翻訳するケースもある。中村正雄訳（一九五九）では、『二つの倫理』（アテネ新書）としている。

『現代民主主義国家』の中で、「中世世界と異なった倫理世界が登場したことが宗教改革と関連し、かつピューリタニズムとの結合の上で認識されている」としてトレルチに言及していること［リンゼイ（一九六九）八九～九〇頁］、その第二は、後述するトレルチによる民主主義の諸理論であり、彼の主要欧州各国の民主主義についての比較をリンゼイがある種の共感をもって言及していること［リンゼイ・前掲書・一五五～一五七頁］である。しかもリンゼイは、トレルチがフランスの社会理論よりもアングロサクソンのものをカルヴィニズムとの関連の上で高く評価していると も敷衍している。

リンゼイが熱意を込めて説く自由教会については、現代から見てもその意義は高く評価される。彼は文明化が進む現代において、教会に期待される役割の一つとして、不断に社会に生き生きとした活力を与えることであると説いた［リンゼイ（二〇〇六）三六頁］。理性と知性のもとでとかく無機質化が進行していく現代文明化社会では、人間性が日々に喪失してしまいがちである。こうした社会の無機質化の進行を多少とも食い止め、潤滑油として組織に潤いを与えるのはキリスト教を含む宗教をおいてほかに見当たらない。しかもそれは、日常の小さな教会活動を通じて行うのがもっとも相応しいというのがリンゼイの主張であった。

まさに「教会は民主主義の学校」であった［福田（一九七七）三五頁］。EUが基本原則として謳う補完性の原理も、その真髄はこうした日常の活動に配慮したものである。まさにトレルチが説いたトマス・アクィナスの補完性原理の継承であり、「禁欲的プロテスタンティズム」の社会哲学そのものであるので、リンゼイによって受け継がれていると言ってよい。

また、リンゼイの民主主義論についても、ルターの掲げた良心論が政治の世界で実践を見ようとしたものと解してよいのではないかと思う。それは、ドイツ的な内面性志向の民主主義論とも言えるものであり、やがてアメリカの民主主義となって結実していったと言える。

トレルチの民主主義論で重要なのはカルヴィニズムとの関係である。彼自身はルター派に属してはいたものの、民主主義論では彼の対極に位置した盟友ウェーバーの属したカルヴァン派を信奉していた。とくに、自由教会との関連でカルヴィニズムを明確に支持していた。すなわち、ルター派やカトリシズムには家父長主義とその残滓とがあると判断し、これを排除して禁欲的プロテスタンティズムのカルヴィニズムを支持した。その結果、プロテスタント的民主主義を基軸とする近代史の見方によってトレルチとリンゼイとは一致したのである［近藤（一九九三）一六五頁］。

さて、キリスト教において民主主義は平和の理念とともに一体をなすものである。そして、民主主義こそ現在のヨーロッパの政治文化を規定するものである。

同じく、ウェーバー・クライスのイェリネックは近代民主主義の中核理念に「人権」を置いていた。そして、この人権の起源をカルヴァンに求め、さらにその淵源はピューリタニズムにあるとしている［阿久戸（一九八八）一九～三一頁］。民主主義の思想は、それ自体が倫理的であると言える。それは、人権という自己の独立した価値それ自体として明示する人格性の道徳的な権利であるからである。

リンゼイは、「民主主義とは人間個々の差異以上に人が共通に持つものの方が重要である、という立場を土台としており、人は皆基本的には神の前で子どもであり等しく貴い価値を持つ」という［永岡（一九九三）一九七頁］。[4] リンゼイの民主主義論はまさにキリスト教的信仰から始まるのである。彼は、「民主主義は政治理論ではなくて社会の理論である」［リンゼイ（一九六四）八一頁］とも言う。すなわち、民主主義精神は奉仕の心であり、喜ばしい精神

（4）　民主主義の本質を表現するリンゼイの原文は下記の通り「Democracy is a faith that what men have in common is more important than their differences」。リンゼイが引用するカントによる民主主義の本質表現は以下の通り「Man is an end in himself and is not to be used as merely a means to something else」。さらにリンゼイは、ピューリタン革命のクロムウェルによる民主主義の本質表現に「The poorest he that is in England has a life as the greatest he.」も引用している。

が満ちて、ある運動が盛り上がるときの人は全体を生かすために小我を没することを学ぶとしている。

また、民主主義の原理は世界観、すなわち一つの形而上学と宗教とを意味する。それは、徹底的に目的論的な世界観、すなわち道徳的理性の勝利を心から信じることを意味するからである。これにより人間はますます個性的になり、人格的に自立した個人の価値に到達する。民主主義の原理は、いまだ実現されていない原理的な人間平等という前提に基づいている。

リンゼイがいかにトレルチから影響を受けたかは、トレルチのキリスト教における倫理の解釈とその政治への適用を見れば想像がつく。すなわち、トレルチは宗教と政治の関わりに関して、「宗教は精神生活の意味と目的に関わるが、政治はそのための物質的基盤に関わる前提・準備段階である。宗教は政治の粗暴な要求に対し、抵抗し影響を与え、政治を宗教や精神生活に奉仕するものたらしめる」としている［永岡編（一九九三）一六八～一六九頁］。キリスト教倫理は国家倫理の強力な背柱なのである。そして、「キリスト教は最高の意味で人格主義の宗教であること、キリスト教は神への献身と神への志向の獲得を通じて、比類のない個人の価値という人格性に到達することを人間の目標としていること、キリスト教は―人間が過ちと罪との闘いにおいて信頼と献身という純粋な行為を通じてそこへ高められるべき―すべての人格的価値の源泉を神の意思の中に見ていることである」と結んでいる［トレルチ（一九八三）八一～八二頁］。

つまり、トレルチによれば、キリスト教の中心にあるのは人格性の理念である。ここに、近代の個人主義と民主主義の重要な源泉がある。大切なのは、キリスト教倫理が政治倫理に対してなす貢献である。キリスト教は国家を越えている。まさに、統合ヨーロッパの建設に相応しいものと言わねばならない。こうしてキリスト教の政治倫理とは、キリスト教の理想が国家ないし統合機構に影響を及ぼすことである。キリスト教的な確信から見て本当に有益なことは、国家の倫理的な内容を高めることにほかならない。

トレルチ自身は、民主主義的な政治思想についてはウェーバーとイェリネックの影響を多分に受けており、その主張の詳細は「第六章　キリスト教と政治倫理――ヨーロッパ精神の形成」にて論じているので、ここでは概略を述べるにとどめることにする。すなわちトレルチによれば、「政治的民主主義は、愛と犠牲ではなく、法と安全な秩序を要求し、普遍的かつ明白に役立つ状態と規範を要求する。しかもそれがキリスト教の人格性の思想から必要とするのは、法秩序と自明な要求に移行しうるものにすぎず、キリスト教が実際の政治にとって意味を持っているのは、国家が道徳的で自立的な価値を持ち、それにキリスト教が間接的に影響していることである」［トレルチ・前掲書・七八頁］としているように、トレルチはキリスト教における倫理を政治理論にまで拡大して解釈し、民主主義の基本理念に据えようとしているのである。

また、トレルチは『社会教説』において新カルヴィニズムの社会倫理を、トマス・アクィナスに代表される中世カトリシズムの社会倫理に次ぐキリスト教史上第二の巨大な社会倫理と呼び、「共同体と個人」、「権威と自由」、「強制とイニシャティヴ」、「即時性と感激」、「貴族主義と民主主義」と言ったいわば二律背反の調和であって、それによってカルヴィニズムは教会の分野だけではなくキリスト教社会の全領域において社会形成に向かったのだと指摘している［近藤（一九九三）一五八頁］。つまり、カルヴィニズムには至る所で個人主義的でデモクラティックな特徴が見られ、しかも法の権威と不可変性との強烈な労作も見られるとも言う。

これに反して、ルター派やカトリシズムでは民主主義はもともと攻撃的・革命的な位置に留められているという。すなわち、トレルチはきわめて「保守的民主主義」の立場を理想としているのである。この点では、ウェーバーによる「人民投票によるマシーン」を伴った指導者民主主義こそが選択さるべき民主主義であるとする民主主義構想とは異なる。トレルチは、「近代世界の自由ならびに人格の確立に対して、プロテスタンティズムこそがその宗教的・形而上学的支え」を提供したとしている。

トレルチの考えでは、キリスト教の思想は、一方では自由と人格性についての思想部分で民主主義を支持する義務があると信じ、他方では権威と秩序についての思想部分で保守主義を支持する義務があると信じている。そこで西村も言うように、「キリスト教は全体としても、個々の点においても、一個のまったく歴史的・個別的な現象であって、キリスト教の現にある姿は、ただ古代文化とローマン・ゲルマン民族の地盤の上においてのみ成立可能である。ここにキリスト教とヨーロッパ人とが不可分一体ないわば運命共同体を形つくることが根拠づけられる。キリスト教の絶対性は生命であって、思考ではなく力であって、社会秩序ではない」［西村（一九九一）四九頁］としているが、これはまさにトレルチの主張する生命的統一体としてのヨーロッパ文化の主張そのものである。

すなわち、著者がかねてから説明しているように、トレルチの説にヨーロッパ共同体への萌芽を見いだすとすればそれは「生命的統一体」としてのヨーロッパであり、この点ブルクハルトの「文化的統合体」とは微妙なニュアンスの相違のあることがくみ取れよう。

統合ヨーロッパは単に経済統合のモデルであり、政府機構相互の統合の先駆例であるだけにとどまらない。それは、国家を超えた大きな政治単位における民主主義の実験場としての意味をもっている。

トレルチのリンゼイへの影響を探求する際に見逃してはならない重要な点のもう一つは「政教分離」に関するものである。これは、かねて一七世紀のピューリタニズムに共感をもつリンゼイが「自由教会」を唱えていたことからも容易に想像がつこう。ただし、トレルチの唱えた政教分離は、フランスのライシテにうかがうようなかつて王権と結託したカトリックへのまさに憎悪とも言える激しい政教分離とは異なり、ドイツ的な民主主義の理念から生じた「宗教的確信の主権性」を承認した穏やかなものであったと思われる。

彼はキリスト教的な倫理が醸成する間接的な政治倫理の重要性を強調する反面、キリスト教は直接的には何ら政治に対して倫理を有しないので「教会と国家との分離」についてもアメリカ的とも言える、「国家と社会の双方から、そして教会の側からも可能な限り国家と教会とは分離を基調とすべきである」という程度のものであったと言われる。しかし、こうしたトレルチの確信は、「教会と国家の分離」や「自由な国家における自由な教会」を主張するリンゼイに強い味方となったことは想像に難くない。

まとめ

トレルチが高く評価される根拠には、キリスト教の人格と文化の倫理を通して倫理学の再興を企図し、ヨーロッパ精神形成に輝かしい足跡を残したことのほかに、キリスト教と近代世界の関係を「自由と人格」、「人権と民主主義」などのプロテスタント的な歴史文化価値に見いだして早くから政教分離を唱えるなど、自由並びに民主主義に関する思想で先見性を発揮したことにあった。本章では、とくに彼の影響を受けたとされるリンゼイを例に取り上げ、トレルチとの関係を辿りながら民主主義を考えてみた。

トレルチが後世に残したものの中で、「自由論」を引き継いだのがニーバーであった（第1章「キリスト教と自由」第3節）のに対して、もう一つのトレルチ遺産とも言うべき「民主主義論」を継承したのがリンゼイであった。それは、本文にも記してあるように、ウェーバーやイェリネックに多分に影響されたトレルチの民主主義論が基本的にカルヴィニズムの社会倫理の上に構築されていたこと、ただし、かなり攻撃的な民主主義を唱えたウェーバーたちと異なるのは、トレルチにあってはきわめて保守的な民主主義をとっていたことである。

さらに政教分離についても、ドイツ的な民主主義の理念から生じた「宗教的確信の主権性」を承認した穏やかなものであった点で、これらが一七世紀のピューリタニズムに軸足を置くリンゼイに受け入れられたものと考えられる。

いずれにせよ、ルターに端を発した内面志向の民主主義がやがて英国を経由して米国において結実し、トックヴィルによって再びヨーロッパの地・フランスへといわば先祖帰りにも似た経過を辿っているのは興味深いところである。

第5章

（半）直接民主主義と少数意見

――スイスに息づく宗教改革の伝統――

どんなものも自分が生まれてきた場所におれば安らかさを感ずる。私が生まれて来た場所は神性である。神性とは私の祖国のことである。

出典：フォイエルバッハ『キリスト教の本質』

スイス連邦がついに国連加盟を決定した。一八一五年のウィーン会議における列国の承認のもとで、世界に永世中立国を宣言してからおよそ一九〇年ぶりの二〇〇二年三月三日に国連加盟を国民決議し、同年九月一〇日に第一九〇番目の加盟国として国連の承認を得た。

国連は、集団安全保障を基本とする。スイスは、今回の加盟で永年の永世中立主義に訣別するのか。生粋のスイス人で生涯をスイスの宗教改革に奉じたツヴィングリやブリンガーなど、あるいはフランス生まれながらスイスで名声を馳せた宗教改革の一方の旗手カルヴァンが、宗教改革を通じてこの国に残した文化的遺産は大きい。

第1節　スイスの政治制度

スイスが一九八六年に国連加盟に「ノン」を下したときも、あるいは一九九二年にヨーロッパ経済地域ＥＥＡ(1)への加盟を否決した時も、今回同様にともにきわめて高い投票率のもとでの国民の直接投票に基づくものであった［森田〔一九九五〕一八三～一八四頁］。しかも、国民投票とカントン（邦）投票という二重の多数決制度によった。このようなスイス固有の直接民主主義（半直接民主主義）は、一六世紀中葉に同国中心に起きた宗教改革第二期と言われる時期の影響がきわめて大きい。

多数決原理を民主主義の原則とするなら、新しく台頭する改革の波は常に少数派の悲哀を被り改革は一向に前進しない。少数の改革派の主張も活かす、ここにスイス宗教改革の意義があった。宗教改革の成功以降、スイス国民は単純な多数決原理による民主主義や権力の中央一極集中を極度に嫌っている。それは、国土の地理的な制約から、これまでにも都市対農村、カトリック対プロテスタント、あるいは異種の言語圏相互対立など、多数の対立軸を内に抱える複雑な民族構成をなし、常に幾多の不協和音を奏でながらも、からくも調和を保つ連邦制度のもとに統一を維持してきたことに起因する。宗教改革の進行のもとで、この国に民主主義はどのように育まれてきたか、連邦制度はこの国でどのように維持されてきたか、そして、この国の永世中立主義はどのように生かされてきたかなどをそれらの源流に遡って究めたい。

ヨーロッパの屋根とも言われるスイスは、国全体がさながらパノラマのようなきわめて風光明媚な所である。ことにわが国では、スイスはその景観とあわせて永世中立国として半ば憧憬の念をもって親しまれている。列強が踵《きびす》を接するヨーロッパの中心地にあって、永世中立という屹立《きつりつ》した国家理念を唱えて世界に燦然《さんぜん》と輝いている。

こんな景勝に恵まれたスイス人に対して、自国に関してもっとも誇りに思うものは何かと問うても、その応えは、景観でも永世中立主義でも、時計に象徴される精密工業でも、あるいはその卓越した金融ノウハウでもなく、それはスイスが育んだ自らの政治制度であるという。実に、六〇パーセント余りのスイス人が政治制度を挙げるという[Fossedal, 2002, P.5]。

戦後五〇余年をすぎて今回辛くも国連加盟を決定したものの、相次ぐ東欧諸国のＥＵ加盟を目の当たりにしながら、毅然として永世中立主義のもと独自のＥＵ非加盟政策を貫く。ヨーロッパ統合の思想を考察するに際しては、このようなスイスのあり方に注目せざるを得ない。それは連邦制の原点を示唆するものであるし、その直接民主制は基本に戻って民主主義のあり方を考えさせるからである。同時に、政治に方向性を見失ってしまって混迷の渦潮から一歩も

（1）　ＥＥＡ、ＥＷＲいずれも「ヨーロッパ経済地域」の意。European Economic Area、Europäsche Wirtschaft Region の略。ＥＣ一二か国とＥＦＴＡ七か国の間の金・物・サービス・人の自由往来と緩やかな自由貿易地域の創設。政治的にはスイスの永世中立の放棄を求めない構想。一九八六年国連加盟国民投票率八〇・〇％、一九九二年ＥＦＡ加盟国民投票率七八・三％。一九九二年二月一〇日国民投票により、ＩＭＦと世界銀行への加盟は決定するもＥＥＡへの加盟は拒否。

脱出できずにいるわが国の政治に対しては頂門の一針となるのではと思われるからでもある。

スイス人の誇るスイスの政治制度とは、具体的には住民による直接民主主義に代表される。それは、連邦制や直接投票制度、そして永世中立によって示される。さらに付言すれば、それは政治制度や政治家に対して、永年にわたって培われたこの国の民主政治のあり方を示唆する。国の統治者には、法により財産の所有を厳しく制限して、支配に伴う地位と富とが相容れないよう、富との縁を断ち切って権力を厳重に規制する。国の統治者である政治家は、それに相応しい資質を備えているか否かを厳重に問い、真の政治家育成のためには野放図な世襲を禁じるなど、かつてプラトンが提唱した政治の理念［プラトン（二〇〇二）二、三章］がこの国には今も息づいている。それらはスイスにおける議員の任期、歳費、選出方法などに示されるが、本章では略述するにとどめる。

（一）連邦制

米国における連邦制フェデラリズム（Federalism）が、各州の自治の独立は認めるものの基本的には連邦政府の絶大な統治権を前提とするのに対して、スイスでは各カントン（邦）の権利と利害に、第一義的とも言えるほどの高いウェイトを置いているのが特徴的である。

アルプスの山々や豊富な湖水地帯は彼らの誇りである一方、国土の大半を占めるこれらの山岳地帯が禍いし、歴史的には民族の連帯や統一を困難にした。その上、彼らは不断に外部からの侵入の恐怖に晒されてきたことが連邦国家というスイス特有の連帯をもたらした。

そもそもスイスがヨーロッパ政治史に登場するのは、一二九一年八月一日、ドイツ語圏に属する三つのカントン（原カントン）(2)が「永遠の盟約」である相互防衛条約を締結して以来のことであり、これがスイス国家形成の原点である。同国で八月一日を建国記念日としているのはここにその理由がある。そして、二世紀後の一四九九年には神聖ローマ帝国から独立を承認されて、宗教改革の直前一五一三年には一三カントンが一種の都市連合である連邦を形成した。さらに、法的にはオランダと並んで一六四八年のウェストファリア条約によって独立国となった(3)［森田（二〇〇〇）五〇～六五頁］。

ナポレオンは一七九八年にスイス占領後、フランス革命後の民主主義政治をスイスに導入しようとヘルヴェティア（**Helvetia**）共和国をつくったが、権力の集中を目途とする共和国に反対する民衆の抵抗に遭遇して共和国は一八〇二年で途絶した。スイスは、その後一八〇三年から一八四七年までスイス国家連合に移行し、やがて一八四八年のフランス二月革命後の民主制にならってスイス憲法を作成し、今日のスイス連邦国家が誕生した。

スイスが連邦制をとった最大の理由に、複雑な多数決原理が挙げられる。それは、「多数決原理が必ずしも民主主義を忠実に反映しない」という、まさに現代社会における問題と共通の基本認識から来るものである。すなわち、言語や宗教など多数の事項において錯綜するスイスにおいては、単純に多数決原理に従えば少数者にいたずらに権利の抑圧を強いる結果となりかねないからである。

この連邦制は、権限配分にあたっては補完性原理（Subsidiarity Principle）の思想に結びつくと言われる。中すま

（2）　連邦制は発生史的には「ウルカントン（**Urkanton**・原初カントン―邦）」と呼ばれる三つのカントンが母体をなしたと言われ、ウーリ（**Uri**）、シュヴィーツ（**Schwytz**）、ウンターヴァルデン（**Unterwalden**）がそれである。但し、ウンターヴァルデンはのちにニートヴァルデン（**Nidwalden**）、アップヴァルデン（**Obvalden**）の二つに分裂した。現在、スイスには六つの半カントンを含む二六のカントンがある。

（3）　スイス同盟の形成過程は、森田安一（二〇〇〇）『物語　スイスの歴史』中公新書、五〇～六五頁に詳しい。カトリックの旧五邦（ウーリ、シュヴィーツ、ウンターヴァルデン、ルツェルン、ツーク）に同じくカトリックのフリブール、ゾーロトゥルン、アペンツェル、バーゼル、ベルンおよび改革派のチューリッヒ、中間派のグラールス、シャフハウゼンの一三邦。

でもなく、この補完性原理は現在のＥＵ形成の基本理念である。発生史的にスイスはドイツ語・フランス語・イタリア語およびレートロマン語を母語とする多言語民族よりなり、しかもプロテスタントやカトリックなどそれぞれに異なる風習や宗教を営む多民族国家である。こうしたスイスの成立過程における歴史的理由から、連邦はスイスにおいていわば二次的な存在であり、主体はあくまで県に相当するカントンなのである。

スイス連邦の主体がカントンにあり、連邦はあくまで二次的存在であることは、カントンが部分的主権を有する連合体であり、連邦の議員の選出は言うまでもなく、ほとんどの連邦の議決は過半数のカントンの承認を必要とするのをはじめ、重要度に応じて国民の直接投票に委ねねばならないことからも容易に理解できる。このことを称して、俗にいう「大砲は連邦に、文化はカントンに」、「カントンが統治し、連邦は行政を行う」などの比喩にも象徴されている。

スイスはすでに、現在ＥＵが辿っている連邦化への道を一八四八年以来一五〇年以上も実践しているとも言える。

(二)（半）直接民主主義

スイスは国民による直接投票制度の母国と言われ、連邦レベル、カントンレベル、各ゲマインデ（Gemeinde）レベルなど、それぞれに国民投票の機会がきわめて多い。スイスの政治制度を考察するに際してまず取り上げねばならないのは、都市カントンにおける代議政治と、主として農村部におけるランツゲマインデ（Landsgemeinde）型民主政治である。前者はツンフト民主主義（Zunft Demokratie）と称し、カントンであるベルンやチューリッヒにおける「二百人集会（Ratder Zweihundert）」がよく知られている。これに対して、ランツゲマインデ型は農村主体の地方共同体における集会で、ウーリ、シュヴィーツ、ツークなど森と湖に囲まれたスイス中央部の地域に多く、その過半数はカトリック系である。地域による差はあるものの、概ね一四世紀初頭に発生し、本来住民による屋外の裁判集会に起源を有している。教会のセレモニーに始まるキリスト教民主主義を基本に据え、神の声が降臨するという考えのもとに行われたと言われるが、現在ではこれを行うカントンも減少した［渡辺（一九九九）一〇八頁］(4)。

カントンによる相違はあるものの、年間に四～五回は投票がある。投票回数の合理的削減のため、一回の投票に課される決議事項の数は時に一〇件を上回る。このため、国民は投票日前に多大な予習を必要とする。関係諸庁から配布される資料の精読を要求されるからである。これゆえに、スイス人が単位人口当たり新聞に費やす紙の使用量はヨーロッパの平均二倍に達すると言われる［Fossedal, 2002, P.3］。憲法のみか一般の法律や国民生活上の課題についても国民投票が行われたのはスイスが最初で、一九九五年末までで、連邦レベルだけで四三七法案が国民投票に付された［GALLANGHER, Michael / ULERI, Pier Vincenzo (Ed.) *The Referendom Experience in Europe*, London / New York. 1996, p.231］。

スイスの民主制度が（半）直接民主制と呼ばれるのは、代議制民主主義を基本としながらも国民による「下からの」各種国民投票制度を保障している点にある。議員として一度選挙によって議会に選出されれば、ややもすれば独走しがちな議会決議に対して、直接民主制により広範に政治決定を規制できるよう、その手段が国民に保障されている点に意義がある(5)。

直接民主制の種類としてスイスが採用しているのがイニシャティヴ制度やレファレンダム制度であり、一九九九年四月改正の現行のスイス連邦憲法に従って以下にその内容を概観しておく。

（4）「Landsgemeinde」とは、スイスに今も残る直接投票の青空議会。広場の中央に全有権者を集め、議長の読み上げる議題に対し、挙手による票決方式を採用。一九七一年現在、ランツゲマインデ型のもとにいるのは総人口の四％と言われ、Appenzel, Lucerne, Schaffhausen, Berne などが代表的なもの。

表５－１　スイスにおけるイニシアティヴ、レファレンダム権の実施状況

	提出件数	内　国民投票法案	内可決件数
憲法イニシアティヴ	222	123	12
義務的レファレンダム	202		
任意的レファレンダム	129		
条約レファレンダム	4	4	

（投票率は40～50％）

本議案制定以来1998年７月10日までのイニシアティヴ権、レファレンダム権の実施状況は上記の通りである。

①**イニシャティヴ制度**[6]——法律や憲法などの一部改正や全面改正に関して国民の直接投票にて改正を提案できる制度（国民の提案権制度）で、憲法イニシャティヴ、法律イニシャティヴ、財政イニシアティヴ（支出イニシアティヴ）[7]などがある。このうち、財政イニシャティヴとは、一定額以上の財政支出については国民による直接投票を要するとするものである。連邦法律、憲法改正ともに、一〇万人以上[8]の署名にて国会審議を要求することができる制度である。ただし、憲法イニシャティヴについての署名は収集期間として一八か月以内であること、国際法の強行法規（例・人権保障）に反するものでないこと、という厳しい条件が付されている。しかも、この際の国民投票は原則二回行われ、一回目の先行投票では「全面改正が行われるべきか否か」について問い、二回目では「新たに選挙された議会が草案を起草」し、その「草案」は国民とカントンの「二重の承認」を要することとされる。

②**レファレンダム制度**[9]——議会レファレンダムとも言われ、国会による議決後さらに国民に支持を問うものである。法の定めにより、義務的・強制的に実施する「義務的レファレンダム」[10]と、五万人の有権者の署名、または八カントンの要求に基づいて実施する「任意レファレンダム」[11]とがある。前者には、憲法改正、集団安全保障、成立後一年以内の連邦法、外国との無期限の条約の締結、国際機関への加盟問題などが含まれている。イニシャティヴ同様に、憲法レファレンダム、法律レファレンダム、そして財政レファレンダム（支出レファレンダム）などが代表的なものである。

●コラム●スイスにおける政治組織の概要

①**連邦議会**（スイス連邦憲法第５編、第２章）
スイス連邦議会（Bundesversammlung）は上下両院よりなる二院制を採用しており、上院の全州議会（全邦院［Ständerat］第150条）、下院の国民議会（国民院［Nationalrat］第149条）より構成されている。全州議会は各州より２名ずつ、半カントンからは１名宛て選出の合計46名より構成される。それぞれの議員の任期はカントン毎に定められ、原則として住民の直接投票によって決められる（選挙権、被選挙権ともに20歳以上。但し、僧侶を除く）。しかし、ベルンのように一部地域には例外もある。また、国民議会はカントン毎に人口比により選出され、定員は200名。任期は、年毎の比例代表制をとっている。両院の権限は同等であり先議権も定まってはいない。また、議員歳費（報酬）に関しては、国民議会議員は連邦により、全州議会議員は各カントンより支払われる。全州議会は地域代表の性格が強い。連邦議会は年に12週間会合し約40,000ドルの給与を支払われるにすぎない。また、フルタイム労働する必要もなく、そのようなスタッフもいない。(G.A Fossedal; P.82
　主要国議員歳費月額　Euro ベース1998年 OECD 統計によれば、スイス‥2,800、英国‥5,400、フランス‥5,450、ドイツ‥6,300、アメリカ‥7,250、日本‥11,450)
②**内閣**（第５編、第３章、第175条）
４年任期７名より構成。連邦合同議会が７名の閣僚を個々に選出し共同責任制の内閣を形成、七つの行政管轄部門の長となって国務を司る。閣僚は最高の行政官であり、７名の閣僚はカントン、政党、言語、宗教への所属を勘案して配分される（1959年以来、連邦行政の閣僚７名は急進社会党、社会民主党、キリスト教社会民主党、各２名、スイス人民党１名という「マジック方式」に則って構成。八幡重臣編［1998］『誰も知らなかったスイス』スイス商工会議所。69頁）。多数決原理による無用の対立回避のための巧妙な対応策の一つ。また、大統領と副大統領は連邦合同議会が毎年閣僚の中より選出、彼らは連続して選ばれることはできず（第152条、第176条）、原則的には輪番制で７年に一度は大統領の地位が回ってくる。強い権限はもたない。ここにも、長期間の政治権力占有を容認しないというスイスの方針が表されている。
③**政党**
スイスの政党の中でもっとも注目すべきことは政党自体が連邦構造をとっている点である。国の構造と同様に政党も中央集権的な統一組織体ではなく個別カントン組織の連合体である（例外、社会民主党―中央集権組織をもつ）。（森田安一［2000］118頁）

なお、イニシャティヴやレファレンダムの権利行使に必要な署名者数と可決のためのハードルの双方ともにスイスほどに低い（厳しい）国は存在しないと言われるが、このハードルは憲法改正の都度高く（緩やかに）なっている [Fossedal, 2002, P.82]。

スイスのような（半）直接民主主義の評価をめぐっては賛否両論があるが、レファレンダム時に投票権者が自己の運命について自ら決定する、市民教育のための手段である、カントンを保護するものである、また国民イニシャティヴは公開論争を豊かにするなどのメリットがある反面、法律イニシャティヴ、行政・財政レファレンダム、条約レファレンダムはいずれも空文化している。

（三）武装永世中立

スイスの中立主義は事実上一六世紀以降に形成されたと言われるが、一応一六七四年がスイス中立政策の始まりとされるほか、法的には一八一五年のウィーン会議後のパリ条約において初めて成立したとされる。スイスは周囲を列強に包囲されていて、いずれに加担しようが絶えず他からの侵略を招きかねない危険に脅かされているうえ、狭隘な国土、狭小な平地、人口稠密で、貧弱な国内資源を補うため食料などの基礎物資の安定輸入を要し、安全な交易路と安定資金の確保が不可欠であったため、現在の中立主義、それも武装永世中立主義をもたらすに至った。

永世中立（Dauernde Gewöhnliche）は、一般には国際法的に義務付けられた中立政策で、戦時のみか平時においても常時中立たるべきこととされる。したがって、中立政策を一方的に放棄することはできないし、第三国間の武力紛争時には選択の余地はなく戦時中立をとる義務を負う。この点で、通常の中立（Gewöhnliche）とは異なる。すなわち、通常の中立では戦時においてのみ中立であることを意味し、中立政策を一方的に放棄したり参戦したりしても道義的にはともかく国際法的には問題を生じない。(12)

先般の国連加盟に際して、国連憲章第七章の軍事的制裁に関して、スイスが自己の軍事的手段をもって参加するこ

（５）ちなみに、最近における国民投票が際どい僅差で決定した案件にスイスに流入する難民に対する規制強化法案の否決決議がある。スイス人口の二〇％外国人で占められているほどに同国は何世紀にもわたる移民と亡命者の国として知られる。そこで難民規制強化法案採決に関する二〇〇二年一一月二四日の国民投票では、票の再点検が行われるほどの大接戦の末、規制強化賛成一一一万九四五二票（四九・九二％）、反対一一二万一八七四票（五〇・〇八％）とわずか三三八二票（〇・〇六％）の僅差で、そしてカントン数においては賛成一二・五ポイント、反対一一・五ポイントの逆転結果で、いわゆる「二重多数決」が否決された。

（６）スイス連邦憲法　第四篇、第二章、第一三八条〜第一三九条の二。

（７）国による一定額以上の財政支出について国民に支持を問うもの。

（８）スイス連邦憲法　第一三八条、第一三九条、第一三九条の一。関根照彦（一九九九）『スイス直接民主制の歩み――疑わしきは国民と』尚学舎、一六六、一六七頁他。

（９）スイス連邦憲法第一四〇条、第一四一条。

（10）スイス連邦憲法第一四〇条。

（11）スイス連邦憲法第一四一条、第一四一条の一。

（12）澤野義一、「永世中立―歴史と展望」（田畑忍編［一九九二］『非戦・平和の論理』法律文化社）永世中立国は、澤野義一によれば一般に以下の三タイプに大別される。

①或る一国について他の国家間との国際条約で中立を義務付け、かつその安全を保障するもの。スイス、コスタリカ、リヒテンシュタイン。

②多国間の条約によらず、戦争忌避の中立政策の積み重ねにより各国がこれを尊重するようになるもの。かつてのスウェーデン、ノルウェー、デンマーク、フィンランド。

③永世中立を世界に宣言するもの。特に第二次大戦後に出現した。オーストリアがこれに該当する。

とは排除されている。それは、加盟申請書に（13）「中立国として加盟する」と明示してはいる。しかし、国連憲章第七章第四三条「国際的平和及び安全の維持」は加盟国に明確な軍事的義務付けを規定しているため、スイスの伝統的中立の原則に一致しえず、長年国連への加盟を断念してきた経緯もあり［渡辺（一九九九）二四六頁］、スイス一国のみを例外とする今回の国連加盟決定については問題なしとしない。

また、国民意識として八八年の調査では［渡辺・前掲書・一八二頁］、スイス人の九〇パーセントが武装中立を支持しており、かつ中立意識は年齢が高いほど単独で中立を志向する傾向が強く、フランス語圏よりはドイツ語圏のほうが、ブルジョア政党の支持者よりも社会民主党支持者のほうがその傾向が強いと言われる。しかし、スイス史家森田安一によれば、「ヨーロッパの政治統合が進み、勢力均衡の必要が消滅すれば、古典的な形態のスイス中立も消滅する。永世中立とは決して磐石の基盤の上に成立しているわけではない」［森田（一九九五）二五〇頁］とされ、スイスは今まさにそれに直面している。

第２節　調和せる不調和――地方自治

スイス（SWISS）という国名そのものが、人為的共同体を意味するとされる。すなわち、スイス連邦は国家というよりも言語・宗教・文化・歴史を異にする半自治区の寄合い所帯とでも形容すべきものであるので、いかなる普遍主義にも反対する。したがって、スイスはかつて同国バーゼル出身の歴史家ブルクハルトが、いみじくも統合ヨーロッパを形容した名台詞「調和せる不調和」、すなわち「ディスコルディア・コンコルス（Discordia concors）」を地でいくものであった。それは、異なった歴史や固有の習俗をもつ多種の民族を抱えて、彼らを無理に統一せずに、それぞれの独自性を尊重し、しかも連邦制のもとで協調し合う、これこそ現在のEU統合の真髄を成す補完性の原理の実践そのものでもあり、永世中立の国家理念をまげてまで、今さらEUや国連に加盟することがあろうかという自信を植えつけてきたとも言えよう。

言語や宗教などそれぞれに異なる複数の対立軸を抱えるスイスであるので、それらの調和を維持するためには当然すぎるほどに当然であるとも言えるが、辛くも相互の分裂を避けてむしろ世界的に象徴的な平和国家としての地位を維持しているのはスイス人の叡智と言うべきであろう。

ブルクハルトがこの地に生まれ、やがて誕生するべきヨーロッパの統合には、不調和の調和ディスコルディア・コンコルスともいうべき社会を夢見たのはごく自然のことであった。

ゲマインデ＝スイス民主制の原細胞(14)

既述したように、国民主権は各カントン憲法に謳われていて、連邦はあくまでも二次的な役割(15)を演じるにとどまる。このことは、一九九九年改正憲法では全条文一九七条のうち、実に第四二条から第一九一条までがカントンに割かれていることでも明らかである。ここに、中央集権化を極度に忌避するスイス人の意識が強く反映されている。スイスが、長期にわたって国際連合はもちろん、ヨーロッパ連合（EU）にも加盟しなかった理由を見てとることができる。たとえば、わが国に比して小規模のゲマインデ（Gemeinde・市町村）が多すぎる位であるのに、なぜスイスでは

---

(13) 二〇〇二年六月二〇日付の加盟申請書には「En tant que member de l'Organisation des Nations Unies, la Suisse restra neutre」、すなわち「国際連合加盟国としてスイスは中立に止まる」と宣言している。
(14) スイス連邦憲法第三篇　連邦。カントン、ゲマインデ。
(15) スイス連邦憲法第三章　連邦とカントンの役割　第二章　権限。

小さなゲマインデの合併が行われないのであろうか。すなわち、ここにこそ固有性を尊重し、無理やり合理性を貫かないスイスの特徴が現れている。ゲマインデはスイス国民にとっては自らの生活の場であり、いわば村民は村から孤立しては生活が不可能でさえある。西ヨーロッパでは、村づくりと教区制の形成がワンセットの状態なのである［森田（一九九五）一七八、一七九頁、鯖田（一九七七）三四頁］。

具体的には、カントンへの出願である。外国人がスイス国籍を得るためには、まずゲマインデへの帰属が先決条件となっている。ここで市民権が得られなければスイス国籍を得ることはできない(16)。わが国では、かつて無思慮な官僚たちによって歴史と文化の象徴である道路や町村の名前をいたずらに番号化してしまって後悔しているように、また合理化の美名のもとにアメとムチ（無知でもある）をもって今再び強引とも言える市町村合併の愚を犯そうとしているのとは対照的である。すなわち、スイスにおいて住民ゲマインデは「民主組織の原型」であり、「民主主義の学校」であると認識されている。ゲマインデは「スイス民主制の原細胞である」［森田（一九九五）一八〇頁］という表現がまさに相応しいと言える。

スイスにおいてゲマインデの過疎化と合併・統合問題を議論するに際して取り上げられる代表例として、カントン・ジュラの誕生のケースが挙げられる［森田・前掲書・一八二、一八三頁］。ジュラは、フランスを追われてきたフランス語カトリック地域の新教徒ユグノーが、独立住民投票によりプロテスタント系ドイツ語圏のベルンの中にフランス語カトリック地域ジュラの新カントンを樹立したものである。すなわち、ジュラはアンモナイト時代と言われるジュラ紀に由来するもので、ジュラの文化闘争（一八七三〜一八七八）によるジュラ問題が発端となって誕生したと言われる。そして、その後には、カルヴァンのジュネーヴにおける時計技術（ジュラ地域）や、ツヴィングリのチューリッヒに於ける織物産業（ロカルノ地域）と並び称されて、ベルンの産業発展の象徴となった。

このようにスイスにおいて例外的に地方独立運動が成功した理由は、「住民投票」という「半」直接民主制が伝統的に定着していたからであり、それは実に強力な中央集権政府が欠如していたからであると言われる［森田・前掲書・一九四頁］。中央集権的な国連やヨーロッパ連合加盟に躊躇してきたスイスの歴史的な事情が、ここにも反映されていはしないだろうか。

ブルクハルト生誕の地スイスでは、ブルクハルトの項（第2章第4節）で触れてあるように、不調和なる調和（Concordia discors）の心構えが浸透し、自己の勢力・主義主張を拡大することを自発的に放棄し、不統一をあえて統一しようとしない。これは、スイスには長い国家形成の歴史から育まれた精神的土壌があること、独・仏・伊・墺という強力な文化的遠心力と政治的求心力をもつ国々に囲まれ、巧みな外交政策が要求されたことが中立主義を生んだと考えられる［森田・前掲書・一九八頁］。

第3節　スイス宗教改革におけるツヴィングリの功績

よく宗教改革は「エラスムスが卵を産んでルターがこれを育てた」と言われるが、これは、エラスムスに胚胎した改革思想をルターが孵化したものであるとされる。そして、ドイツでルターが掲げた九五か条の提題（一五一七年）にて口火を切った一六世紀初頭が宗教改革第一期と称されるのに対し、スイスにおいてカルヴァンを中心とした宗教改革の活発な時期は一六世紀中葉にあたり、宗教改革第二期と呼ばれている。彼は、カトリックが深く根ざした母国フランスを追われてジュネーヴで活躍した。

(16)　スイス連邦憲法第二八条一・二項。

しかし一方で、スイスの宗教改革はツヴィングリとブリンガーによって演じられたと言われる。それは、修正された宗教改革（Reformed Reformation）とも呼ばれ、カルヴァンとはほぼ同じ時期に起きたが、それよりも僅かながら先行し、ルターやカルヴァンとは性格の異なるものであった。そして、スイスの宗教改革はいわばツヴィングリの自伝としてさえ取り扱われる。カルヴァンがルターと並んで世界的規模での宗教改革を成したのに対してツヴィングリは後年ヨーロッパ各地へと影響を及ぼしはしたが、あくまでスイス中心に強い足跡を残したのである。

生粋のスイス人ツヴィングリはカルヴァンに比較すれば目立たない存在であったが、カルヴァン同様に偉大な宗教改革者として活躍し、スイスにおける彼の功績は顕著である。スイスでは、ツヴィングリと呼応してほぼ同時期に宗教改革に活躍した多彩な宗教活動家たちを輩出した。とりわけ、バーゼルの**エコラパディウス**（Johannes Oecolapadius, 1482～1531）、ストラスブールの**ブッツァー**（Martin Bucer, 1491～1551）、チューリッヒのブリンガー、さらにストラスブールやジュネーヴを主体に活躍した**カピト**（Wolfgang Fabricius Capito, 1478～1541）などが際立っている。

このように、改革者とその主な活動地区が区分されるのもスイスが多種言語と複雑な地形とによる相互交流が容易でなかったことが大きな原因である。本節では、とくにツヴィングリに焦点を合わせ、ルター、カルヴァンとの比較を交えてその活躍がその後のスイスの歴史とスイス国民に与えた精神的な影響とを辿る。

（一）ツヴィングリの思想

ツヴィングリは、常にルターとカルヴァンの陰に立ち続けていたと言われる。それは、彼が宗教改革の仕事に専念したのが比較的短期間（一五一九～一五三一）であったこと、ローマ教皇庁のみかルターやルター派からも疎んじられたこと、さらには、彼の活躍舞台がチューリッヒといういずれかと言えばヨーロッパでも辺境の地であったことなどが理由とされる。

ツヴィングリは、貧困な農民出身で生涯農民たることを誇りとしていた。彼を宗教改革に向かわせた最大の要因は、当時の彼を取り巻く政治的な現実との出合いと、偉大な宗教学者エラスムスとの邂逅という二つの大きな出来事であった。とくに、ロッテルダム出身でバーゼルを永住の地としていたエラスムスとのそれは、ツヴィングリに決定的な転機を与えた。すなわち、彼はエラスムスからスコラ哲学とヒューマニズムとを学び、これがやがてツヴィングリをしていわゆる聖書主義へと向かわせる契機ともなった。

そもそもツヴィングリがルターやルター派から疎んぜられた理由は、このエラスムスから受けたヒューマニズム思想にあった。エラスムスはヒューマニズムの思想に基づき、「人間の自由とは人間が自己の欲するままに生きられることをいう」という立場から、「自由意思とはそれによって人間が永遠の救いへと導くものへ自分自身を適応させたり、それから離反したりしうる人間の意思の能力である」と定義して、自己の確立こそ最善のことと考えていた。そして彼は、自由を「自由意思」のもとで近代人らしく魂の救済をも含めた一切を自力によって達成できる「自律」として捉えた。[17]

ルターは、この自由や自由意思を捉えて鋭く批判を浴びせた。すなわち、「神の恩恵を欠いた自由意思はまったく自由ではなく、一人では善へと自己を向けることが出来ないがゆえに、変わることなく拘束されている罪の奴隷である」と批判し、自由とは良心の自由を意味し、自己を確立して自由を主張することはエゴイズムであり、自己を越え

---

(17) 金子晴勇（二〇〇二）『宗教改革の精神――ルターとエラスムスの思想対決』講談社。一四五頁。この「自由」を「自律」と捉える考え方はその後カントにより引き継がれ、彼は「自由とは規律である。自由とは諸々の拘束的規則から免れることではなく、道徳的意思が自らに課する規律である。それは自律であり、自己統制と個人的責任を意味する……」として「信仰の源泉に帰れ」と説く。カント『道徳形而上学原論』岩波文庫、一二九頁（Kant［1785］*Grundlegung zur Metaphysik der Sitten,*）など。

た真の自由は信仰によって神から得られるものと説いた。(18)要するに、エラスムスは「自由意思」のもとで近代人らしく魂の救済をも含めた一切を自力によって達成できる「自律」として捉え、ルターもエラスムスもともに自由を自律として考える点は一致していたが、エラスムスはそれを人間に認めたのに対して、ルターはそれを人間に認めなかった点に著しい相違があった。

現実の人間には自律は不可能である、と考えたルターは現実主義的ヒューマニストであり、反対に自律を可能と見たエラスムスは理想主義者であった。ツヴィングリは、このエラスムスに触発されて宗教改革に熱心に取り組んだ。一方、ルターはエラスムスの感化を受けたツヴィングリをかねてから疎んじ、とくに律法と福音、サクラメント、信仰において決定的とも言える批判を下した。さらには、聖餐におけるパンとぶどう酒をめぐる解釈論争においては、**カールシュタット**（Andreas Karlstadt, 1480～1541）をめぐってツヴィングリ批判を高め、両者の訣別の契機となったと言われる［Gordon, 2002, P 72, P 73］。それは、カールシュタットがエラスムスに同調してパンとぶどう酒は象徴にすぎないという解釈をとり、ツヴィングリもこれに支持を与えた［ツヴィングリ（一九八四）二六七～二九一頁］のに対して、ルターはパンとキリストと身体の統一聖霊的合一を主張したためにツヴィングリはルターの激しい批判を浴びた。しかし、ツヴィングリはその後ルター主義を深く学ぶに及んで次第にルターに傾倒するようになり、エラスムスの思想から徐々に離反するようになった。

こうして、ツヴィングリの基本構想は社会の聖書原理化にあった。彼の改革運動は、全スイスの社会的・政治的改革に影響を及ぼそうとするものであった。この点では、ルターの個人的霊魂の救済やカルヴァンの全ヨーロッパ的視野での新しいキリスト教論の展開とは異なるものであった。すなわち、ツヴィングリは、「キリスト者とは神について多くを語り述べることができる者ではなく、神とともに偉大なることをなそうと専念できる者をいう」として［ビュッサー（一九八〇）六八頁］、神を知るための信仰を聖書を通じて学び、神とともに社会的・政治的改革に大いに役立てようとするものであった。だから、宗教改革における基本認識としていわゆる聖書原理を中心としており、信仰によってのみ（sola fide）、恩寵と恩恵によってのみ（sola gratia）、神の面前によってのみ（sola dio）人は義とされるとした。つまり、キリスト者の自由、信者の集合体としての教会理解が重要であるとの認識に立っていた。

ツヴィングリによる宗教改革的議論では、以下の点が指摘される［ビュッサー・前掲書・七七〜一〇〇頁］。

（１）**宗教と信仰・神と人間について**――神が何であるかは神自身から学ばねばならない。神は、ツヴィングリにとって最高善である。エンテレヒーであり、エネルギーであり、完璧で効果的で完全な力である。

（２）**信仰・選び・聖化について**――

❶信仰――ツヴィングリにとって信仰とは信頼であり、第一に神の善と愛を認識し、内的に体験することである。信仰は魂の火、糧であり、究極的には神との交わり、友愛関係、神への献身である。ルターにとって、キリストの現在の確信が外的な言葉によって与えられている。ルターは、不信仰者の聖餐受領も許容する。ツヴィングリでは、キリストの現在の確信は個々人の信仰にかかっていると解する。ツヴィングリでは不信仰者の聖餐受領は拒否する［冨本（一九八七）六頁］。

❷贖罪――ツヴィングリは、『信仰の弁明』にて神は自らの御子を送ったとする。

❸選び――人間が信仰に至るのは結局神の選びの業である。信仰は、神によって永遠の生命に選ばれ命じられた

---

(18)　マルティン・ルター（二〇〇一）『キリスト者の自由』岩波文庫、四九頁。（Luther［1520］*Von der Freiheit Eines Christenmenschen*）他。これを補足説明するものとして、哲学者ベルジャーエフは次のように言う。「人間の自己肯定は高次の目標に結びつかないと自己破壊を起こす。ヒューマニズムは人間性をどこまでも擁護し、その偉大さを追及しているが、神や他者を排除してまでも自己を自律的な自由であると主張するとき、ある運命的重力とでもいうべき力が働いてその偉大さは一転して悲劇となる」（邦訳［一九九八］『歴史の意味』氷上英廣訳、白水社、一七一〜一七三頁）

者に与えられる。選びが先行し、信仰は選びのしるしとして後に続くとされる。
❹義認と聖化――信仰が贖罪と選びに根付いているように、信仰は義認と再生とを成し遂げる。「信仰をもつ者は正しく敬虔である。彼らは罪から免れており、永劫の罰をもはや受けることはない」。信仰が大きければ大きいほど大きな業を完成することができるとする。
❺律法――ツヴィングリは、律法の見解においてルターともっとも大きく異なる。ルターは、律法を第一に神の怒りの言葉として理解した。それは、人間を罪人として確認させ、彼を絶望と死に堕しめる。それに対して、福音のみが神の愛の言葉として元気付け生へと導くとする。これに対してツヴィングリは、律法（十戒、愛の命令）を第一に救済財として神の法意識の啓示として人間の人間的存在のための助けとして理解した。「律法は友人にとって福音である。律法は善であり、正しく聖なるものである」[19]まさしく、ローマ書に謳われている通りである。

（3）**聖餐と洗礼―サクラメント**――ルターにおいては言葉と霊（信仰、救い）とは結び付けられていたが、ツヴィングリにあっては、言葉やサクラメントは救いを媒介せず霊[20]（Geist）のみが媒介するとした。共同体ゲマインデの食事としての聖餐を理解した［ビュッサー（一九八〇）九七頁］。
キリストの十字架の周りに共同体を集めることにより、聖餐は共同体の食事の性格を獲得する。キリストの身体はパンの中にあるのではなく、パンの周りに集まった共同体ゲマインデの中にある。しかし、共同体は神の恩寵に対して感謝するだけでなく、言葉と行為の信仰告白のうちに生きることも義務付けられている。サクラメント神秘は人間の行為であり、共同体ゲマインデの信仰告白に属するものであるとする［ビュッサー・前掲書・一〇〇頁］。
（4）**神の義と人間の義について**――ツヴィングリは、「教会と国家が対をなし、それらが互いに魂と身体の関係にある」中世的観念の中に生きていた。キリスト教的都市は、彼にとってはキリスト教的ゲマインデにほかならなかった。

[ビュッサー・前掲書・一〇七頁、一〇八頁]

❶教会――「教会」は、罪を負った弱い、絶えず許しを必要とするメンバーから構成された不完全な個々の共同体ゲマインデが教会上の事柄について権限をもっていた。

❷国家――国家ないし世俗権力を特別な神の秩序として肯定、キリスト者の国家生活への参与義務・私有制度の承認・正義の戦争の承認、なかでも世俗の積極的法秩序の必要性が生じてきた。とくに、改革派プロテスタンティズムの歴史にとって重大な結果をもつツヴィングリの国家教説の特徴は抵抗権であった。

❸神の義――人間の義。「神の義」とは、神の国における秩序、神自身絶対的な義である。それは、人間に対する贈り物であると同時に要求でもある。つまり、一方では神自身たる愛であり、他方では神が人間に与え、キリストを通じて山上の垂訓の諸要求のなかで具体的に開示された愛の命令である。一方、「人間の義」とは人間のあるべき原則・秩序であり、人間はこれらの要求を充たすことはできず、「この義のためにすべての人間は破滅しなければならない」と、ツヴィングリは確信していた。それゆえに、神は和解のために御子を人間にされた。「神の義」と比較して義の名に値しないものであるが、人間共同生活一般を初めて可能にさせるものであると説いた。

---

(19) ローマ書第七章一二節
(20) コリント書第一書第一〇章一一節以下。

（二）ツヴィングリの功績

（1）スイス傭兵制の廃止運動

かねてから中立主義をとっていたスイスは、自らは他国との戦争をしない代わりに外国に傭兵を派遣して、毎年、外国政府から多額の年金を受領して穀物代金に充当していた。また、アルプス山地の過剰労働力もこれに応えた。国庫収入も潤ったうえに、交通・通商の特権獲得を約束したものであった［冨本（一九八七）七頁］。スイス兵は戦《いくさ》に強いとされ、ローマ教皇庁の警備も請け負うなど、彼らし難い山岳地帯において訓練を受けていたので困難な戦争に強いとされ、ローマ教皇庁の警備も請け負うなど、彼らに対する需要は非常に根強いものがあった。これがスイス傭兵制度の始まりとされるが、民衆には多大な犠牲を強いることとなっていた。ちなみに、ミケランジェロのデザインになるスイス傭兵の制服はスイスの貧しさの象徴であるとも言われている。

傭兵制は自由な民衆を束縛し、自らの売血行為であるとして、傭兵制に強く反対を表明したのがツヴィングリであった［森田（一九九五）二〇〇頁、森田（二〇〇〇）一〇〇頁］[21]。彼は、一五二一年のフランスとの同盟に反対した［森田（一九九五）二〇九頁、二一〇頁］。彼の掲げる傭兵制の欠陥とは、すなわち、それは神の怒りを招くこと、傭兵出稼ぎという悪しき風儀が道徳的退廃を招くこと、諸侯の贈与金が人々の憎悪と不信を招くこと、スイスの政治的独立が傭兵制によって脅かされることなどであった。こうして、傭兵制の廃止はスイス中立の基礎を成した。

（2）民主主義獲得への運動――多数決原理への挑戦

ツヴィングリによる宗教改革の重要な役割の一つは、チューリッヒにおいていかに少数派にその意思を実現させられるかにあった。すなわち、多数決制度を採用した場合、宗教改革がスイス各地に波及し、改革派（福音派）とカトリックとの宗教対立が激化するにつれて少数派の改革派は改革の実現が危ぶまれるという危険な状態にあった［踊（一九九九）一一〇～一一四頁］。

ツヴィングリの指導のもとにある都市チューリッヒは、共同支配地における改革派の自由な伝道と各教区共同体ゲマインデの住民の多数決による宗派選択を提案し、盟約社団会議の「上からの多数決」を阻止しようとした。しかし、カトリック五邦[22]は旧来どおり共同支配地を統治する諸邦の多数決制を主張した。これに対して、ツヴィングリ指導下のチューリッヒは「世俗の問題」では多数決に従うものの、宗教問題ではそのかぎりではないと主張した。

イェリネックによれば、古代の民主制は多数決を行っていたし、同時に頻繁に少数者の権利も認めていたという。むしろ、それが中世に入ると、多数決は緩慢にしか取り入れられなくなった[23]。とくに、教会における決議においてこの傾向が顕著に見られるという。それは、宗教的な問題が政治的な問題の性格を帯びている間はどこでも多数決原理に反対する精力的な抗議が存在し、宗教的事項で多数決を行うことは決して正当なこととは受け取られず、常に権力の残忍な表現として受け取られた。とくに意義の深いのは、ドイツの三〇年戦争ののちに宗教的事項では多数決原理が明確に排除されたことであるという。

---

(21) ツヴィングリの最初の著作『雄牛の寓話詩』で若い雄牛を頑健な傭兵となって犠牲になるスイスの若者に譬え祖国を憂慮する気持ちを謳う。
(22) ウーリ、シュヴィーツ、ウンターヴァルデン、ツーク、ルツェルンの五邦。
(23) G・イェリネック、邦訳（一九八九）『少数者の権利』森　英樹・篠原　巌訳、日本評論社。(**Georg Jellinek**, 1898, ***Das Recht der Minoritäten***. Wien) 八頁。たとえば、一人より二人の方が本来価値があるとすることはゲルマン民族の特徴である強い個性感覚と矛盾した。一人の勇敢な人が格闘で五人を打ち負かすことができる場合、何故議論で多数決に忍従すべきかということである。中世の同族会議等においては数において優れる者がではなく、健全さにおいて優る者が決定する、投票は算術的にではなく質的な重さにより測るべしとする命題に頻々出会うとしている。

多数決制度が幾多の矛盾を内包しながらも民主主義の意思決定の原理としてとられる背景には、多数決によって同じ集団内の少数派を法的に拘束できるところに意味がある［ロック（一九九七）一〇〇頁］。しかし、このような多数決による決定が、無用な政治的対立や騒動を招くことを回避する目的で宗教改革進行中の当時のスイスにおいて、その解決方法がこの国独特の方法で編み出されたのである。すなわち、輻輳する多民族社会を象徴するスイスが辛くも連邦制を維持していられるのは、カントンのような形態に基づいて少数民族にもその主体性をできるかぎり尊重し、不必要な犠牲を強いない点にある。これは、スイス宗教改革時代のツヴィングリなどの築いた社会的制度に基礎を置いていると言われる。

こうしてカトリック諸邦と改革派諸邦との対立は頂点をきわめ、ついに一五二九年、当時チューリッヒの牧師として伝道活動をしていたヤーコブ・カイザーが異端としてカトリック派から逮捕・処刑されるに及び、同年、第一次カッペル戦争が勃発した。しかし、改革派に不利な平和条約（第一次平和条約）が締結されたため、共同支配地における宗派争いを解決することはできず、ツヴィングリは、五邦が多数決で盟約者団の政治支配権を持つのは理不尽であるとして一五三一年に第二次カッペル戦争を引き起こした。しかし、結果は改革派の敗北に終わり、ツヴィングリは従軍牧師として戦死し、カトリック指導のもとで第二次平和条約が締結されたもののツヴィングリの理想とした全盟約者団の福音主義化は不調に終わった。

その後、この問題は未解決のまま長期間にわたって争われ、一六三二年、バーデンにて第三次平和条約が締結され、宗派問題は少しずつ前進を見たが、カトリック諸邦は多数決原理の復権を果たすには至らなかった。そして、一八世紀初頭の一七一二年の第四次平和条約締結により、ようやく共同支配地の宗教紛争は解決の緒に着いた。二つの宗派が存在する共同支配地には、完全な両宗派同権体制が導入された。この新しい条約には両宗派同数制の仲裁裁判所を設け、信仰問題をはじめとして行政全般、条約や軍規の制定・改廃などをも解決すると記されており、多数決制は大きく後退した。

（3）その他

また、一五二二年四旬節における小斎命令の廃棄、聖職者の婚姻禁止令の解除、独身制や修道院制度の廃止を呼びかけ、その改革意思は全世界に拡がった。そして、教会改革に関する六七か条の提題のまとめを行ったが、これはルターの九五か条にも匹敵する価値のあるものであったと言われる。

ツヴィングリは、チューリッヒのために、誓約同盟のために、そして最終的にはヨーロッパのためにも実際的な政治的提案を行い、スイス同盟およびヨーロッパ同盟を計画した。ツヴィングリには個人的野心はまったくなく、カルヴァンの論理的な野心に及ばなかったが、ルターよりはるかに社会的義務に関心を抱いていた。彼は、スイスの預言者であった。そして、すべての者が教育ある者の指導のもとに地上における「神の国」の設立へと働く。彼の共和主義において、彼は心底からスイス人であった。チューリッヒはツヴィングリの思想を的確に受け入れ、世界のモデル政体となり、それによって彼の宗教が「神の国」への道を敷いた［冨本（一九八七）三一〇頁］。

後年、ツヴィングリはルター主義に傾倒していったとはいえ、エラスムスから受けたヒューマニズムの影響は強く、これに彼の福音主義とが結合して、彼の改革はその後のスイスに偉大な遺産をもたらしたのである。

スイスの宗教改革はツヴィングリによって起き、ツヴィングリは十分なカリスマ性を以って後継者を魅了した。スイスの宗教改革の力も弱点も、ひとえにツヴィングリとチューリッヒとの密接な結びつきによっていた。そして、チューリッヒでのツヴィングリの成功がやがてスイス連邦全土へ改革の輪を広げていった。また、カルヴァン、ブリンガーという二人の偉大な人物が、ツヴィングリの宗教改革事業をチューリッヒを超えて東西ヨーロッパの広い地域へと導いた。改革は地域的にはドイツ語系スイスや南ドイツにかぎられたが、運動はやがてカルヴィニズムの中心を成立させて英国にまで広まった。ほかに諸制度として残るものに、婚姻裁判所（Ehegericht）、予言塾（Prophezey）などがある。これらの伝播には、ブリンガーの著作による寄与が大きい［冨本・前掲書・三四五～三四六頁］。

第４節　ヨーロッパ統合へのディレンマ

スイスは、現在もなおヨーロッパ統合に加盟するべきか否かの選択に苦悶している。かつて、一九九二年の国民投票で声高にヨーロッパ経済地域ＥＥＡへの加盟を否決してからすでに一七年が経った。永世中立主義を守るスイスの毅然とした姿勢も、一つにはその世界に誇る強力な経済力の裏づけがあればこそであった。かつてのスイス国民は、精密工業や金融ノウハウ、そして豊かな観光資源により、単位人口当たりの国民所得は常に世界一を誇った(24)［Fossedal, 2002, P.5］。二度の世界大戦の最中にも中立主義を堅持して戦禍を免れ、国土を安泰に保った。冷戦の時代においても、中立を維持しさえすれば国土の平和は安泰であると信じてきた。

しかし、その後世界における技術力の顕著な進歩や経済の飛躍的拡大に伴い、スイスの経済力の地盤沈下は徐々に進行する傍ら、スイスを取り巻く周辺のＥＵ諸国はこの間共通の利益を目標に、着実に統合の実績を積み重ねて拡大の一途を辿ってきた。さらに、集団安全保障体制を中心に時代の変遷とともに社会情勢や政治体制が刻々と変わり、スイスがいつまでも永世中立主義に固執すれば、ヨーロッパにおいてはもちろんのこと世界においても孤立が避けられない懸念も膨らみつつある。

年々投票率の低下傾向を示す国民直接投票であるが、二〇〇二年初めの国連加盟決議では五八パーセントという近年では比較的高い投票率を示し、加盟賛成五四・六パーセント、反対四五・四パーセント、さらに賛成カントン一二、反対カントン一一というきわめて僅少差での決議となった。

スイスのヨーロッパ統合への不参加理由については、スイスのEEA加盟をめぐる一九九二年一二月六日の国民投票に関する田口晃氏のレポート(25)に詳述されているので、以下にその概要を記述する。すなわち、現在あらためてEUへの加盟を積極的に推進しない理由の一つは、そもそもスイスがすでに一八四八年憲法にて連邦制を採用したことにある。同国は、現在のEUが標榜する一種の連邦制を小規模ながらもすでに実践している。同論文は、当時の状況を以下のように記述している。

「EU加盟申請に関しては革新政党である社民党が積極的なのに対し、いわゆる自民党、国民党、キリスト教国民党のブルジョア三党は消極的であった。消極的な三党等の理由は、EEAはEUへの第一歩であり、スイスにとっては経済的には失業の増加と生活水準の低下を招き、スイスをヨーロッパの平均以下に引き下げる惧れもあること、また政治的には集権的なEU官僚のもとでの大国への屈服を、法的にも主権の一部喪失を意味しよう、としている。この他にも左翼や環境保護グループからの反対によるものがあった。そしてスイスはEEAに加入しなくてもヨーロッパの孤児になるような不利益は生じない筈と主張した」と言うのであった。

しかし、これらはいずれも各政党の属する国会議員の手により反対運動がなされたものの、政党としての正式な結論はこれらとはまったく相違するものとなった。すなわち、まず自民党では臨時代議員大会で二三一対二七の圧倒的多数で加入指示を決定した。次いで社会民主党は、党大会にて五二一対六二という大差でこれも加入支持を決定した。

---

(24)　スイスにおける国民一人当たり所得は年約四万ドルにて、世界でもっとも豊かな国の一つ。

(25)　田口　晃（一九九三）「スイスはなぜヨーロッパ統合に消極的か――一九九二年一二月六日の国民投票をめぐって」『年報政治学』所収。

さらには、第三の与党キリスト教国民党も代議員大会にて二七〇対一九で加入指示を決めた。

与党の中でスイス国民党だけは異なる結果が生じた。すなわち、当時の加入案では経済的な好条件を引き出す政治交渉の余地がほとんどないことを主たる理由に二八九対一九で反対を決めた。最大野党の緑派では、スイスの植民地化をもたらし、かつもっぱら経済に焦点が絞られているため、本来のEU統合の方向までに進まぬ惧れがあることを理由に加入反対を決議した。野党の中で加入を支持したのはスイス自由党と無所属全国連盟で、理由はいずれもスイス経済にとって必要との判断によった。

さらに注目すべきは農民同盟の動向で、結果的には二八七対二五三という僅差でEEA加入反対を決定したが、フランス語圏出身の代議員が全員加入を支持したのに対して、ドイツ語圏出身の多数の議員が反対したことにあるとしている。

結局、一九九二年一二月六日の国民投票では戦後第二位の高投票率である七八・三パーセントのもとで行われ、加入賛成四九・七パーセント、反対五〇・三パーセントの僅差で、またカントンの数では賛成八、反対一七となって加入は完全に否決された。とくに、加入に対してのフランス語圏カントンの圧倒的支持に対して、ドイツ語圏、とくに農村部での極めて低い支持が目立ったという。

田口晃が結論付けている政治的要因には、第一に既成指導層・職業政治家に対する不信の問題、第二にスイスの独自性の保持の問題を掲げている。すなわち、EEA条約の否決は、スイス人のアイデンティティ喪失に対する恐怖の表現であるという解釈である。スイスが多少ともEU統合に参考となるとすれば、ヨーロッパは真の連邦的集合体として事物を考えること、そして何よりも最初にレファレンダムの法の承認を考えることであろうとする。

ある意味では、スイスはヨーロッパが大きな規模でやろうとしていることを小さな規模ながらすでに達成しているとも言える。こうして、ヨーロッパにとって最初のヨーロッパ国家と呼びうるようなスイスの経験の中に教訓が含まれているとも言える。そこでスイスは、ヨーロッパ連合に参加すべきか否かと訝る人がいる一方では、ヨーロッパこそスイスに参加すべきだという疑問も出ている。

スイスは単に各種アイディアの収集としてだけでなく、これらの改革を一つに結ぶ単一のアイディアとしても重要な実験室であり、世界のもっとも民衆的な民主主義である。世界の金庫番をもって自認するスイスとしては、EUに加盟すればEUと同一ルールに従うことにより、長年の間に蓄積した銀行機密主義を基礎とする「金融ノウハウ」を開放することになりかねず、そうなれば金融界はもとより政府自らも、現在はもちろん将来にわたって大幅な収入減となりかねない。すなわち、今回の国連加盟はEUに加盟しないための巧みな方策ではなかったかという穿った見方もできる。

まとめ

EUは将来像を模索するためのEU改革会議（欧州将来像協議会）を設置し、二〇〇六年六月までにEUの憲法草案を発表するように求めていた。その中で、ドイツ、オランダ、ルクセンブルク、イタリア、ポーランド、デンマークから選出された保守派の会議メンバーが、神は「真実、正義、善および美……の源泉であり、この価値観なくしてヨーロッパの今の姿はない」として欧州のキリスト教の伝統について憲法で明言すべきだと主張した。とりわけバチカンは、神に言及するよう強く求めたと言われる。「キリスト教をEUの根本的価値観として憲法に明記すべきだ」と言うのである。

これは、目下EU加盟候補国に名を連ねているイスラム教国トルコの排撃を狙った緊急避難的な措置である、というような単純なものではない。ＥＵが平和的政治統合への地歩を進める上での、政治倫理を加盟国に喚起するための一つの重要なる通過儀礼とも称すべきことであると解する。

資本主義的な合理主義が普及する現代社会において、とくに加盟各国の思惑が錯綜する共同体において忘れ去られがちな政治倫理については、いずれにせよキリスト教が文化の原点にあるヨーロッパであれば至極当然のことである。議長のジスカールデスタンを筆頭に、フランス穏健派の人たちからは統合に宗教をもち出すのは相応しくないという強硬な反対があった。しかし、その彼がＥＵはキリスト教以外の文化を受け入れる体制にないとして、トルコ加盟に明確な否定的意思表示をして注目を浴びた。その後、草案は加盟国政府間の協議に委ねられたが、フランス、オランダの国民投票の結果否決となり、現在はその第三回戦とも言うべく、一〇月のアイルランドにおける国民投票の結果を待つばかりである（一〇月二日に予ねて予想通り賛成多数で可決となった）。

スイスは犯罪や社会的な緊張の少ないところであり、連帯意識は高い。外国人の多いこと、小さな差異でも時に重大な意味を擁していること、自由競争を旨としていることなどから「デモクラシーのナスダック」であるとも呼ばれる［G.A. Fossedal, 2002, Pxi］(26)。

戦後まもなく、米国占領軍総司令官マッカーサー元帥がわが国の復興に向けて発した言葉、「日本は東洋のスイスたれ［上田（一九八三）四一～四五頁］(27)」を当時のわれわれ日本人はどのように受け止めたのだろうか再考してみよう。われわれは、当時スイスを永世中立国、脆弱なヨーロッパの小国、いわば平和の象徴として偶像的な存在程度にしか認識しなかったのではないだろうか。ただ、スイスの景観と精密工業とに影響されて、日本アルプスを背に精密工業を発達させた企業は多い。

そのスイスが永年理念としてきた永世中立主義の放棄を迫られるような国連加盟やＥＵ加盟問題（正確には、ヨーロッパ経済地域加盟）に国民の直接投票によって反対し、一方では中立・自己防衛の強化のために自国軍備武装の増強を図るという、経済合理主義に慣れ親しんだわれわれ日本人の目から見れば理解を超えるような独自の政策を貫いてきた。

そこには、直接民主主義がもたらす国民の政治参画意識の高揚、そしてカントンに見る社会の原型や民主主義の原点があり、行政改革の美名のもとにいたづらに地方自治体の合併・合理化を推進する現在のわが国における国内行政のあり方に反省の機会を与える。

しかし、そのスイスにおいても、一般に想像されるような国民の政治参画意識の高揚ばかりではない。国連やEUのもたらす恩恵に相次いで加盟を表明する東欧諸国にならって、頻《しき》りと加盟実現に向けて国内法整備に余念のない政府を尻目に、スイスの国民投票率は近年低下の一途を辿るばかりである。婦人の参政権が認められたのも、連邦レベルで実に一九七一年（カントンレベルでは一九九一年）と、先進国としては想像を絶するほど遅かった。この点でも、ドイツ語圏の住民とフランス語圏の住民との間に婦人の参政権に対する意識のギャップが著しい。

総じて、フランス語圏の住民は現代の尺度からすれば進歩的であったと言えるのだろうか。何故ならば、彼らは婦人参政権にも、EU加盟にも、外国人移民問題にも、あるいは武装放棄にも並べて肯定的であったのに対して、ドイツ語圏の住民はこれらに対して消極的ないし否定的であったからだ。

---

(26)　スイスがナスダックに類似している理由の主たるものに、ともに外人投資家がかなりの比重を占めている、その市場に作用する原理が判別困難、僅かな構造上の相違でも重大な意味を有している、スイスの民主主義同様ナスダックもオープンで包括的である……、最終目的は投資家によって直接決定されるメリットを齎すことにあり、決して市場の支配者たちによるものではないこと、などを掲げている。

(27)　デイリーメール特派員とのインタビューで用いた言葉であるとされ、マッカーサー元帥は「日本は太平洋のスイスになるべきである」と述べたのが始まりであるとされる。

皮相なことではあるが、婦人参政権が承認されて以降のスイスの国民投票率は低下の一途を辿った。いったいこのパラドックスをどのように捉えるべきであろうか。スイスで失業率が一パーセントを超えると、この国の政治家は必死になって雇用危機を議論すると言われるが、最近の報告ではスイスもデフレ経済の影響の埒外になく、報告ではすでに失業率は一・九パーセント（二〇〇一年）を超えているという。この辺りにも、ＥＵ加盟の是非をめぐってスイスの腰が落ち着かない理由がある。

この国の健全な民主主義の確立のために奉じたツヴィングリやカルヴァンなど、宗教改革者たちの果たした役割は測り知れない。国の規模やその生成・歴史過程においても、現在の社会的・政治的環境においても、きわめて対蹠的な彼此両国であることを十分に認識した上でも、わが国における現在の政治の貧困状態を解明する有効な手掛かりを与えてもくれる。

第6章

キリスト教と政治倫理

――ヨーロッパ精神の形成――

神とは人間の本質が最高の真理として直感されたものである。

人間は自分の本質を神のなかにもっている。

神は私の未来の実存の保証である。

出典：フォイエルバッハ『キリスト教の本質』

エルンスト・トレルチは、キリスト教と近代世界の関係を、とくに「自由と人格」、「人権とデモクラシー」などのプロテスタント的な歴史文化価値に見いだし、これらを人類的価値として追求して、一つの「文化圏」思想を編み出し、近代は必ずしも克服さるべきものとしてのみ片付けられるものではないとしている。(1) また、キリスト教の人格と文化の倫理を通して「倫理学の再建」を企図した［小田切（一九九五）二〇三～二〇五頁］。(2)

トレルチはさらに、M・ウェーバー、F・マイネッケとならびウェーバー・クライスの中で、三者共通の最重要テーマとして「政治と倫理」について際立つ理論展開をしている。本章では、トレルチ、ウェーバー、マイネッケなどを中心に、それぞれの比較のもとにヨーロッパ精神の形成過程をトレルチの主張に焦点を絞って検証する。トレルチは、比較宗教学派に列せられる［小田垣（一九九六）七一～七二頁］。(3)

第1節　ヨーロッパ精神の形成

経済・通貨統合に先立ってヨーロッパ人が長年希求したヨーロッパの平和実現を指向する統合理論を通底するのは、キリスト教によって培われたヨーロッパ精神である。ヨーロッパは、ギリシア・ローマの古典文化の伝統とキリスト教およびゲルマン民族の自由の精神により成り立っていると言われるように、とくにキリスト教はヨーロッパ人の精神形成にあずかって余りある。また、現在の統合も目指すところが平和的政治共同体の形成であれば、統合の完成に向かってその成否を決する重要な鍵は、加盟国個々の確固とした政治的規範・政治倫理の有無である。統合が目先の経済的価値の追求に終始して、本来の目的であるヨーロッパ、ひいては世界の究極的平和の確立への努力を軽視すれば、統合はまさにバベルの塔と化してしまうことは必定であろう。

しかし、経済統合を先行させた現実に見る欧州連合（ＥＵ）の姿は、ともすれば加盟各国の国益剥き出しの利害対立が目立ち、かつて先人たちが夢想した平和的政治共同体実現はほど遠い。もちろん、これらの現象は基本的に統合自体を否定しようとするものではなく、統合より得られるメリットを多少とも多く自国の利益に取り込もうとか、統合を経済自由主義や主権確保の方向に有利に導きたいという意欲の現れではある。

そもそもヨーロッパ統合は、目標地点が曖昧なままスタートしたものであった。よく言われるように、統合の過程はさながら「海図なき航海」であった。統合開始後幾多の政治経済環境の変化の影響を経て、統合の実体は当初の理念から乖離し、政治的共同体の達成すら覚束ない状態となった。とくに戦後、機能主義論の影響が強まってのち、その勢いはそれまでの政治統合を推進していた連邦主義論をはるかに上回り、経済統合優先主義が圧倒的勝利を治めた。そして、統合スタート後はますます経済統合の色彩を濃くした。

それは、統合が経済中心の近代化路線に沿うものであり、また経済社会が経験科学としての経済学の生誕と発展に見られるごとく、それ自身が自己調整を遂げる一個のシステムとして見られるからであった［佐々木／中村（一九九四）一五頁］。

その後、一九八七年の単一欧州議定書の採択は、経済統合から政治統合への前進への新たな一ステップであったが、

（1）　エルンスト・トレルチ（Ernst Troeltsch, 1865～1923）アウグスブルク生、神学者。

（2）　ウェーバー・クライス（Weber Kreis）ハイデルベルクに居を構えるM・ウェーバーを取り巻く文化人・学者のサークルのこと。エミール・ラスク（哲学者）、フリードリヒ・グンドルフ（文芸史家）、カール・ヤスパース（哲学者）、ゲオルグ・ジンメル（哲学者）、ゲオルグ・ルカーチ（文芸史家）、シュテファン・ゲオルゲ（詩人）、レーヴェンシュタイン（詩人）など多士済々であったと言われる。

（3）　小田垣雅也（一九九六）『現代のキリスト教』講談社学術文庫、七一～七二頁。比較宗教学によれば、キリスト教は後期ユダヤ教をはじめギリシア哲学、ペルシャ宗教をはじめとする東方宗教等不均質な要素の混合であることを資料的に跡付けた。

マーストリヒト条約の批准を巡る、いわゆる「デンマーク否定」[4]は政治統合への大きな疑問符を投げかけた。現に、拡大の一途を辿る民主主義の赤字[5]に対してはいまだに決め手を欠き、このため統合ＥＵの政治体としての乖離現象は深刻さを募らせるばかりである[6]［佐々木／中村・前掲書・四八頁］。

ここで、「国家理性」と「国益」との相違について考えねばならない。ただし、この問題については、すでに拙著『ヨーロッパ統合とキリスト教』の第七章において詳述しているので、ここでは概略を述べるに留める。

マイネッケによれば、「シュターツ・レゾン[7]（Staatsräson）」とは本来「国家理性」の意で「国家行動の基本原則、国家の運動法則」であり、政治家が「国家を健全に力強くするためになさねばならぬこと」であった［マイネッケ（一九八〇）一〇四頁、林（一九八〇）三四頁］。ナショナル・インタレストと英語訳されて、「国家理性」から「国家利益」へと変容してしまった。それは、シュターツ・レゾンの本来の意味である「国家理性」を歪め、もっぱら「国益」のみを追求するものに堕してしまっているようである。そこに、果たして近い将来の平和的政治共同体実現のための加盟各国による政治倫理が存在しているのか訝しく思う。

すなわち、カントが「真の政治は道徳に敬意を表さずには一歩も踏み出すことは出来ない」と言っている［カント（一九九八）九八頁］のをあえて引用するまでもなく、道徳や倫理を閑却した政治はもはや政治の名に値しない。トレルチも、「いかなる政治の現実主義も政治倫理を排除したり、不必要なものしたりすることは出来ない」［トレルチ著作集３（一九八三）五五頁］としてまったく同様の指摘をしている。重ねて彼は、「国家の権力所有と権力行使は根絶し得ない道徳的理念によって出来る限り規定されなければならない」とも言う［トレルチ・前掲書・五五頁］。

以下に、キリスト教が政治倫理を通してヨーロッパ人の精神形成にいかに与《あずか》ってきたかを通覧する。

エルンスト・トレルチは、キリスト教徒でありながら必ずしもキリスト教に与《くみ》することを潔《いさぎよ》しとしなかった。すなわち、強いキリスト教信仰心にもかかわらず、トレルチは学問的には非神学的であったと言われる。こうしたことから、トレルチは神学者の間では「自由主義神学のアポリアに陥った偉大な人」（ブルトマン）［竹本（一九八九）四二頁］とか、「神学的野蛮人」（カール・バルト）［竹本（一九八九）四二頁、Barth, 1950, P.113］とか、あるいは「神学における最後のロマンティスト」（カール・バルト）［西村（一九八八）三七頁］とかの非難を浴びるほど孤立した存在であった。

トレルチはまた、ランケやブルクハルトに比肩される歴史学者として名声を馳せたが、歴史学者の間でも「その研究対象は宗教でありプロテスタント神学の存在論的課題をもっている」と目されて、同様に半ば異端視された。

（4）「デンマーク否定」について――一九八七年の単一欧州議定書、一九九一年のマーストリヒト条約は、それまで支配的であった連邦主義者の政治統合思想を一挙に覆し、経済統合を優先しようとする機能主義者の勝利を意味するものであった。しかし、同条約を批准するためのデンマークの国民投票は条約批准を拒否した。［佐々木／中村（一九九四）七六頁］

（5）民主主義の赤字――ある行政上の決定権限が各構成国政府からEU機構に移譲された場合、各国議会は民主的統制を行うことができなくなる（各国議会の赤字）。一方、決定権限の移譲されたEU側では民衆を代表しているはずの欧州議会の権限は小さく民主的な統制の可能性が低い（欧州議会による統制の不足）。このように権限委譲により「国家議会からの赤字」が、新たに得られるべき「欧州議会による統制」よりも少なく、民衆による民主的な統制が減殺されていくことを民主主義の赤字という。

（6）統合EU――政治体の乖離構造；領域国家としての政体、行政的執行機関、正統性調達のメカニズムは飽くまで国家の手に残りながら、重要な問題は国家政府の単独決定から離れていく構造が生じてくる。すなわち、「一方で主権国家が公式的民主的政治権威をほぼ独占し、支配的な行政的統治の主体である状態が継続しながら、他方で相互浸透と世界化した環境条件によって政治経済システムの価値分配の決定メカニズムが国家政府単独の一方的決定から離れていく状態［佐々木／中村（一九九四）四八頁］」。

（7）今日、ひとびとは『利益』を『国家理性』と呼んでいる。それゆえ、それによって二種の理性を作り出している。一つは、邪悪、虚偽、放恣にしてかつ略奪と醜行とをめざす理性であり、ひとびとはそれに『国家理性』という名前を付けて国家の指導を任せ、いま一つは平明、率直にしてかつ確固とした理性で、それは国家の統治から追いはらわれて裁判事件の解決だけに極限されている［マイネッケ（一九八〇）一〇四頁］。

トレルチの「ヨーロッパ主義」、「文化総合」と現代的意味

トレルチの歴史哲学の中心的な思想は「建設の理念」あるいは「現代的文化総合」にあると言われ、彼の『歴史主義とその諸問題』の中の名文句、「建設の理念とは歴史を歴史によって克服することであり、新しい創造の広場を平らかにすることである」［トレルチ著作集6（一九八八）四四五頁］に象徴されていると言われる。さらに近藤によれば［トレルチ・前掲書・四五四頁］、総合というのは「文化の体系」にかかわり、「家庭、国家、法、科学、芸術、宗教、経済などの個々の価値から合成される文化の体系」［トレルチ著作集4（一九八〇）二七二頁］のことである。これは、さらに具体的にはトレルチ自身が身を置くヨーロッパ文化として考えられ、この文化の生命力を現代において再生しようとする企てであって、ゆえに「ヨーロッパ文化総合」と言われる。

この歴史的背景に、一八世紀以来のキリスト教的、教会的文化の解体という巨大な歴史的事態があった。そして、「文化総合」すなわち「ヨーロッパ文化総合」の中心に宗教、つまりキリスト教問題が位置していた［トレルチ著作集6（一九八八）四五七頁］。

しかし、トレルチの現代ヨーロッパ文化総合の構想は未完成のまま途絶してしまったが、彼は近代世界の倫理学にとって歴史的な文化価値の認識と価値形成とを結合しようとした［近藤（一九九六・下）一一二頁］。これは、ウェーバーが歴史的科学的認識と価値判断とを峻別しようとしたのとまさに対照的である。このトレルチの歴史形成理論の内容は現代ヨーロッパの文化総合構想にあると言われる。すなわち、彼によれば、自由と人格の思想がヨーロッパ文化総合の根底にあり、これを西欧化するときキリスト教が不可欠とされる。

トレルチが最重要視するのは宗教の問題である。宗教は自律性をもち、人間的必然性をもっている。しかし、**近藤勝彦**（一九四三～）も言うように、いかなる宗教が必然的であり、宗教が客観的価値の内部で他の文化価値に対しいかなる位置を占めるかは、歴史的な経験と主体的敢行とを含めた歴史的価値形成に依存する［近藤・前掲書・三六

頁］。

トレルチは、彼の時代にキリスト教にとっての「一つの新しい世界史的時刻」を見て、「キリスト教は新しい自然像、新しい社会状態、精神的世界の深い内的変化と新しく結びつかなければならない、そして苦悩する世界に新しい平和と新しい統一とをもたらさなければならない」とする［近藤・前掲書・五二頁］。

トレルチはまた、ヨーロッパ文化の生命統一体を強く主張している。すなわち彼は、ドイツ精神と西洋精神との対立を国民主義的に単純化し、粗笨化《そほんか》しようとするあらゆる試みを蔑視していた。トレルチは、「もっとも狂暴な分裂の最中でも、破壊し得ざるヨーロッパ文化の生命統一体を常に感じ、かつそれを強く防衛しないではいられないほどに普遍的かつヨーロッパ的な方向に向いていた」と言うのである［西村（一九八八）一四五〜一四六頁］。

彼は、ヨーロッパ文化の生命統一体を信じた。そして、キリスト教的西洋の世界市民的文化共同体は、普遍的な内容をもつ上位の概念や理想によってつくられただけではなく、個々の民族精神のまったく個性的な貢献によってもつくられた、と言う。

この主張はマイネッケの「西洋文化共同体（Die Europäische ropäische Kulturgemeinschaft）」[8]や、ブルクハルトの「ディスコルディア・コンコルス（Discordia concors）」[9]（調和せる不調和）に相当する。ブルクハルトでは、とくに多様性の中にヨーロッパの一体性が存在するとされた。すなわち、現在の統合が大戦後に主流を成した経済主体の機能主義理論や資本主義体制と社会主義体制の対立というパラダイムから、ややもすれば経済統合が時代の要求にこ

（8）マイネッケは世界大戦における二度にわたるドイツの敗北を体験し、「政治的文化共同体」を再認識しかもドイツの特殊な使命を自覚したといわれる［西村（一九八八）一四九頁］。

（9）「調和せる不調和」ヨーロッパの生活は多様であり、ブルクハルトは「多様性の中にヨーロッパの一体性」が存在するとした［西村貞二（一九八八）一四九頁］。

たえる必然的結果でもあるかのごとくに解しがちであるが、われわれはその背後に長いヨーロッパ人の精神形成上に積み嵩ねられた、複雑な歴史の上に統合が成立したものであることを見逃してはならない。それは、経済や政治を包含するいわば「文化的総合体（Kulturtotalität）」［トレルチ、『トレルチ著作集6（一九八八）三四二頁』である。

トレルチもウェーバーもともに「近代世界と人格」の関係を深く認識し、この問題を自らの根本問題として抱き続けた。近藤によれば、トレルチは近代世界と近代文化について以下のような特別な認識を有していた［近藤（一九九六・下）二〇四〜二〇六頁］。

❶　近代文化は自由思想と人格思想の途方もない拡大と強烈さによって特徴づけられている。そこに近代世界の最善の内容を見る。

❷　近代文化の最善の内容とプロテスタンティズムの関係を指摘、プロテスタンティズムから極めて強力な、しかもそれ自体として独立した宗教的・形而上学的基礎を受け取った。

❸　近代世界においては自由の抑圧と後退であり、とくに資本主義が「非人格化の作用」をもっていることが際立っている。「資本主義のもたらした主要結果は抽象的で非人格化の作用を持つ合理主義と強者の権利であること」、「近代世界における人格の運命」の問題は、「人格宗教としてのキリスト教というキリスト教の本質規定、およびその保持活性化」という課題と不可分的に結合している。

❹　人格宗教としてのキリスト教の本質規定。キリスト教以外の一切の宗教は人格主義へと突破するまでに至らない。

要するに、近藤によれば、トレルチは「合理化」ではなくして「キリスト教がわれわれの運命となった」という根本的テーゼに立脚するとしている。「人は宗教を即座につくったり発明したりすることが出来ず、また理性によって構成したり置き換えたりすることもできない。それゆえキリスト教はわれわれの歴史的存在全体の強制下にあって、われわれの精神の最下層を形づくっている、そこからわれわれすべては精神的に生まれ来る」〔近藤・前掲書・二一九頁〕としている。そして彼は、「世界肯定を根本的に持った世界対立、文化価値と緊張関係に立つ文化無関心、そのキリスト教本質的ならびにヨーロッパ文化総合的不可欠性が、トレルチの預言者論の根本的文脈である」〔近藤・前掲書・一八四頁〕とも付け加えている。もちろん、トレルチの時代に現在の欧州連合（ＥＵ）はいまだその片鱗すら登場してはいなかったものの、すでにこの時代にその後に誕生したＥＵの将来をも占うきわめて鋭い警告を発していたのである。

問題は、「キリスト教を局限化し文化を脱キリスト教化させる合理化」が根底的な人類の問題か、それとも「合理化をも契機としている宗教的文化とキリスト教」がより根底的な問題かにあるが、この問題は今日ヨーロッパを超えて地球的規模で追求されなければならないと近藤は主張しているが、過度の世俗化・合理化のもとで進んできた現代の文明社会において人間的な潤いが枯渇していく状況を見れば、この点まさしく彼の指摘の通りだと思われる。

欧州統合推進論者ロベール・シューマンが「ヨーロッパは軍事同盟や経済的実体となる前に文化的共同体となるべきであった、ヨーロッパの統一はただ単にヨーロッパの諸制度から生まれるものではない、ヨーロッパの創造は諸々の精神の歩みに帰着するのである」〔ルージュモン（一九七〇）二九～三〇頁〕(10)と言っているのと符合しているのである。

シューマンが現実の経済統合を批判したり否定したりしたものでないことは、彼が心血を注いだヨーロッパ統合にも、ヨーロッパ社会の歴史性や複雑性を統合ヨーロッパにいかに吸収・維持致すべきかに腐心していた軌跡を垣間見

---

(10)〔ドニ・ド・ルージュモン（一九七五）二九頁、ロベール・シューマン（一九六四）三二頁〕但し、波木居訳と上原・杉並訳では訳出上若干の相違あり。（例、下線部分「復興」は前者では「のために」、「経済的実態」は後者では「経済的単一体」とある）。

る思いがする。ヨーロッパが現代の世界文化の先駆者であり、われわれの真の関心は地理的概念や自然現象としてのヨーロッパや、ましてや市場経済にいかにして覇者となるかではなくて、政治的ヨーロッパであり、文化的・倫理的ヨーロッパである。政治文化や社会哲学の構造や伝統と言った特性をもつ歴史的・倫理的個体、そして文化的統一体としてのヨーロッパである。

第2節　プロテスタンティズムと政治倫理

キリスト教は、最高の意味での人格主義の宗教であると言われる。すなわち、キリスト教は神への献身と、神への志向の獲得を通じて、比類のない個人の価値という人格性に到達することを人間の目標としており、すべての人格的価値の源泉を神の意思の中に見ていて、その中心にあるのはまさしく人格性の理念であると言える。

しかし、トレルチによると、「およそ歴史的存在は相対的であり、キリスト教もその埒外ではない。ただし過去に現れた宗教の中ではキリスト教が最高の価値を有する人格的宗教である」としている。そして、キリスト教は歴史の中の一宗教ではあるが、それが絶対的真理をもつというのがトレルチの固い信念であった［西村（一九八八）八〇頁］。

近世になって、政治は宗教や倫理の束縛から脱して政治固有の論理に従って発展しようとする。そして、政治と倫理との対立が白日のもとに晒されるようになる。

こうして、政治と倫理との関係をどのように取り扱うべきかが近代政治に課せられた課題として浮上する。マキアヴェリはこの課題に対して初めて取り組んだ人と言われるが、マキアヴェリ学説の本質については拙著『ヨーロッパ統合とキリスト教』（前出）第6章をご参照願いたい。とにかく、マキアヴェリとともに近代西洋に於ける国家理性の理念史が開かれたと言われる［西村・前掲書・一六五頁、一七三頁］[11]。

（一）政治と倫理の役割

トレルチが政治倫理に関して、とくに論及する歴史的社会的背景として、彼の生きた時代が**ビスマルク**（Otto Eduard Leopold von Bismarck, 1815〜1898）による強権政治による支配によっていたことを考えあわせねばならない。われわれは経済的エゴイズムのような、とかく新しい認識を必要以上に高く評価しがちであるが、国家の権力所有と権力行使は、道徳的理念によって出来る限り規定されなければならない」というかねてからの主張のもとで政治倫理に関して四つのグループを掲げている［トレルチ著作集3（一九八三）五六〜七六頁］。彼の主張を以下の通り要約する。

トレルチは、「いかなる政治の現実主義も政治倫理を排除したり不必要なものとしたりすることは出来ない。

①自由な文化に奉仕する法治国家の倫理

国家を精神文化の手段や前提と看做す教説である。国家の役割を秩序と経済的繁栄保持に制限する。国家はたとえどんなことがあっても国家秩序がなくては不可能となってしまう精神文化を保護して、その基盤となること以外の何

(11) 中世末期、とくに君主が主権者となって国内の分散した勢力を集めようとする。独立を遂げた国々には自国の勢力拡大を図るから、国と国との勢力争い、つまり国際戦争さえ起こる。いわゆるナショナル・インタレストを追求する段になれば、もはや宗教や倫理にかまっていられない。政治は宗教や倫理の束縛から脱し、固有の法則に従って発展しようとする。この政治と倫理との関係をどう取り扱うかが、近代政治に課せられた課題となった。

事をもなすべきではない。国家はその中において豊かで調和のとれた精神生活が成長しうる自由というものを提供しなければならないが、干渉してはならない。

②愛国心という純粋に国家主義的な倫理

愛国心とは個人が全体の名誉のために献身することであり、偉大な倫理的パトスである。自分たちの名誉のためにすべてを賭けないような国民は下劣である。国家の倫理的価値はその国家が大きくても、あるいは小さくても、政治的制度それ自体の精神、つまり組織を貫徹する倫理思想にあるはずである。

③民主主義の倫理

ここで民主主義の原理とは、国家形成と国家理解一般の倫理的原理のことをいう。民主主義の原理は階級闘争の止揚でありその理想は社会の平和であり、この思想はこれ自体が倫理的である。それはすでに人権という偉大な思想を内包している。また、即時的に政治的原理であり国民的原理である。これは外交上の民主主義的な理念に通じ、国際連盟や国際裁判の理念をもたらす。これはあわせて世界観、すなわち、一つの形而上学と宗教を意味する。

④保守主義の倫理

民主主義の原理が、いまだ実現されていない原理的な人間の平等という前提に基づいているとすれば、保守主義の原理は、決して根絶されない原理的な人間本性の不平等という前提に基づく。これは境遇と人間の不平等を強調してこの諸々の不平等を諦めて受け入れることから道徳思想を展開する世界観に基づいている。歴史的に形成されたものを強調するという点から、この保守主義は国民的性格をもっている。

第二の愛国心という純粋に国家主義的倫理の型を除き、他はすべてキリスト教倫理と密接な内的関連を有するとしている。文化にのみ奉仕する法治国家の倫理学は、精神的な財が国家の強制力から自由であること、そして国家の意義をこの文化価値に奉仕することに限定することを要求するかぎりで、国家からの教会の自由と良心の自由という要求と歴史的に密接に関連している。しかし、その場合、国家それ自体は宗教的・道徳的生命一般の前提の保障として考えられている。トレルチによれば、第一のものはカトリックの要求であり、第二のものはピューリタン的なプロテスタントの要求であるとする。しかし現実に、キリスト教の理念から直接的にしかも本質的に演繹された政治倫理は存在しない、というのが彼の主張である。

そこで、キリスト教倫理とは何かを整理してみよう。一般に聖書にいう倫理とは、自分自身に問うたり他人の判断によったりせず、神の言葉に聞き、神の御旨は何かを尋ねることに出発すると言う。それは、以下の通りである。

❶ 主たる神の前での生き方が問われる倫理であること、すなわち全能の神の臨在を自覚し、神との交わりの中で生きることが基礎であること。

❷『旧約聖書』の「十戒」と『新約聖書』の「山上の垂訓」が神の戒めの基礎であり、聖書の倫理の中心であること。

❸ それは、聖化と栄化とを目指して生きる倫理であること。

❹ そして、聖書の倫理を実現させる原動力が聖書である、

トレルチによれば、「それは国家における人間の生活目標を明らかにすることのない国家倫理の強力な背柱であり、また宗教的な倫理はもっとも根本的なところで非国家的で国際的である」とされる。しかし、「キリスト教倫理がもたらしたものの帰結は現実には民主主義と保守主義とに現れている」としている［トレルチ著作集3（一九八三）八

〇頁]。

これをウェーバーは、「右の頬を打たれたら左の頬を出せ」という要求は、聖人の場合を除けば品位喪失の倫理でしかないと言う。愛の倫理が「汝は悪に逆らってはならない」と命じるのに反して、政治の世界では「汝は悪に逆らえ。しかも実力を以て……さもないと汝は悪の増大について責任を負うことになる」が正しいとする。キリスト教の倫理と政治の倫理が袂を分かつ決定的な地点であると言うのである［西村（一九八八）一六八頁］。

さらにマイネッケによれば、「国家理性とは国家行動の基本原則であり、国家の運動法則である」と定義される。たしかに、近代ヨーロッパの政治は国家理性の発展史であり、マキアヴェリズムの実践の歴史であるとさえ言われる。ひとたび国家理性が発見されると、もはやかつての古代ギリシアにおける政治と倫理との一致や、中世におけるキリスト教的倫理の政治に対する指導的地位はすでに過去のものと化してしまう危険を絶えず孕《はら》んでいる［西村・前掲書・一六五頁］。

（二）「プロテスタンティズムの倫理」に関するトレルチとウェーバーの比較

「プロテスタンティズムの倫理」に関するトレルチとウェーバーによる解釈上の一致点と相違点について、**H・E・テート**（Heinz Eduard Tödt, 1918〜）の分析を見てみよう。［テート（一九八五）八九〜一〇二頁］。まず、両者の一致点としては次の五つが挙げられている。

❶ プロテスタンティズムと近代世界の関係というテーマのもつ文化政策的および科学政策的意義を、ともにカトリシズムとマルクス主義の学問的伝統と対比しつつ判断していること。

❷ ともに価値判断から自由な経験的＝分析的な歴史研究と、価値に拘束された研究との間をできるかぎり厳格に区

別していること。
❸ウェーバーの理念的概念形成および歴史構成がトレルチに影響していること。
❹ウェーバーは資本主義が禁欲的プロテスタンティズムから起動力を与えられたと判断し、トレルチもこれを受け継いでいること。
❺トレルチ、ウェーバーともに、資本主義的発展での人間性の損傷に懸念していること。

一方、両者の相違点としては以下の三つがある。
❶ウェーバーは、一六世紀以後の西洋の近代性やプロテスタンティズムの近代性を暗黙のうちに肯定し、トレルチはプロテスタンティズムが近代世界の成立を促したとはいえ、単純に近代世界の創造者とは看做《みな》さない。より一層の発展の自由を与えたにすぎないと見る。カトリックの組織が新しい世界の生成に反対していた障害物を取り去り、新しい自由な世俗的な多くの理念に基盤を与えたにとどまるとする。ルター派およびカルヴァン派は古い生粋のプロテスタンティズムであり、その反カトリック的な救いの教義にもかかわらず中世の意味における教会的文化である。したがって、国家、社会、経済、科学、芸術における近代世界の基礎の大部分はプロテスタンティズムと没交渉に生じた。トレルチは、近代世界と近代文化は啓蒙主義の時代に始まるとしている。
❷ウェーバーは、西洋文化のもつ本質を合理性に見いだす。一方トレルチは、プロテスタンティズムと近代世界の成立との関係を短絡的に考えないように、近代世界を成立させる合理化過程というものを無条件的に肯定しない。
❸ウェーバーは、プロテスタンティズムの教義や信仰を問題にしない。一方トレルチは、政治的=社会的制度、経済組織、社会発展といった具合に包括的に把握している。

以上のように、トレルチ、ウェーバーそれぞれの思想には多くの一致点があるが、基本的な相違点もある。それは、基本的にはウェーバーが近代世界成立に及ぼしたプロテスタンティズムの影響を積極的に評価したのに対し、トレルチは一応の評価はしたものの、より慎重さがうかがわれる。

そしてウェーバーは、神は絶対であり、人間の救いは神が予定しているというカルヴィニストであり、トレルチのほうはルター派にあって人間が救われるか否か一生煩悶する立場にある。またトレルチは、「キリスト教なしには人は自殺的なティターン精神に陥るか、心身を消耗させる遊びごとに陥るか卑俗な野蛮性に陥る」という確信をもっていたとされる［西村（一九八八）九六頁、九七頁］。

さらにトレルチは、「肝心なのは支配的気質、企業家の大胆な行動、国民感情といった無制限な自己貫徹と傍若無人な自己神格化を抑制すること、そして自己限定、思いやり、国民の連帯、人間の尊厳といったことを魂の中に植え付けること、そして人間を超えた真理と正義に対する義務の精神を喚起することである。さもないと神を忘れてしまったヨーロッパのティタネントウム（Titanentum）巨大主義、英語のタイタン主義（Titanism）の象徴となろう」と予言していることである［トレルチ著作集3（一九八三）四二～四三頁］。このあたりにこそ、拡大を続けるヨーロッパがもって銘すべき警句が含まれていよう。

そしてトレルチは、「キリスト教はそのまったき意味と本質からして、直接的な政治倫理学をもつことができない。そもそもキリスト教は初めから政治思想をまったくもっていない。キリスト教は、その道徳的命令によって第一に純然たる個人道徳の領域に属している。たとえキリスト教がその愛の業《わざ》によって社会の損傷を癒すとしても、この愛の業《わざ》それ自体は純粋に宗教的な動機、あるいは個人道徳の動機から出ている。神と兄弟たちに対する愛は決して政治的な原理ではない。しかしながら、それにもかかわらずキリスト教の意義は直接的なものではないが間接的なものに大いにある。この意義は、中心思想それ自体から直接に生じてくるのではなく、キリスト教が方々で国家生活に与えた多くの影響の中に現れてくる」［トレルチ・前掲書・七七～七九頁］としている。これが、トレルチの政治倫理に対するおよその考え方である。

（三）カルヴァン派とルター派の比較

同じプロテスタントに属しながら、その理念や近代資本主義との関係において相違するカルヴァン派とルター派についてトレルチの解釈に注目すべきものがあるので以下に概観する［トレルチ著作集8（一九八四）二五六～二五七頁］。

彼によれば、「ルター派は非民主主義的＝絶対主義的国家観、服従の慫慂と無抵抗、経済的＝伝統主義的態度、既存の身分職業文化における体制の讃美など、絶対主義的な万能の伝統のみを肯定しあらゆる事象について受動的且つ保守的」である。教義に関して言えば、「純粋な説教と純粋なサクラメントの執行という職務のほかは、ルター派では何一つとして必要としない。悪魔の邪悪な攻撃を信心深く堪え忍ぶのである。これこそ、ルターの人的性格を表し理想主義を示している。これは同時に、あらゆる政府に対するルターの保守的な態度とドイツ諸領邦の真に絶対主義的な発展とも関連している」とする［トレルチ・前掲書・五八頁］。

これに対して、「カルヴァン派は、ルター派とは対照的に遙《はる》かに活動的・攻撃的であり、近代西洋世界の政治的、社会的、経済的発展に結びついて、民主主義的諸原理、近代的＝国法的＝政治的諸原理および近代の経済的＝進歩的諸原理を獲得する可能性をもったものである。共和制のなかで組織されたが、共和制自体、彼らによって基礎づけられたものであった」としている［トレルチ・前掲書・五八頁］。そして、「カルヴィニズムの精神は法律家の門下かつ人文主義者の門下であったカルヴァンによる徹底して計画的、合理的な人となりによって満たされている」としている。つまり、「両者は教義上の差異は消滅していったにもかかわらず、歴史的発展過程でますます分離してしまったものである」と言う。

現実に、量的および地理的な拡がりにおいてルター派が発祥の地ドイツおよびスカンディナヴィアにかぎられるのに対して、カルヴァン派はオランダ、スコットランド英国（非国教会）をはじめとしてアメリカなど世界的な地位獲得に成功した。すなわち、トレルチによれば、「カルヴァン派は一つのキリスト教的近代社会（ゲゼルシャフト）の理想を展開した。その理想の中では、政治的な自由主義や、経済上の営業の自由な発展や、純粋に政治的な権力の諸利害の相対的独立というものが、同時に教会における信仰の自由の原則に基づく厳格なキリスト教的＝倫理的共同体（ゲマインシャフト）の建設や、キリスト教的道徳規律による教団の強固な結合や、政治的・社会的結合への扇動などとも提携できる」として、これがカルヴァン主義の本質であるとしている。

以上、カルヴァン主義が示す倫理的＝宗教的関心のもっとも重要な一点が指摘される。すなわち、カトリシズムにあっては「キリスト教文化」という思想――ただし純粋に教会的でありながら身分制に結びついた文化という思想――を生み出し、ルター派にあっては一切の政治的＝社会的活動を国家に委ねて、自らは単に信仰の神秘の内面性や身分的職業組織の宗教的神聖視、そして「純粋な教説」のもとでの権威の保持を図るのみであったが、カルヴァン派においては活動した国々や諸民族の実際の状況に余儀なくされて近代的＝社会的転換を成すに至ったのである。こうして、キリスト教倫理の歴史における新しい道へと踏み出したのである。カルヴァン思想の論理は誠に厳密であるが、理論一辺倒の教訓的傾向は彼の神学からは遠ざけられて、重要なのは純粋な教説ではなく神の意思であるとしていることである［トレルチ・前掲書・二六一頁］。

第3節　プロテスタンティズムとデモクラシー

キリスト教においては、デモクラシーは平和の理念とともに一体をなすものである。そして、デモクラシーこそ現在のヨーロッパの政治文化を規定するものである。

ドイツの法哲学者イェリネックは、近代デモクラシーの中核理念に「人権」を置いている。そして、この人権の起源をカルヴァンに求め、さらにその淵源はピューリタニズムにあるとしている。デモクラシーの思想は、それ自体が倫理的であると言える。それは、人権という偉大な思想に根拠を置いているからである。またそれは、人権という自己の独立した価値それ自体として明示する人格性の道徳的な権利である。したがって、デモクラシーの原理は国家の場合と同様、統合においても統合形成とその理解一般の道徳的・倫理的原理にほかならない。デモクラシーの原理は、その理想からすれば社会の平和そのものと解することができる［阿久戸（一九八八）一九～三二頁］。

現実には、欧州統合は共同市場の構築という経済的目的を主としていたため（EC条約前文、第一条）、EC法の基本をなす三共同体の設立基本条約（ECSC設立の一九五一年のパリ条約、EEC、EURATOM（ヨーロッパ原子力共同体）設立の一九五七年の二つのローマ条約）は、人権保護それ自体を目的とした規定を置かなかった。一九八六年の単一欧州議定書（SEA）前文で初めてEU結成とヨーロッパ人権条約[12]およびヨーロッパ社会憲章[13]支持を表明し、さらに一九九七年のアムステルダム条約で人権保護改善強化をうたった［村田編（一九九九）一一二頁］。

(12) ヨーロッパ人権条約一九五〇年。
(13) ヨーロッパ社会憲章一九六一年。

キリスト教は、社会論としてヨーロッパ統合などのいわゆる社会問題を解決するための制度や法令のような事柄を具体的に示唆してはいない。したがって、平和についても具体的な制度や維持方法を示唆してはいない。しかしながら、少なくとも一九世紀を通じてヨーロッパをほかの地域から区別された政治システムにまとめた求心力は、キリスト教理念を基礎に置いた共通の政治的価値観と言えよう。

とかくわれわれは新しい認識を必要以上に高く評価する危険性を有するが、ことに経済合理主義は、それ自体が国家権力をも揺るがしかねない理論をつくり出すほどの危険性を内包している。ましてやヨーロッパ統合という、歴史もなく、国家と比較して文化や習俗の蓄積も有しない新組織が、たとえいかに入念に考案されたものであろうとも、国家に比較して遥かに緩やかな機構であれば経済合理主義の論理の前に容易に揺さぶられかねないほどの脆弱性を有している。すなわち、統合組織は国家の場合以上に強固な政治道徳的理念あるいは政治的・社会的倫理基盤の上に構築されなければならない。政治的・道徳的思惟をもって、統合の周囲を張り巡らさなければならない。

デモクラシーの原理は世界観、すなわち一つの形而上学と宗教とを意味する。それは徹底的に目的論的な世界観、すなわち道徳的理性の勝利を心から信じることを意味するからである。これにより、人間はますます個性的になり、人格的に自立した個人の価値に到達する。デモクラシーの原理は、いまだ実現されていない原理的な人間平等という前提に基づいている。

政治的なデモクラシーは愛と犠牲ではなく、法と安全な秩序を要求し、また主観的で個人的な好意や個人の義務感情ではなく、生活の基盤として普遍的に、しかもまったく明白に役立つ状態と規範とを要求する。政治的デモクラシーがキリスト教の人格性の思想から必要としているのは、その思想から法秩序と自明な要求に移行しうるものにすぎない。

にもかかわらず、キリスト教が実際の政治にとって一つの重要な意味をもっているのは、国家が道徳的で自立的な価値をもち、キリスト教が間接的に影響していることである。

トレルチは、宗教と政治のかかわりに関して、「宗教は精神生活の意味と目的にかかわるが、政治はそのための物質的基盤に関わる前提・準備段階である。宗教は政治の粗暴な要求に対し抵抗し、影響を与え、政治を宗教や精神生活に奉仕するものたらしめる」としている［永岡編（一九九八）一六八〜一六九頁］。キリスト教倫理は、国家倫理の強力な背柱である。そして、「キリスト教は最高の意味で人格主義の宗教であること、キリスト教は神への献身と神への志向の獲得を通じて、比類のない個人の価値という人格性に到達することを人間の目標としていること、キリスト教は――人間が過ちと罪との闘いにおいて信頼と献身という純粋な行為を通じてそこへ高められるべき――すべての人格的価値の源泉を神の意思の中に見ている」ことである［トレルチ著作集3（一九八三）八一頁、八二頁］。

つまり、キリスト教の中心にあるのは人格性の理念である。ここに、近代の個人主義とデモクラシーの重要な源泉がある。大切なのは、キリスト教倫理が政治倫理に対してなす貢献である。キリスト教は国家を越えている。まさに、統合ヨーロッパの建設に相応しいものと言わねばならない。キリスト教の政治倫理とは、キリスト教の理想が国家ないし統合機構に影響を及ぼすことである。キリスト教的な確信から見て本当に有益なことは、国家の倫理的な内容を高めることにほかならない。

また、哲学者**R・B・ペリー**（Ralph Barton Perry, 1876〜1957）によれば、信仰はデモクラシーの伝統の本質的構成要素である。彼は、「デモクラシーの企図の真髄は道理と良心という人間生得の能力を強調し、教育と社会改造を通して、その能力が高度の可能性をもつと認める人間性への信仰である」とする［ペリー（一九七一）一九四頁］。またペリーは、「デモクラシーは究極の失敗を容認せず、許し得ない罪を認めず、癒し得ない病を認めない不撓の福音主義をキリスト教から受け継いだ」としている。さらに、「デモクラシーは人間発祥の信仰につらなると否とを問わず、人類の将来に対する信仰をもつ」と説いている。

デモクラシーと平和とは、いわば一卵性双生児とも言えよう。デモクラシーの哲学は、それが生まれた時代における世界主義の一つの顕現であった。デモクラシーは、その基本的道徳の諸主義を人類の全体に押し及ぼすことにより国際性をもつことを意味する。キリスト教は、人の霊が救われるのは国籍によるのではなく、あくまで人の霊たるによるもので真に国際的であるとする。

トレルチは、民主主義的政治思想については同じウェーバー・クライスのウェーバー、イェリネックによる影響を多分に受けており、その主張は概ね以下のごとくである。［トレルチ著作集3（一九八三）七八頁］

「政治的な民主主義は愛と犠牲ではなく、法と安全な秩序を要求し、また主観的で個人的な好意や個人の義務感情という賜物ではなく、生活の基盤として普遍的にしかもまったく明白に役立つ状態と規範を要求する。政治的民主主義がキリスト教の人格性の思想から必要としているのは、その思想から法秩序と自明な要求に移行しうるものにすぎない。近代の民主主義も、このようなキリスト教の好意に対してはただ不信の目をもって応えるのが普通である」

『社会教説（*Die Soziallehren*）』においてトレルチは、「新カルヴィニズム」の社会倫理をトマス・アクィナスによって代表される中世カトリシズムの社会倫理に次ぐキリスト教史上第二の巨大な社会倫理と呼んでいる。それは、「きわめて意義ある強力な仕方での二律背反の調和」であり、「共同体と個人、権威と自由、強制とイニシャティヴ、即時性と感激、貴族主義とデモクラシーの調和」であって、それによりカルヴィニズムは教会の分野だけではなく、キリスト教社会の全領域において一つの自覚的な社会形成に向かったのだと指摘している［近藤（一九九六）一五八頁］。そして、「カルヴィニズムには至るところで個人主義的でデモクラティックな特徴が見られ、しかも法の権威と不可変性との強烈な労作も見られる。ここにおいて保守的デモクラシーが可能」になるとしている。これに対して、「デモクラシーは、ルター派やカトリシズムの領域ではもともと攻撃的・革命的な位置に追いやられている」と言う。すなわち、トレルチはきわめて「保守的デモクラシー」の立場を理想としている。この点、ウェーバーによる「人民投票によるマシーン」を伴った指導者デモクラシーこそが選択さるべきデモクラシーであるとするデモクラシー構想（カエサル主義）とは異なる。トレルチは、「近代世界の自由ならびに人格の確立に対してプロテスタンティズムこそがその宗教的＝形而上学的支え」を提供しているとしている。

キリスト教の思想は、一方では、自由と人格性についての思想部分で民主主義を支持する義務があると信じ、他方では、権威と秩序についての思想部分で保守主義を支持する義務があると信じている。そこで西村も言うように、「キリスト教は全体としても個々の点においても一個のまったく歴史的・個別的な現象であって、キリスト教の現にあるごとき姿はただ古代文化とロマン・ゲルマン民族の地盤の上においてのみ成立可能である。ここにキリスト教とヨーロッパ人とが不可分一体ないわば運命共同体を形づくることが根拠づけられる。キリスト教の絶対性は生命であって思考ではなく、力であって社会秩序ではない」［西村（一九九一）四九頁］としているが、これはまさにトレルチの主張する生命的統一体としてのヨーロッパ文化の主張そのものである。

統合ヨーロッパは単に経済統合のモデルであり、政府機構相互の統合の先駆例であるだけにとどまらない。それは、国家を超えた大きな政治単位における民主主議の実験場としての意味をもっている。そこで村田良平は、「ヨーロッパは政治共同体たり得るか」と問うことは、国家に拘束された民主主義を意味転換する上で根本的な再検討を促すパラダイムとしての役割を負っている［村田編（一九九九）九八頁］としているが、国家を超えた民主主義の定着化のためには、ここに真の政治倫理の浸透の有無があらためて真剣に問われねばならないであろう。

第４節　トレルチのキリスト教的自然法と機能論

世界のほかの地域に先駆けてヨーロッパにおいて法や契約思想の観念ならびに習慣が発達したことが、ヨーロッパ人をして相互の連帯を強固にしている。ヨーロッパにおいて、人間の理性を唯一の法理念とする自然法の歴史は古い。とくに、キリスト教においては自然法は神の意思の表明と解され、神の啓示を基本とするキリスト教とはきわめて関係が深い。統合思想をキリスト教的側面から研究するに際し、自然法を取り上げる理由である。

現在、ヨーロッパのあらゆる国に見られる法認識の豊かなことは、その起源を中世一一、一二世紀のローマ法および教会法の刷新に発していると言われる。科学としての法学の出現や、法原則である理性（reason）、良心（conscience）、伝統（precedents）はこの時期に負っている。［高坂（一九七一）四五頁］。

この間において、とりわけ自然法の占める位置はきわめて重要であった。それは古来、「人為法としての実定法は常に権力者の意思表明である」という意識があり、「人間の良心」および「神の啓示」としての自然法こそ真理を内蔵せるものと解せられていたからであった。このため、とくに中世において教会内部では伝統的に自然法が支持されてきた。

国際法学者**ダントレーヴ**（Alexander Passerin D'Entrèves, 1902～）によれば、自然法理論は幾世紀もの間カトリック教会に採用され、スコラ学者や教会法学者たちによる普通の教説の一部をなしつつ神学に結び付けられていたが、一六世紀には神学から独立の合理主義的な体系として自然法各派の思想家によって解明されることになり、一七世紀以降そのまま存続したと言われる［D'Entrèves, 1951, P.9］(14)。しかし、自然法は神の啓示によるもの、人間の理性および道徳的価値を表明するものと解されて、実定法に先行して実定法を結実せしめ、実定法において実現されるものとされる。この意味において、「自然法とは、人間社会の下絵・社会秩序の原型である」とも言うゆえんである。［フェルドロース（一九七四）六～七頁］。

一方、実定法は人為的につくられたものであり、一般的に強制によって実施されるものである。したがって、法としての権威を維持するには内在的正義を有さねばならない。だから、「自然法こそ最高の意味における法であり、実定法の上に存在し、実定法の基準であり、その良心である」と表現される。

ダントレーヴによれば［D'Entrèves, 1951, P.12, 14, 15］、「自然法の生命力と呼んできたものの研究において、真に注目を要するのは自然法理論そのものよりも自然法の機能であり、**ディルタイ**（Wilhelm Christian Lutwig Dilthey, 1883～1911）が、『自然法のドミナンスを理解するためには、自然法を心理学的に解釈し、自然法を媒介として働いた諸々の力と関係付けなくてはならない』とあるのを指針とすべし」として、トレルチの歴史研究こそ唯一そのものであるとしている。すなわち、トレルチはキリスト教倫理の発展における自然法の働きを描き出すことから始め、自然法がキリスト教にとって外来分子の侵入を意味し、古代世界の遺産がキリスト教の教義に適合せしめられたことを意味した。それは、福音書にはまったく欠けていた社会的・政治的プログラムの基礎を成した。さらにトレルチには、自然法への信念が西洋の政治思想をほかから区別する標識であった。

（一）自然法の由来と意義

伝統的な自然法理論は、キリスト教とともに発展し、近世以降の世俗化の中でも、キリスト教の社会倫理ならびに

（14）［D'Entrèves, 1951. P.9］［ハインリッヒ・ロンメン（一九五六）六三頁］［E・ジルソン（一九七四）五一～五三頁］。

法や国家秩序の原理の一つとして守り続けられてきた。

シュトラウス（Leo Strauss, 1899~1973）によれば、ロックは『新約聖書』は啓示の記録であり、イエスの述べ伝えた法が言葉の正確な意味での法であることが論証されると言う［Strauss, 1971, PP.204~205］[15]。そして、啓示から学んだ理性は、『新約聖書』の中に示された法の完全に理性的な性格を認知できるとされる。そして、キリスト教においては自然法の全体は唯一新約聖書においてのみ得られるとする。

トレルチによれば、自然法、より正確にはすべての法的社会的な規則や制度がそこから生ずる一つの倫理的な自然法則という概念はストア派の所産である［トレルチ著作集7（一九八一）二五〇~二七二頁］。彼らは、世界すべてを司る一つの法則という彼らの一般的な見解からこの概念を導き出し、この世界の法則を精神の自己主張と作用とに個別的に適用する中から倫理的ならびに法的な規則を構成した。その際にストア派は、汎神論的な基盤をだんだん打ち捨て、倫理的自然法則を殆ど有神論的な意味において神の意思の表現と看做した。そこでは、すでにすべての人間を結び付ける、神の意思から流れ出るエートスという、ユダヤ教＝キリスト教的理念の方向に向かう対抗的な動きがあった。

さらに、実定的な法規や慣習に代わって理性の普遍的な法則性から導き出された倫理が登場する。ストア派もキリスト教もともに親和的であった。キリスト者は、神の子の自由および無制限な愛の共同体というキリスト教的理想をストア派の絶対的自然法則と同一視した。衝動的な生活に対するストア的な理性の支配と、平等にして自由な人格的結合というストア派の教説、これはキリスト教の聖別やキリスト教的愛と本質的に同じものであると思われた。そこからキリスト者は、ストア派の相対的自然法則の教説をわが物とすることができ来た。こうして、キリスト教的自然法が成立したとされる。

（二）中世カトリックの教会類型

中世の教会と文化においては、宗教的なものと世俗的なものが大きな生の統一体へと成長し、自然法がはっきりと開花した。その学問的な姿は聖トマスによって作成され、今日に至るまでカトリックの中で復唱され存続している。この教会的文化道徳の本質は、自然から恩寵に至る段階行程にある。「恩寵は自然を前提とし、かつそれを完成する」を合言葉とし、相対的自然法の自然秩序を教会的文化全体の下部構造として発展させてきた。しかし、権力、法、秩序のすべてに反対するきわめて革命的でラディカルな批判原理へと密かな転換を図る。こうして、あらゆるものの原理であるという意識が生じて、カトリシズムとして勢力を不動なものにした。

（三）ルター主義的自然法

トレルチによると、ルター的倫理においては自然から恩寵に至る。すなわち、自然法的生活形態から教会という恩寵の王国に至る社会の段階的な構成を知らない。それは、単なる個人的、質的相違を取り除かれたすべてのキリスト者に対して道徳がまったく同一であり、かつ原理的に平等であることを要求する。俗人を律する自然法則と、キリス

(15)　ロックは「我々は人間として神を我々の上に持っている。そして我々は理性の法のもとにいる。キリスト教徒としての我々は救世主イエスを我々の王に持っている。そして我々は福音の中で彼によって啓示された法のもとにいる。そして理神論者としてもキリスト者としてもキリスト者はすべて自然の法と啓示された法の両者を学ぶ責務を課せられている」として、自然法の存在を肯定し、それが新約聖書の中に明示されているとする。［L.Strauss, 1971, P 203］

ト者を律する法則とを並置できない。ルターは、これを職業倫理の教説によって達成する。こうして、ルター主義の相対的自然法は極端に保守的である。また、この自然法は支配権力の極端な神聖化を求める。権力讃美の徹底した保守的・家父長制的な自然法、そして、この独自的、宗教的な心情の政治的社会的な事柄に対する心奥からの無関心――それは、今日の状況下では、ルター派的教会制度の政治的、社会的無気力として現れてくるとしている。

(四) カルヴィニズム的自然法

一方、カルヴィニズムにおいては、初めから自然法的要請とキリスト教的要請とが緊密に合致することを信じており、自然法をよりキリスト教的理念に、またキリスト教的な要請を自然法的な要請に接近させることを強いられた。それは、現実の教会制を構築するには厳格なキリスト教的諸理想を希薄化することが必要で、こうして両者が接近を見た。『旧約聖書』と『新約聖書』におけるそれぞれの道徳の同等視がその表現であった。

カルヴァンはキリスト教的社会を樹立しようとしていたので、自然法にはより直接的で積極的な関係が与えられねばならなかった。そこから彼は、自然法がもつ合理的・批判的、かつ積極的・建設的な価値を非常に強調し、理性に反して、かつ神をないがしろにする公権力に反抗する権利をも導き出した。

こうしてカルヴィニズムは、フランス、オランダ、英国そして米国における大革命において、民主主義、人民主義というラディカルな自然法をつくり出すまでに至った。今日、カルヴィニストはいわゆる自由主義的な要求をもった党派的人間であり、公的生活の改革者であると言われる。

（五）「キリスト教的自然法」と「近代的・世俗的自然法」

一八世紀の古典的な近代的自然法は、教会や宗教の公準から独立した近代的な社会学的把握に端を発するもので、近代的な諸制度の上部構造の深奥まで浸透し、世俗領域と教会領域における超自然的な神の恩寵施設とその拘束に代わって諸個人の結合を新たに建設するという理念であった。ここにおいて人は、個人に対して共同態が有する諸目的の合理的な考慮に従い、根本思想から法理論を展開しようとした。こうして、古典的な自然法を教会の自然法に結び付け、近代のラディカルな社会改革の盛り上がりを古代のヘレニズム的＝キリスト教的な理念の変容と固く結ぶ強い連続性が理解される。これは、現世の合目的的な性格、善なるものと理性的なものの勝利に対する強い宗教的な信仰に基づいている。この信仰は、それ自体がキリスト教的＝ユダヤ的＝ストア的な有神論の後裔であり、変容であることを示す。啓蒙主義の文化とキリスト教的＝教会的文化との連続性はきわめて大きいことが理解される。

近代の世俗的自然法は、キリスト教的およびストア的社会理想に似て一つの理想、理念法則である。近代の自然法的理想は古い封建的な諸拘束の崩壊と自由な生活諸力の解放とともに高揚したが、また急速に社会の自然的な面における性格との対立をあらわにした。

まとめ

ＥＵ統合の目的は、ローマ条約からマーストリヒト条約まで一貫して「欧州諸国民連合」（Union of peoples of Europe）にあり、「欧州諸国家連合」（Union of Nations of Europe）ではなかったと言われる。二一世紀のＥＵの成否は、機構改革もさることながら、一般市民レベルでの意識改革を生み出せるか否かにかかっている。しかし、現実に見るヨーロッパではいまだにヨーロピアン・アイデンティティを国民アイデンティティよりも強く抱く人の数は少ない［村田編（一九九九）九八頁］[16]。このため、アイデンティティ形成のために欧州単位の政治政党の育成や欧州議会改革等によるEU民主制の強化が切望される。

トレルチは、キリスト教を歴史的な存在としてその歴史的・社会学的な諸形態において把握し、その歴史的な認識と結合しながらキリスト教を現代に再び活性化させ、その将来的な形態を形成しようとする課題に取り組んだ。ここにこそ、現在、トレルチを改めて考察する意義があると思うのである。トレルチが再三主張しているように、「宗教が歴史化せざるを得ないのは、宗教は歴史的発展の中では完全な人間的諸力によって示されるものであるし、それによって宗教が歴史的発展の具体的関連へと巻き込まれるからである。キリスト教原理は歴史的発展という大きな政治的・文化的出来事の流れの中で体験される、キリスト教自体は不変の侭ではなく、発展しなければならないことになる」からである［竹本（一九八九）五三～五五頁］。

しかし、キリスト教が現実の経済・社会環境の変化を直視せず、いつまでも迂遠な理念の追求のみに踏みとどまっているならば、それは現実からの逃避であり、やがて時間とともに大衆からの離反は免れない。ここにこそ、トレルチの主張の現代的価値が存在するのである。すなわち、宗教も歴史的存在として社会的環境変化の影響の埒外にとどまることを得ず、現実への対応を迫られるのである。

トレルチは、以上のようにいかなる政治の現実主義も政治倫理を排除したり、不必要なものとしたりすることはできないと主張する傍らで、なおもキリスト教は愛の業によって個人道徳を築く目的としては存在するも、政治的原理としては存在し得ないと言う。しかし、その意義は、間接的ながら個人道徳の涵養、すなわち人格主義を通じて国家生活に影響を及ぼす。したがって、キリスト教の理念から直接的に、しかも本質的に演繹された政治倫理は存在しないという事実は変わらず、このような政治倫理はこれまでも決して存在しなかったとしている。政治倫理をキリスト教の中心概念から規定することはまったく不可能な企てなのである。福音に一つの積極的な政治倫理となる可能性を与えるのは、愛という中心概念ではなくて、自然の秩序への服従と人格性という二つの随伴思想である。他方、トレルチは、われわれはキリスト教理念によって国家に影響を及ぼすことが政治倫理の総てであると期待してはならない。大切なのはキリスト教的な政治倫理ではなく、キリスト教倫理が政治倫理に対してなす貢献であるとしている［トレルチ著作集７（一九八一）九五頁］。

キリスト教倫理は国家を超えており、したがって国家は最高の価値物ではないと認識される。キリスト教倫理から国家に向かって道徳的な思想が流れ込んでいくのであり、国家はこの思想によって純粋に政治的な道徳性を補足して深めることができる。キリスト教の政治倫理とは、キリスト教の理想が国家に影響を及ぼすことであるという。

政治と倫理・宗教はすでに古代ギリシア時代から対立し、これまでにもこれに対する解決策が試みられたが、近代に入っての最初のものがマキアヴェリの君主論であったとは以上に見た通りである。マキアヴェリは思い切って政治を宗教的な道徳から解放し、一切の理想主義、普遍宗教に見切りをつけ、完全な自然主義に身を委ねることに解決方法を見いだそうとしたものであった。

これを一つの解決方法とすれば、もう一方の解決方法は宗教的で精神主義的なもので神の国はこの世ではただ忍苦し待望するほかはないとするもので、アウグスティヌスの『神の国』やトマス・モアの『ユートピア』[17]のごとく、きわめて真剣に宗教的倫理的思想へ恭順を誓うものであった。これに対してトレルチは、第三の解決方法として統一的世界国家をつくる方法、および国際連盟の方法をすでに掲げていた。

（16）ヨーロピアン・アイデンティティを国民アイデンティティより強く抱く人の合計は構成国平均で一七％。

最終的には、ウェーバーの言うごとく「政治と倫理とを峻別する」とともにトレルチの主張のように「政治と倫理とが妥協する」ことをともに認めるべきであろう。マキアヴェリズムでも、クラートス（力）とエートス（倫理）とが一緒になって国家を建設し、歴史を形成するというのが望ましいとされている［西村（一九九一）一三頁］。

以上に述べた現在の経済通貨統合に至るまでのヨーロッパ統合思想の歴史と、今後平和的政治統合を目指して二一世紀へ飛翔する統合の将来を展望すれば、現在等閑視されがちな政治倫理を統合に呼び戻すことが不可欠であると思われ、それにはキリスト教が育んだ宗教的倫理をしっかりと見つめ直すことが重要である。

---

(17)［トマス・モア（一九五七）、川端香男里（一九九三）一〇一～一〇六頁］。一六世紀イタリア・ルネサンスおよび英国チューダー王朝を背景に登場したマキアヴェリとトマス・モアというともに古典の素養深く、かつ愛国者であった二人が自国の政情を嘆くあまりに、この社会の病いがどこにあるかを分析し、いかなる方策を採るべきかという考察の結果出てきた全く正反対の方向を目指す政治改革論。「理想郷」をめざすここまでの心理過程はおそらく相似たものであるにもかかわらず、一方は政治的現実主義に向かい、他方はユートピアの建設に向かう。二人共々現状に対して悲観的であるにしても、トマス・モアは人間の善性への信念が篤く、ユートピアが当座の用としては役立たないことを認めていても、未来に期待を寄せることができるということを疑ってはいなかった。マキアヴェリにとっては「悪」「混沌《カオス》」「不安定」というものはいわば宇宙の原理なのであって人間はその憐れむべき救いがたい犠牲に他ならぬのである。

第3部 キリスト教と世俗化

第7章

現代世俗化社会とキリスト教政治倫理

自然は全く人間のために存在するが、しかし人間は神のために存在する。神は人間のなかで自己を賛美する。すなわち人間は神の誇りである。

出典：フォイエルバッハ『キリスト教の本質』

現代文明社会にあっては、都市化や工業化がますます加速化してとどまるところを知らない。そこでは、人間は理性と感性をもってすべての事象を判断すれば、あたかも人間が理解し得ないものは存在しないか、あるいは存在してはならないかのごとくでもある。ヘレニズムの伝統と相携えてヨーロッパ文化の形成に重きをなしたキリスト教はいまやヨーロッパ人の生活の一隅を成すにすぎず、人間の価値判断に参加せず、辛くも形骸のみをとどめる。

過日、フランス・オランダの国民投票による相次ぐ否決によっていつ発効となるかその目途さえ立たなくなった欧州憲法条約においても、このことが実証されようとしている。基本法としての立法の精神や理念への言及が十分とは言えず、推進を急ぐ関係者の主張に見るような意思決定の簡素化や加盟国間の相互理解や交流の一層の促進に有用であるなどの謳い文句のみが際立ち、EU市民に対する十分の説得力を有するには至らなかった。それは、ヨーロッパの歴史に深く刻み込まれたEU市民の幾星霜の歴史の軌跡をことごとく削ぎ落とし、ヨーロッパにおいてその精神的基盤をなすキリスト教や神を統合の理念として掲げぬ結果、提案された欧州憲法条約は概ね無機質化した手続き条項の羅列に終始したからで、このままではEU市民に今後支持を得られるか疑問である。今後の批准へ向けての作業は、小休止で済むか、あるいは当分の間凍結となるか予断を許さない。

そこで本章では、歴史上ヨーロッパの地で多大な影響を及ぼしたキリスト教が同地ではもはや憲法条約にも取り上げられないほどの状況を世俗化と政教分離とについて検証し、さらにキリスト教が育んだ政治倫理について考察、もって憲法条約との関連を論じたい。

第1節　現代ヨーロッパと世俗化現象

長期にわたってヨーロッパ精神の基盤をなしたキリスト教がヨーロッパ社会から次第にその地位を失い、影を潜めてからすでに久しい。それは、直接的にはルターに始まる宗教改革が契機となって世俗化が進行し、キリスト教の内部から聖書やキリスト教それ自身への懐疑が大きく膨らんだことに起因する。一方、カルヴァンの説に端を発する労働倫理を基礎にした近代資本主義の発達は、熾烈な競争の連鎖をもたらし、むしろ非キリスト教的ヨーロッパ文化を現出した。この現象は、いわばキリスト教の外部から非キリスト教化を加速化させたものである。今般の欧州憲法条約にキリスト教はおろか神の記載さえなく、いわんや政治倫理に関する記載まで回避されたことはフランスが強く求めた政教分離、とりわけ同国歴史に特有のライシテ（Laïcité）に起因していた。

本章では、まずヨーロッパ統合に通底するキリスト教がほとんど顧みられない現状を見据え、その理由が世界のどの地域にも増して、このキリスト教の祖国ヨーロッパにおいて世俗化がもっとも浸透していることにあることの検証から始める。

世俗化は現代社会においては半ば常識であるかのように受け止められていて、現代人にとっては、もはや世俗化現象には何ら疑問を差し挟む余地はないかのごとくである。しかし、世俗化という言葉には歴史の変遷を示す数々の意味が込められていて、世俗化が西洋社会にもたらした影響は測り知れない。

元来、世俗化はキリスト教西洋社会に特有の現象である。キリスト教世界においては、神のもとに現世と来世とが一元的に統一されているとされるが、東洋において、とくに仏教では世俗化という発想は元来存在していない。それは、仏教にとってはこの世において何らかの形をもったものはすべて世俗であると考えられているからである。たとえば、**R・N・ベラー**（Robert Neely Bellah, 1927～）は、この間の事情を徳川時代における宗教行為を取り上げて、「それは第一に世俗における自己の義務の履行という形式をとっていた」と指摘している［ベラー（一九九六）一六〇～一六九頁］。すなわち、儀礼、祈祷、瞑想などすべての宗教的な行為は、第一次的な倫理的義務に対して第二次的な地位を占めていた。それらはすべて、社会的・政治的上位者に対する義務として履行された。それらが「忠」や「孝」としていわゆる世俗主義が実践されていたので、新たな現象として世俗化が起きる余地はなかったとしている。

一方、キリスト教社会では、世俗化は「聖なる宗教の世界からの人間回復の過程を示すもの」として起こり、かつては人間の自己解放の不断の過程と賛美された［宮田（一九七五）五頁］。それは、人間復興を唱えるルネサンス時代にまさに格好の手段となったのである。あるいは、世俗化がルネサンスをもたらしたというべきであろう。しかし、反面宗教の側に立てば、それは皮相にも、中世を通してカトリックを主体とした宗教が、社会の諸制度と人間の意識に対して有していた支配力を失う過程でもあったのである［金子（二〇〇一）一八頁］。

概して中世西洋世界はキリスト教が支配したので、必然的にそれは「西洋の没落」の過程をもたらし、やがて「中心の喪失」、「実体の消滅」、「価値のアナーキー」、「言語の意味喪失」などに帰着し、やがてヨーロッパ史における長い合理化過程の最終的局面を顕わすに至った。今までこうした世俗化過程は多岐にわたって解釈が行われており、ここでは、原因ごとに以下の四つに大別する。

（一）人間の理性的自律説

バーガー（Peter L.Berger, 1929～）は、「『宗教が宇宙をある神聖な秩序として認識する人間の態度』とするのに対して、近代においては、人間が理性的な自律に基づいて伝統的な宗教から自己を解放することによって生きる意味を発見しようとした思想をもつようになり、これこそがヨーロッパにおける世俗化の最大の原因となった」［バーガー（一九八七）五九頁］としている。ここに至り、結果として世俗化によって人間は宗教的な霊性よりも近代的な「理性」に重点を置くこととなったと解する。

（二）不信仰・信仰の生命の枯渇説

ゴーガルテン（Friedrich Gogarten, 1887～1967）では、「世俗化とは元来神聖なものが世俗のために用いられ、宗教が外形的には宗教的構造を保ちながらも非宗教的な目的に用いられている現象」であるので、世俗化はいわば『キリスト教信仰の合法的結果』［金子（二〇〇一）三〇頁］なのであると言う。彼は、「世俗化はこの意味では信仰的に正当なものであり、問題はこうした世俗化がいつしか俗物根性に染まって『世俗主義』に転落してしまったことにある」と主張し、世俗化はすなわち神の世俗化・神の除去に通じ、それはさらに近代人が信仰から自由になろうとする現象を指すと指摘している［宮田（一九七五）九一頁］。

さらにゴーガルテンは、「古代において神々の支配する世界に人間が取り囲まれていた間はいかなる世俗化の可能性もなかったが、キリスト教が世界を神の被造物とし、人間に世界からの自由を与え、また世界に対する責任を与えて以来、世界は単に世界に過ぎなくなった。これが真の意味での世俗化である」としている［キリスト教大事典（一九七九）六四五頁］。

世俗化こそキリスト教の本質であるとする現代の神学者にあっては世俗化の解釈も一段と先鋭化し、たとえばK・バルトでは、「宗教は不信仰に基づく人間の所産であり、宗教の止揚においてこそ信仰は成立する」と言い、さらに**ボンヘッファー**（Dietrich Bonhöffer, 1906～1945）は、「これまで世界は宗教という守り役を必要としたが、現代の世界は成人し、人間の要求に合わせて作り上げられた神を礼拝するに過ぎない宗教という守り神から自由になること、つまり脱宗教化ないし世俗化することがキリスト教信仰の急務である」［キリスト教大事典（一九七九）六四五頁］と説く。

現実に、こうした意味での世俗化現象は近代の歴史を創造する積極的な推進力であった。これを金子は、「信仰の生命が枯渇し死滅するとき世俗化現象はその頂点に達し、そこでは世俗化はもはや『世俗主義』へと転じる。すなわち『肯定的』世俗化が、『否定的』世俗主義に転落する」として、ここにこそ世俗化の両義性と弁証法的意義とがあると付言する［金子（二〇〇一）三八頁］。

（三）利益社会の発達説

テンニース（Ferdinand Tönnies, 1855〜1936）は、「世俗化は、利益社会の段階に入って、制度宗教の公共的妥当性が次第に失われていくことが確認される過程である」と指摘しており、人間解放の動きとは裏腹に、次第に宗教自体の存在意義が薄れていく過程でもあった［宮田（一九七五）七頁］。

宮田光男（一九二五〜）も、「それはすなわち自己自身を超えて絶対化しようとする現世的態度であり、そこではかつて神的ないし自然的所与のものとして妥当してきた旧い秩序に代わって、新しく成立した世俗社会そのものが絶対的価値にまで高められる。現世における行動原理や、生活目標が、究極的なものとして神聖化され、イデオロギーに転化する。この政治的・社会的秩序のイデオロギーこそ常に世俗主義の本質的徴表をなすものである」［宮田・前掲書・九一頁］とする。すなわち、俗物性の参入により、それまでの世俗化は世俗主義に転ずることにより霊性を失い、信仰の生命を消滅させる傍ら近代化へのイデオロギーとなり、エネルギーへと転じていったとされるのである。

近代の世俗化をもっとも加速化したのはマックス・ウェーバー『プロテスタンティズムの倫理と資本主義の精神』である。すなわち、ウェーバーによる近代的な職業観と資本主義の精神はたしかに近代資本主義の発展をもたらしたが、その傍らでは以下のような世俗化をもたらした［金子（二〇〇一）九〇～九七頁］。

①**禁欲による合理化と高の蓄積**――神への信仰により富が増すようになり、信仰の「腐食現象」といわれている世俗化が必然的に起きる。

②**ピューリタニズムの人生観と資本主義**――信仰の世俗化が生じたのは、信仰の内面性を強調したルター派が支配的であった地域ではなく、行動的なカルヴァン派が浸透していったとくにピューリタニズムの人生観が行き渡った地域においてであった。できる限り利得するとともに、できる限り節約するものは、できる限り他に与えねばならない、というのを信条とする。

③**世俗化と世俗主義化した「末人（Letzte Menschen）」の運命**――ウェーバーは、「文化発展の最後に現れる『末人』にとって精神のない専門人、心情のない享楽人、この無のものは人間性のかつて達したことのない段階に登り詰めたと自惚れるだろう」という言葉が真理となるであろうと警告している［ウェーバー（一九八九）三六四～三六六頁］。

ほかに、**ルックマン**（Thomas Luckmann, 1927～）は世俗化を宗教社会学の立場から、社会と個人の弁証法的プロセスと捉えて、「一方において社会の組織化が進行し、他方ではラディカルな個人化が深まった結果、世俗化は社会秩序との関係に生じた根本的変化であり、キリスト教の伝統的形態の衰退に現れてくる現象である」と解釈した。

同様にボンヘッファーは、「世俗化は人間が自分の関心をあの世からこの世・この時代へと転じるときに起きるもので人間が成人になることを意味する」と説いている。

（四）宗教の純化・再生の過程説

Ｒ・Ｎ・ベラーは、「世俗化は必ずしも宗教の衰退を意味するのではなく、むしろ宗教が他の社会的制度から分化して一層純化していくプロセスである」［中野（一九九八）二三一頁、ベラー（一九七三）三七〇～三七二頁］と唱え、**シュープ**（Anson Shupe・米国社会学者）、**ハデン**（Jeffrey K.Hadden・米国社会学者）のように、「神聖なるものを社会から排除するプロセスは、むしろ宗教が結局は再生し、再活性化する種子を孕《はら》んでいる［中野（一九九八）二三一頁、Shupe, Hadden, 1988, PP.vii～xix］」として「世俗化循環論」を説く。

宗教の一層の発展を期する立場からはこうした世俗化歓迎とも受け取れる積極的な解釈も成立しようが、現実社会が世俗化を梃子として一層の宗教からの離脱現象を深めている状況からは、彼らの解釈を手放しでは取り入れ難い。

以上から、カトリック専横の中世においては宗教は教会の専任事項であり、教会中心に諸物が決せられていたのに対して、それを人間の手に戻そうとして反旗を翻したルターを主峰とするプロテスタンティズムが世俗化の口火を切ったということである。彼の際立つ活躍がヨーロッパ各地へと拡大し、多数の支持者を得てやがて宗教改革の成功をもたらすに至った。

ルターはこうして世俗化に先鞭をつけ、まさにその先駆者ではあったが、実際の宗教改革の世俗化過程は、フランス出身ではあるがスイスを拠点としたカルヴァンを中心とするカルヴィニズムによってむしろ推進されたと言われ、彼によって一層合理化されて体系的となり、ダイナミズムが付与された。そして、やがてカルヴィニズムはウェーバーを中心に近代資本主義の理論的基盤を構成するに至り、現在に見る近代文化の無限ともいえる繁栄をもたらしたのである。一方、キリスト教にとっては世俗化によるこの近代文化の無限の繁栄とは裏腹に、己の貧困化を招来するという皮相な結果を招いた［宮田（一九七五）四六頁］。

以上、いずれも世俗化の各局面をそれぞれに表現しているが、問題は世俗化によって人間が現実の理性や感性への傾斜を深め、霊性への関心からますます遠ざかることで人間性の危機を招いてしまったことにある。

第２節　政教分離とライシテ

古来、国家と宗教とはきわめて深い関係にある。ルソーによれば、「宗教が国家の基礎としての役割を果たさなければ、国家は成立しなかった」［ルソー（一九五四）一八四頁］と言われるほどで、**デュルケム**（Émile Durkheim, 1858～1917）もその著『宗教生活の原初形態』で［デュルケム（一九四一・上）三六八～三七〇頁］、さらにはブルクハルトもほぼ同様のことを述べている［ブルクハルト（一九八一）一一一頁］。

このため、国を治める政治と宗教においても類似点が多い。すなわち、政治と宗教とはいずれも一定の人間集団の統合を志向し、そこに秩序を形成し、その秩序を不断に維持・発展させようとする性向をもっている［中野（一九九八）三七頁］。宗教は集団の生命力の顕現である点も政治と酷似する［デュルケム（一九四一・上）七頁］。

また、いずれも平和主義を唱える傍ら、暴力主義的であるという点も共通している。平和を達成するためには、時に暴力にまで訴えて敵対者を排撃するという二重の性格を備えているとするものである。こうして、暴力を媒介として宗教と政治は結合した［中野（一九九八）四八頁］[1]。

宗教、わけてもキリスト教は、平和の宗教として旧約時代にはシャローム（Shalom）のもとに平和を契約によって勝ち取っていくものとし、新約においても平和の子として神から送られたキリストのもとにエイレーネ（eirene）

を口ずさみながらこの世に平和を求めた。しかし、さまざまな宗教において、その勢力維持・拡大のために各種の暴力を働いてきたことは歴史上実証されているところである。これら宗教的な暴力は、正戦・聖戦としての暴力や統合・排除としての暴力などが代表的であるが、そのほかにも多種多様に存在する。

宗教と政治に関する分析においてラパポート（David C. Rappoport）は、宗教的な敵性が暴力に結びつく理由として、宗教的な暴力はその属性上政治に結び付きやすく、その結果、宗教的な暴力と政治的な暴力とが見分け難く結合し、宗教・政治的暴力としてのみ捉えられることが妥当であるような場合が少なくないとする［中野（一九九八）八〇頁、ラパポート（一九九二）一一九～一二〇頁］。

キリスト教では「マタイ伝」、「ローマ書」にあるごとく(2)、イエスとその使徒たちは戦争を否定し、敵に対する無抵抗「愛の律法」を説いている。しかし、西暦三一三年にローマ皇帝コンスタンティヌスによってキリスト教がローマ帝国の国教として公認されるに至ると、キリスト教的な平和・戦争観は大きく変化した。すなわち、このときを期して「兵役の義務」が発生し、アウグスティヌスは「正戦」を公認、またトマス・アクィナスは「正義の戦争」を認めた。かくして、ヨーロッパがキリスト教化され封建化されてから以降、むしろ平和はごく稀な現象となった［中野（一九九八）九〇頁］。

また、過去において宗教が国家の団結や国民の結束の手段に供せられたことが多かったために、一六世紀には宗教とはナショナリズムを表す言葉であったとされるのもあながち理由なきことではない。それは、宗教にとってもナショナリズムという大義に密着するのでなければ生き残れなかったからであると言われ、その例としては、前出のローマ皇帝によるキリスト教の国教としての公認のケースがあり、下ってはカルヴィニズムの例など多数の事例が挙げられる。宗教改革それ自身が基本的には国家の庇護のもとで政治的支援を得て成功したとも言われるし、フランス革命時の教会は大衆に非合法的組織として認識され、教会のない宗教が希求されたと伝えられる［坂本（二〇〇四）九三、九四頁]。

こうして政治と宗教とは古来不可分の関係にあるが、なかでも両者が調和の取れた状態にあることが重要であるとされた。政治が宗教を軽んじて、たとえばエラスティアニズム（Erastianism）[3] [Thomson, PP.317～318] の思想に謳われたように「宗教は国家に従属すべし」とした場合には、国家は政治倫理を軽視し、極端な場合、権力国家や専制政治に走ってしまう。政治倫理は宗教に胚胎するから、宗教を軽視した場合、政治倫理は廃れ、いたずらにパワーポリティックスが横暴をきたすことになりがちである。こうして、いかに洗練された強大な国民国家といえども、宗教を単に信仰世界に完全に封鎖し得ないことを暗示しているとともに、世俗的な政治次元においても、宗教の強靭さと社会的意義とが改めて表現されている。

逆に、宗教が政治に優位な場合、政治は民主主義に基づいた健全な推進力を失い、嵩じれば腐敗の道を辿りかねない。歴史上、この種の事例は枚挙に暇もなきほどで、カトリックと政府との癒着がもたらした政治の腐敗を糾すべく、フランス革命を機にフランスにライシテ（Laïcité）[坂本（二〇〇四）二二七頁、小泉（一九九八）六二頁] が誕生

（1）ちなみに、キリスト教を象徴する聖なる空間としての寺院（Temple）はラテン語の「時」を表し、同時に「区別された広がり」の意を共有するテンプス（Tempus）を語源としている。両者は、一定の区別された空間の中で時間を共有する。

（2）マタイ伝五章三八～四八山上の垂訓の一部「復讐の禁止」、「敵を愛すべし」ローマ書一二章九、キリスト教的生活規範「愛に偽りの無きこと」

（3）**Erastus and Erastianism**——宗教は国家に従属すべしとする思想。国家による教会の支配を意味するもの。**Erastus**（本名 **Thomas Lieber**, 1524～1583・スイス・バーデン生まれの法廷医・神学者、ツヴィングリ支持者）が唱えたと言われる。一七世紀英国・ドイツで支持を受けた。英国長老派は拒否したが国教会は支持した。**Erastus** の真の意図は、教会に対し国家から独立した強権を付与することを阻むことにあった。そして、教会が社会で完璧な社会を形成するという福音主義教会の考えを阻止することにあった。したがって、宗教の国家への従属論は誤用との説が有力である。

するに至ったゆえんである。かくして、宗教と政治とは多面的に類似点を保有するものの、すでにここにおいては宗教の世俗化のために宗教はその本質を逸脱し、自ら衰退をも招く結果となった。

政教分離は本来一神教のヨーロッパ精神文化圏で誕生したものであり、キリスト教の歴史と一体をなすと言ってもよいほどに深い関係にある。すなわち、政教分離はキリスト教の原則である「神に属するものとシーザーに属するものとの区別」（ルカ伝第二〇章二五節、マタイ第二二章二一節）に由来し、さらには「わが国はこの世のものならず」（ヨハネ第一八章三六節）に示されるように、キリスト教思想の典型的なものである。このため、ヨーロッパ各国においてはこの関係について憲法上に明記しているものが多い［坂本（二〇〇四）二三四頁］。

宗教が単なる個々人の信仰から社会的な実践を目指して発展するにつれて、自ずと集団化し組織化が行われる。こうして組織化された集団は、社会的ないし政治的に一定の組織力や行動力を具備するに至り、それがやがて集団同士、あるいは集団と社会、さらには国家との間にある種の力学的関係をもたらす。

中野実（一九四三〜）によれば、近代における政教分離は基本的に建前であるものが多く、現実には政治過程に宗教の影響が極めて大であるという［中野（一九九八）一八二〜一八三頁］。ちなみに、世界の政教分離国家の数は一九〇〇年頃では七八か国／二二三か国（当時の世界の国家総数）（残り一四五か国は国教を定めていた）であったが、一九八〇年代になると九二か国／二二三か国（ほかに一〇一か国は国教を定め、三〇か国は無神論国家）に増加した［世界キリスト教百科事典（一九八六）一五〜一六頁］。

ヨーロッパ（EU）内においても政教分離を明示している国としては一四一か国／二五か国があり、憲法上に何らかの形で国家が宗教に直接に関与しないことを謳っている［坂本（二〇〇四）二三六頁］。

また、政教分離の型も下記のように国により多岐にわたっている［中野（一九九八）一八三〜一九五頁］。

①**イタリア型**――政教妥協的政教関係　バチカンとイタリア政府間の政教分離。国家の世俗権力が宗教・教会を管

理・統制。(ラテラノ条約、政教条約［コンコルダート］により締結)
②**フランス型**――非友好的政教関係　政治が宗教を管理(一九〇五年の政教分離法により締結)
③**アメリカ型**――政教親和的　創造主が与えた国、信教の自由、政教分離。
④**ドイツ型**――政教友好的　政教協調。他のヨーロッパ諸国に比べて、政治と宗教の友好的関係の程度は高い。(教会税を徴収)
⑤**日本型**――擬似完全分離指向　政教絶対分離。アメリカよりは遙かに厳格であるが、フランスのように宗教と対立的でもない。宗教の故郷喪失現象。

租税制度と宗教に関して、政教分離の矛盾した側面を衝く指摘もある。すなわち、政教分離原則が定着した近代以降宗教団体に対する公権力による税制優遇措置は、政教分離原則の意味を曖昧にしたという。現に、憲法上宗教団体に対する免税を規定している国はフィリピン、ブラジル、パキスタンのみであり、法律上規定している国としてはアメリカがあるのみである。さらに、法律上税の優遇と国庫補助を行っている国は、インドネシア、ベルギー、日本のみとしている［中野(一九九八)一九六頁］。

また、「政教分離原則」の特徴としては以下のものがある。
①　宗教・宗教勢力の有する政治的影響力を排除すること。
②　宗教的寛容・信教の自由を世俗の公権力が制度的に保障すること。宗教を個人の信仰の世界に閉じ込める。
③　①②の代償として、宗教団体に税の優遇措置や団体運営への公的補助という特権を付与すること。
④　①②③の条件が満たされるかぎりで、一定の法的・政治的ルールの範囲内での宗教活動や、政治的活動を許容していること。

現実には、政教分離原則は多くの場合、「信教の自由」を保障するための原則的制度であるという点に第一義的な意味があり、「分離」それ自体は二義的な意味しかない場合が多いと言われる。このことは、政教分離という近代政治原則それ自体は、その後デモクラシーへと収斂していく近代政治システムを発展させる絶対条件では必ずしもないことを示唆している［中野（一九九八）二四三頁］。したがって、欧州憲法条約においても、キリスト教や神に対する記載を回避することで政教分離が実質的に保障されるものではないことを物語っている。

また、上述の通り、キリスト教信仰は常に政治的であると同時に非政治的でもある。したがって、政教分離の原則の存在をもってしても、なおキリスト教倫理の政治へのかかわりと責任は免除されるものではなく、この点はヨーロッパ統合においてとくに強調される。

第３節　キリスト教政治倫理とヨーロッパ統合

ヨーロッパの政治史上要求されるキリスト教的政治倫理とは何か。そもそも、キリスト教倫理そのものの解釈だけで無数にあり、これを定義すること自体が至難である。そこで、いくつかの代表的な解釈を以下に掲げることから始める。

キルケゴールは、倫理を一般倫理（第一の倫理学〈罪と無祝〉と神と世界の間に立つ人間をキリスト教倫理（第二の倫理学〈原罪を前提〉とに区分し、「キリスト教倫理とは、神の前に、キリストとともに、世に立つ人間の行動様式の考察」であるとした［金子（一九八七）九頁］。金子はこの説に倣い、「キリスト教倫理とは、神の前に、キリストとともに立つ人間の行動の仕方についての考察である」とする。（コロサイ人への手紙第三章三節「汝は死にたる者にして其の生命はキリストとともに神の中に隠れあればなり」による）。また、**ブルンナー**（Emil Brunner, 1889～1966）では、「キリスト教倫理とは、神の行動によって規定された人間の行動についての学問である」としているし、さらにボンヘッファーでは、「キリスト教倫理の問題は、キリストにおける神の啓示の現実性がその被造物の中に現実化されることである」としている［金子・前掲書・九頁］。

そもそも、神と人間との契約は以下の五つに代表され、これを遵守することが第一のキリスト教倫理であるとされた。すなわち、ヤハウェイと、①アダムとの契約、②アブラハムとの契約、③ノアとの契約、および④旧約における神とモーゼのシナイ山における契約、ならびに⑤新約におけるキリスト・イエスによる新しい契約（山上の垂訓）、の五つである。

キリスト教倫理は、まず神と世界との正しい関係という間柄を確立し、そこから倫理について語るということになる。さらに**金子晴勇**（一九三二～）は、文字にはなっていないが、人の心に生まれながらに記されている戒めとして自然法を掲げている。

しかし、キリスト教倫理に関してのこのように無数にある解釈の中で中心とすべきは、「イエス・キリストに対する信仰に基づいて、キリストの与える自由と愛に生きること」という解釈であろう。それはいわゆるキリスト教的な特殊な生活の枠や生活様式、あるいは戒律の中に当てはめて、そこに己を硬《かた》く封じ込めてしまおうとするものではないと解するのが相応しいと思われる。さもなければ、それは生命もなく創造性もない、あるいは喜びのないものに陥ってしまうと思われるからである。要するに、キリスト教的な倫理の基本はあくまで福音であり、唯一律法主義によって頑なに一定の枠内に己を封じ込めることではないのである。

それでは、キリスト教の政治倫理とは何か。トレルチは政治倫理に関して四項目を掲げるが（要約）［トレルチ（一九八三）五六～七六頁］、この詳細についてはすでに第六章第二節にて論じているところであるので、項目のみを掲げることにする。

❶ 自由な文化に奉仕する法治国家の倫理
❷ 愛国心という純粋に国家主義的な倫理
❸ 民主主義の倫理
❹ 保守主義の倫理

トレルチは、第二の愛国心の倫理を除き、ほかはすべてキリスト教倫理と密接な関連を有するとしているが、❶についてはこの思想自体は政治倫理を生み出さないとしている。文化にのみ奉仕する法治国家の倫理学は、それが精神的な財が国家の強制力から自由であること、そして国家の意義をこの文化価値に奉仕することに限定することを要求するかぎりで、国家からの教会の自由と良心の自由という要求と歴史的に密接に関連している。しかし、その場合、国家それ自体は宗教的・道徳的生命一般の前提の保障として考えられている。結論としてトレルチは、現実にはキリスト教の理念から直接的に、しかも本質的に演繹された政治倫理は存在しないと結んでいる［トレルチ（一九八三）七六～八〇頁］。

なお彼は、キリスト教（政治）倫理について、それは「国家における人間の生活目標を明らかにすることのない国家倫理の強力な背柱であり、また宗教的な倫理はもっとも根本的なところで非国家的で国際的である」としている。しかし、「キリスト教（政治）倫理がもたらしたものの帰結は、現実には民主主義と保守主義とに現れている」と付言している。

トレルチによれば、政治と倫理とは古代ギリシア時代から常に対立し、いかなる政治の現実主義も政治倫理を排除したり、不必要なものにしたりすることはできないと主張する傍らで、キリスト教は愛の業によって個人道徳を築く目的としては存在するも、政治的原理としては存在し得ないと言う。むしろその意義は、間接的ながら個人道徳の涵養、すなわち人格主義を通じて国家生活に影響を及ぼすとしている。

「キリスト教の理念からは直接的に、あるいは、本質的に演繹された政治倫理は存在しない」〔トレルチ・前掲書・七六頁〕というのが趣旨で、政治倫理をキリスト教の中心概念から規定することは不可能だとするのである。したがって、「福音に一つの積極的な政治倫理となる可能性を与えるのは愛というキリスト教の中心概念ではなくて、それは自然の秩序への服従と人格性という両随伴思想である」〔トレルチ・前掲書・九四頁〕と主張する。

ウェーバーのごとく、「政治と倫理とを峻別する」ことも健全な政治の発展のためには必要とされることであるが、同時にトレルチの主張のように「政治と倫理とが妥協する」ことも欠かせないことである。これと同様の主張は、トレルチに先行すること四〇〇年のマキャベリに見ることができる。すなわち、マキアヴェリズムにおいては、クラートス（力）とエートス（倫理）とが一緒になって国家を建設し、歴史を形成するのが望ましいとされている〔西村（一九九一）一八三頁〕。

なお、キリスト教の政治倫理に関して金子は、政教分離の立場からキリスト教が直接政治に関与しないものの、政治を正すのはむしろキリスト教の義務でもあり、政治への批判的立場が要求されるとして簡潔にまとめているので以下に要約する〔金子（一九八七）二二五～二三〇頁〕。

すなわち、キリスト教倫理は、「神が人間のために何を為し得るか」と問うて現実を人間的に見るだけでなく、常に同時に神の目をもって見、神の意思に従って判断し、キリストとの交わりの内に世界に奉仕すべく派遣されているとの自覚に立って政治批判に従事する。現実の政教政策に鋭い批判を加え、常に政治家の姿勢を正す役割が要求される。

①国家と社会の物神化（Fetishism）に対する批判を忘れないこと――「物神化」とは、ある物体や存在に霊力が宿

っていると看做して崇拝し、それにより災いを免れようとする呪物崇拝のことで、とりわけ国家は永遠の支配を確保するために物神化に努める。この物神化は、社会や階級にも生じる。民族・人種・階級は容易く物神化される。この現象を批判するのがキリスト教の政治倫理の役割である。

②**批判的連帯の行動原則を取ること**——キリスト教倫理は、社会に対して奉仕の倫理に立ち福音の力に加速化され、献身的な愛によって人間の福祉と世界平和を目指し、非人間化の疎外に対して挑戦し、人々に奉仕することを説く。政教分離の原則によって社会の中心にキリスト者の交わりとしての教会の設立を断念し、社会に対して伴侶として連帯することを志す。すなわち、批判的連帯である。もって、社会の福祉と世界の平和及び人間疎外の除去に向けて貢献することが奉仕の目的であり、かつ連帯の目指すところである。

③**抵抗権の主張と政治的参加を行うこと**——キリスト者の政治への参加は、国家権力の暴走と越権行為を批判するためにも必要不可欠である。

政治と倫理との関係については、キュングによる以下のような類似の主張がある。すなわち、「政治と倫理の間には、解決不可能な緊張関係が存在する。政治が倫理に従属することは政治の自立に正当性を与えないし、不合理へと招く。一方、政治を倫理からまったく分離することも倫理の世界を犯し、不道徳へと導く。したがって、政治も現実には人間とその社会の高度の両面性を認識すべきである」[Küng, 1988, P.57]。

人間の原罪を考えれば、政治と倫理とは一体として相互に固く結ばれていなければならず、いずれか一方のみ強くてバランスを欠けば、その効果も効率性も減殺するのみか時に破滅の危険さえ招く。

トレルチやウェーバー、そしてキュングにおいてすら、政治と倫理の間の不可分な関係については表現上の相違こそあれほぼ同内容であり、両者のバランスが不可欠である。

第4節　欧州憲法条約の再検討

ヨーロッパ統合を考える場合、その統合を成し遂げた背景に共通の精神的土壌が存在していたことが欠くことのできない重要な点である。それは、国や地域によって文化の形状に多少の違いが存在するとは申せ、ヨーロッパ諸国はユダヤ・キリスト教のヘブライズム文化とヘレニズム文化とをほぼ共有していることである。すなわち、キリスト教は、単に宗教としての領域を超えて文化の隅々にまで浸透しているのである。このことは、逆に言えばヨーロッパ文化がキリスト教なくして現在の形で存在し得なかったとも言える。

文化論者でもある**T・S・エリオット**（Thomas Stearns Eliot, 1888～1965）によれば、「いかなる文化も何等かの宗教を伴わずしては出現もせず発展もしなかった」［エリオット（一九五一）七頁］と言うほどに、文化に対する宗教の影響は強い。そして彼は、一つの文化はその文化の宗教的信念が衰退したのちまでも残光を放つとも付言している。

もちろん、ヨーロッパのいかなる国民の現実の宗教も、一度も純粋にキリスト教であったり、また純粋にその他の宗教であったためしもないのであり、キリスト教のみがヨーロッパ文化を形成したのでもないが、彼の地での文化形成に主役を演じたことは疑いない。

また、このことをティリッヒは、道徳を欠いては文化は不真面目な遊びであると説き、キルケゴールでは、そうした文化は単なる美的な態度と呼んだものにほかならず、また宗教も不真面目な感情的自己高揚にほかならないとしている［ティリッヒ（一九六二）二三頁］。そして、文化は精神の次元における生命の自己実現、生命の自己創造であると主張する［ティリッヒ・前掲書・二五、一五一頁］。

こうした文化の維持・繁栄には、ある種の愛国心が役立って余りあるところでもあり、エリオットもこのことについて触れ、このような愛国心はいわば自然宗教の一部でもあるとしている［エリオット（一九五一）三七頁］。しかも彼は、一国の文化が繁栄するためには、その国民は統一されすぎても分割されすぎてもいけないとも言う。この点は、まさにルソーが一八世紀の時点でヨーロッパ統合を構想したときに懸念したのと共通している。すなわち彼は、「すべての民族はそれぞれ過去や民族魂をもっているので、それらを無視して一律無差別に同一の規定を適用し、画一の法を当て嵌《は》めて、習俗も思想も習慣も画一化しては各人の人格を縮こませ窒息させてしまう」［シャボー（一九六一）一四二頁］として、将来のヨーロッパ統合に関して、いわゆる国家連合（Confederation）のような緩やかなものを望んだと考えられる。

エリオットの文句にある文化の繁栄の条件として、国民が統一されすぎても分割されすぎてもいけないという点に関しても、現在のEUの急速に拡大していく様を観察すると、経済的効果や政治的効果の観点からはいざ知らず、文化の維持・繁栄という見地からは多分に疑問を禁じ得ない。それは、国民性や地域性、言語の相違、風土、習慣の相違などから生じる文化の多様性を消滅させることは必定であるし、必然的に人間社会の潤い、濃淡、変化を逐次削いでいくことになりかねないからである。この点からも、人間社会の、正確にはヨーロッパ地域における一層の無機質化が懸念される。仮に国家連合（Confederation）の形の統合が選択されたとしてもである。そして、一部に囁かれるエスニシティなどによる文化の多様化が維持・発展すると期待されてもである。

文化と宗教とのこうした密接な関係を的確に表現したものとしてはほかにも多数あり、たとえばティリッヒでは、「宗教は文化の意味内実であり、文化は宗教の表現形式である」［ティリッヒ（一九七八）一六〜二〇頁］」と言い、さらに先のT・S・エリオットは、「文化は宗教の受肉であり生ける宗教である」［金子（一九八七）二〇四頁］と表現している。これらの表現は、まさしく両者の関係を巧みに言い表していて、表層部分としての文化のみに捉われがちな文明社会の現代人に対する反省の縁《よすが》ともなろう。

金子は、「俗悪な定期刊行物、マスプロ的教育などが、人間の思想・感情・行動を画一化し下劣なものとし、高度に技術化した労働は退屈であり、無意味となり、経済の組織化は非人間化を生み、過度の個人主義化は家庭（共同体）の意義を空しくさせ、法や信頼は失われ、行動は過激化する一方である」［金子・前掲書・二〇八頁］として文化的危機の中心をなしているものを例示しているが、まさにその通りで、文化的空虚さが充満している今日の社会を象徴している。この文化的危機状態を解決するのは宗教であり、ヨーロッパ社会においてはキリスト教であろう。

キリスト教と文化の関係について先に掲げたゴーガルテンは、「キリスト教信仰と文化とは、文化がキリスト教化されざるを得ないような具合に関わり合うのではない。むしろ逆に、キリスト教信仰は文化が世俗的にあり続けるためにその役割を果たすのである」［宮田（一九七五）一四頁］としているが、文化の内容を担っている宗教であるキリスト教が、現実の文化に対して演じる実質的役割をこのように表現しているのは象徴的である。

ゴーガルテンはさらに、「キリスト教信仰のもとに成立し形成された西洋文化は、人間行為によって現世を支配する科学的・技術的文化となった」［宮田・前掲書・五九頁］としているが、世俗化の過程で、一方では文明の発展をもたらす反面、これがキリスト教の進路を阻むことになり、キリスト教は自ら衰退の道を招くことになった。このことが、のちにT・S・エリオットが「宗教と文化とは一つの統一体の両面であると同時に、それらはまた二つの異なる対立物である」［エリオット（一九五二）九八頁］と述べる根拠である。

現代ヨーロッパ文化の危機をいかに打開すべきであるか。とりわけこれを宗教と文化――別しては政治社会文化との関係においていかに考えるべきであるか。近世が辿りついた以上のごとき危機の原因を根本において近世の宗教改革にあるとし、ここに古代ではなく、むしろ近世がそこから出発した中世に立ち返ることによって問題の解決にあたろうとするのがカトリック主義の本来の立場であるとされる［南原（一九七二）二九一頁］。

さらに、統合ヨーロッパの夢を描いた多数の思想家の中にトレルチ、マイネッケ、そしてブルクハルトがあった。トレルチはそれを「生命的統一体」であると言い、マイネッケは「西洋文化共同体」、そしてブルクハルトにおいては「文化的綜合体」と言い表したが、表現の多少の相違こそあれ、期するところは、文化的にも社会的にも有機的に結合される統合ヨーロッパを目指したものであったに相違ない。

南原繁によれば、「国家はあたかも高い精神世界の基礎の上に、生命の統一的具体化へと進展するものにて、このような具体的な生の統一体以外の何物でもない」とした点は、一見してトレルチなどがヨーロッパに託した夢と同様であったかのごとくに思われる［南原・前掲書・二四頁］。

彼によれば、ギリシア人はすでに、「宗教は道徳と同じく国家生活のための利用の動機から為政者によって作られたものと考えられ、国家に正義の観念なく、もしあるとしてもそれは弱者の間に作られたものに過ぎず、真の正義はむしろ強者の本源的な自然の権利において宿る」［南原・前掲書・五五頁］と主張していた。これが、ギリシアの国民精神文化と国家生活の危機を招いたものであるという。

さらには、ヘーゲルの絶対的観念論では、「国家はそれ自身文化的統一体である。国家こそは自由が最高の権利にまで具体化された自己目的であって、この終局目的が個人に対して最高の権利であり、個人の最高の義務は国家の成員となることである」と言い、「道徳宗教のみならず学問と芸術の一切の文化もすべて国民生活の具体的内容としてその基礎と基盤とを国家のうちに見出し、国家はそれ自身文化の統体である」［南原・前掲書・九八頁］として古代国家理想を描写している。

国家を文化的統一体とした点ではヨーロッパを同種の表現をもって形容するブルクハルトたちと相通じるものがあるが、後者が「人間は調和または理性的本質においてよりも、霊肉の不調和・分裂等根本において罪悪の状態にあることから出発し、生命的統一体構想、あるいはトレルチでは愛の共同体への進化」を説くのとは基本的に相違がある。

換言すれば、後者すなわちブルクハルトたちにおいては、国家の文化的統一体構想は人間個々の相違点から出発し、生命的統一体へと積み上げていくのに対して、ヘーゲルにおいては全体構想を出発点として個々の構成員はそれに準じる形をとっている点に、いわばミクロとマクロとの大きな相違があると言える。こうしてヘーゲルの説いた文化的統一体構想は不幸にも後世全体主義思想への道を開くことになってしまった。

ブルクハルトたちの描いたヨーロッパの文化的統一体構想に沿えば、文化と宗教、政治と宗教とはまさしく関係を絶ち難く、現在の憲法条約の策定過程に対しても疑問を禁じ得ない理由がここに存在する。

しかし、現在の欧州憲法条約は、一年二か月という短期間に策定され、一旦は欧州理事会における承認が否決されたのちに、加盟国の一つスペインにおける政権交代を機に間髪を容《い》れずに承認に持ち込まれ調印を済ませた経緯にある。

フランスの調査機関「SOFRES（Taylor Nelson Sofres）」の調査によれば、フランス人が先般の国民投票で欧州憲法条約に「ノン」を下した背景には、憲法条約そのものの是非ではなく国内政治の現状への不満があると言う。この調査結果が正確であるとすれば、反対の理由の第一番目は「失業の不安」であり、その次に「現在の政治に対する倦厭気分」であるとされる。政治や社会に対する辟易感が国民の間に充満しているということであろう。そして、「比較的容易な条約再交渉の可能性」や「憲法条約が自由競争に拍車を掛ける」などの理由がその次のレベルに掲げられ、国家としての独自性の喪失懸念やトルコのＥＵ加盟を容易にする懸念などはさらに下位に位置づけられる。

果たして、この結果を額面通りに受け止めてよいものであろうか。もしも、憲法条約そのものにＥＵ市民を納得させるに足りるだけの存分の魅力のある規定があり、その必要性が市民に理解できるだけのものをもち合わせていれば、仮に現政権や現実の政治や社会に不満があったとしても、むしろ国民は新しさを求めて、それらの魅力や必要性のある憲法条約を選好しただろう。基本法である憲法が十分の魅力と必要性を具備していたならば、現政権が主導した憲法条約であるからという理由のもとに拒否してしまうことで国民は現実の政治や社会に対する不満を解消するほどの愚は犯すまい。

現在のEUの政治システムで最大となる問題の一つは、いわゆるデモクラシーの赤字が依然として解消されていないことである。むしろ、この赤字は解消されるどころか拡大の方向にさえあると言われる。その原因は多岐にわたるが、基本的にはEUが独立主権国家の集合体であるために、依然として各国ごとの国益対立は根深く、欧州議会は党派別ではなく各国別に利益代表グループ化されていて国家間対立を煽る形となっていること、議会は各国個別事情に疎く、必然的に関心も薄いこと、デモクラシーが基盤となす欧州市民の存在が稀薄であることなどである。

自由主義デモクラシーは、本来きわめて個人主義的性格を帯びた政治システムである［中野（一九九八）二一四頁］。このために、国際的相互依存性とグローバリゼーションが急速に進展しつつある今日のヨーロッパの主権的国民国家を中核とするシステムの中でこそ発展し得た自由主義デモクラシーであるべきに、独立主権国家同士が踵《きびす》を接し、デモクラシーの基盤をなすヨーロッパ市民不在のこの地ヨーロッパでは、デモクラシーは必ずしも無条件の普遍性を持たず、むしろ矛盾対立を惹起する可能性が強い。

また、国内的に見ても中心―周辺という対立的システムをつくり出し、「国家」にも「国民」にも同化し得ない地域的・人種的・宗教的マイノリティーないしエスニシティに同化を強要し、同化しない場合に国民国家は抑圧的ないし排他的となる。自由主義デモクラシーの個人主義的性格は、集団的な意思や利害を個に分解し、集団として有する社会的な役割や価値を軽視する傾向がある。

政教分離は、この原則に立たない政治システム（祭教一致など）を未開視したり排除したりする傾向をもつ。すなわち、ヨーロッパ各国で頻発しているエスニシティ間の対立や差別化の問題がこれに相当する。

さらに、デモクラシーが内包する最大の問題としても、その運用面での極度の世俗化、すなわち間接デモクラシーのもとで発展してきた国家行政・管理に貫徹する技術性・合理性によって政治世界を極度に世俗化することによって政治世界を無機的・非人格的な統治技術の世界へと還元してしまう、あるいはデモクラシーがあくまで世俗化社会の政治原理であることを忘れて、社会的、文化的、宗教的な諸価値をも左右できる絶対至上の理念と考えてしまうという懸念が存在する［中野・前掲書・二一八頁］。

まとめ

文化と宗教、宗教と政治が不即不離の関係にあり、とくにキリスト教が文化的基盤の中核にあるヨーロッパで、政治も政治倫理もキリスト教をおいて考え難いことは以上の考察から概ね言い得たと思う。統合も文化的綜合体を目標とする以上、一時の意思決定の簡素化や大国の都合に偏し、立法の精神や理念に乏しい憲法条約は真に市民の支持を得るには道遠いと思われる。

現在、暗礁に乗り上げた欧州憲法条約については、なおも早期の批准を目指す仏独が草案の一部条項の修正をもって執拗に当面の難関を乗り切ろうとする構想もあるが、欧州委員会を中心とする執行部は、断じてこのような安易な修正には応じられない旨の声明を発してこうした動きを牽制している。国民投票の延期にあたっては、デンマークやポルトガルでは、仏独中心に安易に修正を仄《ほの》めかすような憲法条約には国民投票をもってまでする批准に国家の面子が掛かると言わんばかりである。さら、英国では、すでに欧州憲法条約は死文化したとさえ公言するほどである。

こうして問題が膠着状態に入ったときに、直ぐに頭をもたげるのは相も変わらぬ各国の国益をめぐる激しい衝突である。いったいこのような状態で政治統合へと進めるのだろうかと、周囲に気を揉ませること夥しい。

今回の国民投票の結果をめぐる関係者の議論に、相も変らぬ憲法条約の外在的原因を挙げるものが後を絶たない。憲法条約が真に価値のあるものならば、ヨーロッパ市民はこれを一時の国内政治や政府に対する不満の捌け口として拒否権を投じるほど愚かではない。それは、基本法としての憲法条約に明確な立法の精神や理念のないこと、民主主義の赤字に象徴されているごとく、民主主義への十分の認識とその言及が稀薄であること、形式のみの政教分離にこだわり、キリスト教が育んだ政治倫理への記載を欠くことである。

神すなわちユダヤ・キリスト教の記載は、近代ヨーロッパにとって桎梏とも申すべき事項である。それは、決して特定宗教の宣伝であったり、排他的に一部宗教の排除を意味したりするものではない。歴史的事実の再確認である。彼らが自らの歴史に誇りをもたずにヨーロッパの将来は切り開けない。確固たるヨーロッパの歴史に目を塞《ふさ》いでは共通のアイデンティティも生じない。また、政教分離は形式であり、本質は信教の自由の保障であることを思い起こせば、枢軸国が嘴《くちばし》を極めて神やキリスト教の記載を見送るべしと主張するほどの意味はない。

この意味では、単なる手続法の積み重ね（アキ・コミュノテール）の域を出ない今回の憲法条約は、量においていかに膨大ではあっても実体を伴う理念を欠き、「憲法」の名を冠するには多くの疑問が残る。政治統合を目標とするヨーロッパの欧州憲法条約は、目先の経済的合理性のみを追求することなく長期的パースペクティヴを見据え、かつ精神世界のリーダーとしての地位を取り戻すべく世界的視点に立ったものであるべきである。

第8章

プロテスタンティズムの政治倫理と世俗化

――M・ウェーバーと現代ヨーロッパ――

われわれは不信仰によって神を悪魔にする。神に対する信仰が人間の神である。

出典：フォイエルバッハ『キリスト教の本質』

ヨーロッパ精神の基盤をなしたキリスト教はいまやその地位を失い、まさに瀕死の状態にある。それは現在頓挫している欧州憲法条約草案にも端的に現れていて、神やキリスト教は立法の理念として形骸すら留めていない。近代科学文明のもとで世俗化が進行し、キリスト教を含む宗教はもはや顧みられることが少なくなったためである。

近代の世俗化をもっとも加速化したのは、マックス・ウェーバーの『プロテスタンティズムの倫理と資本主義の精神』であると言われる。彼の説く近代的な職業観と資本主義の精神は近代資本主義の発展をもたらしたが、その基礎にある合理主義は同時にキリスト教の世俗化を促進した。

ウェーバーの時代、すなわち一九世紀末葉から二〇世紀初頭の時期は、まさに資本主義文化の黎明期であり、その推進を支援する理論の登場が必要とされていたこと、また世俗化の浸透は時代の趨勢としてもはや抗し難き情勢にあったことなどから、ウェーバーはプロテスタンティズムの倫理をもっぱら「資本主義の精神」の普及・伝播のために懸命に用いたものではなかったかと想像される。あるいは、プロテスタンティズムの倫理は真に「資本主義の精神」の核心となり得たか、そしてそれがやがてもっと広範な世俗化を招くべく、現実社会における判断を理性や知性の支配のもとに服すべき運命を内包していたという彼の主張を額面通りに受容すべきか。それとも、ウェーバーはそうした理性や知性の支配の世界の到来ののち、宗教は静かに衰退への道を辿ると予見していたものか。

論文中では、これらのいずれも明示されないままに残されていて、後世に幾多の議論を招来し、紛糾を招くもととなった。ウェーバーの説いたように、「資本主義の精神」がプロテスタンティズムの倫理に胚胎し、その発展が高度の文明化をもたらしたのは事実としても、同時に宗教の離反を招いたのみか、宗教の衰退をも招来したのも事実であり、それはやがて奇しくも「資本主義の精神」そのものの腐食化をもたらすに至った。

本章は、無機質化の一途を辿る現代社会に、少しでも人間的な潤いを取り戻す縁と致すべく、宗教の意義を問い直そうとするものである。

第１節　『プロテスタンティズムの倫理と資本主義の精神』がもたらしたもの

二〇世紀最大の社会科学者の一人としてのウェーバーの築いた業績の大きさを考えれば、彼の著作の中でももっとも中核をなす『プロテスタンティズムの倫理と資本主義の精神』（以下『プロ倫』と略称）が現代資本主義の発展過程にもたらした影響力は計り知れない。

しかし、『プロ倫』の随所に明示されているように、ウェーバーによれば禁欲的プロテスタンティズムなどの信仰上の問題は、近代的企業における職業倫理や「資本主義の精神」という経済現象の原因ではなくして「ある程度まで」結果であると説明されている(1)［ウェーバー（一九八九）一七頁］。それにもかかわらず彼は、こうした表現の直後で、あたかもそれを打ち消すがごとくに「厳しいプロテスタンティズムの倫理が現代の資本主義の精神をもたらしたものである」という主張を繰り返す。たとえば、「近代資本主義の精神の、あるいは近代文化の本質的構成要素の一つというべき、天職理念を土台とした合理的生活態度はキリスト教的禁欲の精神から生まれたのである」というような彼の「ある程度まで」という断り書きがおよそ無意味となるような断定的な主張がそれである［ウェーバー・前掲書・三六三〜三六四］。

そこでは、「職業倫理や資本主義の精神という経済現象の誕生は信仰の結果ではない」という指摘は、たとえ「ある程度まで」または「確実に」経済現象の原因ではなくてその結果である、としている。

（1）bis zu einem gewissen Grade「ある程度まで」または「確実に」。すなわち、信仰上の諸問題は「ある程度まで」または「確実に」経済現象の原因ではなくてその結果である、としている。［Max Weber, 1989, P 26］

る程度まで」と但し書きを添えているにしても、「ほとんど」ないしは「まったく」意味をなさない修辞的役割しか果たしていないのではないかと思われる。否、むしろ背後に「何か」隠れたものの擁護のためにあらかじめ周到に蒔《ま》かれた布石ではないかという読者の猜疑心を誘う。いったい何のための擁護なのであろうか。

わが国におけるウェーバー研究の権威である大塚久雄も、このことについて明確に、「ウェーバーはプロテスタンティズムが近代資本主義文化を作ったとか、近代資本主義社会は宗教改革の産物だとは言っていない。『意図せずして』資本主義文化の発達を促進する役割を果たしたに過ぎなかったし、同時に資本主義社会の機構が確立するとともに、禁欲的プロテスタンティズム自身もそうした文脈では歴史の背景に退くほかはなかったと指摘、決して宗教改革や禁欲的プロテスタンティズムが資本主義文化を作り出したなどとは言っていない」として、両者の因果関係を否定している［ウェーバー（一九八九）四〇八頁、大塚久雄解説］。

しかし私は、依然として何かの擁護のための「何か」とは「なにか」という疑問が払拭できず、これこそ本章が取り上げようとする世俗化問題の核心なのである。このことは『プロ倫』の随所に明示されているが、なかでも重要なのはウェーバーの設けた二つの仮説である。すなわち、その一つは、「一方の非現実的、禁欲的で信仰に熱心であるということと、他方の資本主義的営利活動に携わるということと、この両者は決して対立するものではなくてむしろ相互に内面的な親和関係にあると言えるのではないか」であり、二つ目は、「外面的には利潤の獲得を指向するに過ぎない活動が、個々人に義務として意識されるような『天職』という範疇にまで構成されるに至ったという事実はどのような思想世界にその源泉を持ったのか」である。

これら二つの仮説については、同書の中でそれぞれ見事なまでに検証し尽されていてあえてこれ以上の補足説明を要しない。しかし、これらがたとえ立証されたからと言って、それは単に仮説一においては、信仰と資本主義的営利活動とが対立関係になく親和的関係にあるというにすぎず、それ以上に両者の因果関係ないし時間的な前後関係を説明するものではない。また、仮説二においても、資本主義の職業義務がたとえ「天職」であると判断されたにしても、それは現象を単にその類似的性格から「天職」と認識したにすぎなく、そこには人間による判断が無限に介在する余地を残している。

大塚久雄の言にある「意図せずして」も大いに気掛かりな文句である。プロテスタンティズム、とりわけウェーバーが「禁欲的」とあえて枕詞を付した「禁欲的プロテスタンティズム」が「意図せずして」その後の資本主義文化を促進する役割を果たしたにすぎなかったというが、果たしてそのようにプロテスタンティズムと資本主義文化とは偶発的な結合を遂げることができたのであろうか。もし、それが事実であったならば、世俗化がとくにウェーバーの『プロ倫』の発表を境に現在のように一段と進行し、宗教がヨーロッパからも衰退の一途を辿っているのも「意図せずして」の現象なのであろうか。それは、あたかも「歴史のパラドックス」であるとでも言うのだろうか。まして、資本主義が成熟段階を通り越した現代社会で、奇しくも「資本主義の精神」そのものの腐食化が進行している状況を目のあたりにして、これをいかに説明できるか。

そこには、もはや禁欲的プロテスタンティズムの片鱗もない。すなわち、断じて「意図せずして」ではなく、また「資本主義の精神」の腐食化現象を説明し得るものでもない。このことは次章において詳しく論じたい。

さて、ウェーバーがプロテスタンティズムの倫理は必ずしも「資本主義の精神」の原因ではないとしながら、やはりプロテスタンティズムの倫理に起因するとされる主要な箇所を同書から抽出してみると、上記にさらに以下の四項目を加えることができる。

❶ プロテスタンティズムの天職倫理が、禁欲生活のまさしくもっとも真面目な信徒たちを、結果において資本主義的営利生活に奉仕させることになった［ウェーバー・前掲書・三一六頁］。

❷ 確定した職業のもつ禁欲的意義の強調が近代の専門人に倫理的光輝を与えるように、利潤獲得の機会を摂理をも

って説明することは、実業家に倫理的な光輝を与える［ウェーバー・前掲書・三一七頁］。

❸ 禁欲が全力を挙げて反対したのは、とりわけ現世とそれが与える楽しみのこだわりのない享楽ということただ一つであった［ウェーバー・前掲書・三二八頁］。

❹ 禁欲は、常に善を欲しつつ常に悪（禁欲の立場に立った意味での悪）をつくり出す力だった。その理由は、禁欲は『旧約聖書』と同様、富を目的として追求することを邪悪の極地としながらも、天職である職業労働の結果として富を獲得することは神の恩恵であると考えたからである。そればかりか、弛《たゆ》みない組織的な世俗的職業労働を、およそ最高の禁欲的手段として、同時に再生者とその信仰の正しさに関するもっとも確実かつ明白な証明として宗教的に尊重することは、われわれが今まで資本主義の精神と呼んできた人生観の蔓延（充溢）にとってこの上もなく強力な槓杆（梃子）とならずにはいなかった［ウェーバー・前掲書・三四四頁］。

ウェーバーによれば、プロテスタンティズムがなければ近代資本主義の精神はないのであり、「近代的」資本主義それ自体もない。この点、ウェーバーがもっとも影響を受けたとされるゾンバルトをさらに徹底したものである［金井（一九九一）一〇〇、一〇一、一〇三頁］。こうしてウェーバーは、二つの問題設定をきわめて入念に行い、この問題の説明を以下のように行っている。

❶ 資本主義的経済活動とプロテスタントの宗教信仰の間には、何らかの相互促進的な「親縁関係」がありはしないか［ウェーバー（一九八九）二九頁］、

❷ 企業家の「精神」とプロテスタンティズムの禁欲的な職業倫理との間には、歴史的な因果関係があるのではないか［ウェーバー・前掲書・八五頁］

このうち❶については、カルヴィニズムを中心とする禁欲的プロテスタンティズムに見られたこと、❷については、宗教的職業倫理こそは近代西欧的「資本主義の精神」の母胎であることをそれぞれ論証した。すなわちウェーバーは、プロテスタンティズムの倫理が「資本主義の精神」の生みの親ではなく、たまたま「資本主義の精神」がプロテスタント的倫理を備えていたにすぎないということを主張している一方で、それを逆に「資本主義の精神」がプロテスタンティズム倫理的要素を本質的に具備していたとする箇所では以下の四つを挙げている。

❶「天職」という概念の中には、プロテスタントのあらゆる教派の中心的教義が表出されている。［ウェーバー・前掲書・一〇九、一一〇頁］

❷世俗の職業生活にこのような道徳的性格を与えることが宗教改革の、とくにルターの業績のうちで後代への影響がもっとも大きかったものの一つであった。［ウェーバー・前掲書・一一四頁］（↓世俗の職業生活に道徳的性格を与える必要がどこにあったか、資本主義擁護のための詭弁ではないか?）、

❸神は自ら助ける者を助ける。すなわち、カルヴァン派の信徒は自分で自分の救いを「つくり出す」のであり、それはカトリックのように個々の功績を徐々に積み上げることによってではありえず、どんなときにでも選ばれているか、捨てられているか、という二者択一の前に立つ組織的な自己審査によってつくり出すのである。［ウェーバー・前掲書・一八五頁］（同書の重要課題）、

❹カルヴィニズムでは、宗教的な事柄については一切が個々人の責任に任せられているにもかかわらず「個人」と「倫理」の分裂は存在しなかった。それは、カルヴィニズムの倫理の功利主義的性格の根源はここにあったし、世俗的職業を神から与えられた天職と考えるカルヴィニズムの職業観念の重要な諸性質もここから生まれてきたのであった。［ウェーバー・前掲書・一六七頁］

さらにウェーバーは、聖書の有名箇所を引用して以下のような資本主義擁護論を展開するに至っては、その入念さに唯々敬服するばかりである。

すなわちその一は、「人間は神の恩恵によって与えられた財貨の管理者にすぎず、聖書のたとえ話にある僕《しもべ》のように『一円』に至るまで貨幣の報告をしなければならず、その一部たりとも神の栄光のためでなく、自分の享楽のために支出することは危険である」［ウェーバー・前掲書・三三九頁］であり、さらには、財産の蓄積を生み出す心理的源泉［ウェーバー・前掲書・三四一頁］として掲げる以下の二つの項目がある。

❶財産上の重みを失わないまま死を迎えたい、あるいは共同相続権のある子供たちの大部分の利益を害してまでも「営業」を確実に存続させたいといった努力と性質を同じくするもの。

❷「断念せよ、断念せよ」という禁欲の命題が「営利せよ、営利せよ」という資本主義の積極的な命題に転化されながら、単純かつ純粋に一種の絶対的命題としてその非合理的な姿で現れるもの。これが、今日では「職業」に対する義務だけがその動機となっている。

たとえば、巨万の富を築いた者がその富を子供たちに遺してはならないという。その理由は子供たちに遺すことにより、子供たちが自分で働いて利得すべきだという道徳的善行から遠ざけることになりかねないからである（これを実証するような最近の出来事として、米国情報産業の雄**バフェット**［Warren Buffett］による、あるいは同じく情報産業の最大の雄**ビル・ゲイツ**［Bill Gates］の基金［Foundation］への三五〇億ドルの献金の好事例がある）。

あるいは、プロテスタンティズムの世俗内的禁欲は所有物の無頓着な享楽に全力を挙げて反対し、消費とりわけ奢侈的な消費を圧殺する反面、この禁欲は心理的効果として財の獲得を伝統主義的な障害から解き放ったことや利潤の追求を合理化したばかりでなくそれを神の意思に沿うものと考えて、そうした伝統主義の桎梏を破砕してしまった

［ウェーバー・前掲書・三四二頁］という事例にも、彼の入念さ周到さを同様にうかがい知ることができる。

もとより彼は、世俗化問題については十二分に意を配っていることを『プロ倫』のほぼ全編にわたって言及している。たとえば、それらは以下のごとくである。

それには先に掲げた、「禁欲は常に善を欲しつつ常に悪（禁欲の立場に立った意味での悪）をつくり出す力だった。（以下中略）たゆみない不断の組織的な世俗的職業労働を、およそ最高の禁欲的手段として宗教的に尊重することは、われわれが今まで資本主義の『精神』と呼んできたあの人生観の蔓延にとって、この上もなく強力な槓杆《こうかん》とならずにはいなかった」［ウェーバー・前掲書・三四四〜三四五頁］がその例であり、さらには**ウェズリー**（**John Wesley**）の引用であるが、「富の増加したところではそれに比例して宗教の実質が減少してくるようである。どうすれば誠の宗教の信仰復活を事物の本姓にしたがって永続させることが出来るか。宗教はどうしても勤労と節約を生み出すことになるし、富をもたらすほかはない。しかし冨が増すとともに高ぶりや怒り、また、あらゆる形で現世への愛着も増してくる……」［ウェーバー・前掲書・三五二〜三五三頁］もその例と言えよう。

さらに、強力な宗教運動が経済への影響力を前面的に現すのは、「民衆の想像力の中で『虚栄の市』のただなかを天国に向かって急ぐバニヤンの巡礼者の内面的に孤独な奮闘に代わって、ロビンソン・クルーソー、つまり同時に伝道もする孤立的経済人が姿を現した時」を説くダウデン（Dowden）の引用もそれであり、ついには「柔らかい枕」というドイツの諺が表現しているように、安楽な市民生活のための一つの手段とされてしまうほかはなかった［ウェーバー・前掲書・三五五頁］というのも、多分に世俗化を意識しての事例としてここに掲げることができる。

これらはウェーバーが、「宗教の信仰→勤労と節約→富の増大→現世の欲望と見栄→宗教の衰退」という一連のプロセスを予測したものであると言えるのではなかろうか。

ウェーバーは、ピューリタニズムと富の蓄積との矛盾として、「ピューリタニズムの人生観はその力が及びえたかぎりではどのような場合にも市民的な経済的に合理的な生活態度へ向かおうとする傾向に対して有利に作用した。そして、そうした生活態度のもっとも重要な担い手となった。ピューリタニズムの人生観は近代の『経済人』の揺籃をまもった」としている〔ウェーバー・前掲書・三五〇～三五一頁〕。ウェーバーがこのようにピューリタニズムの人生観が資本主義を正当化したと主張したことは、資本主義の揺籃期に十分理解できることとしても、それが現在のようにウェーバーの想定外の世俗化と宗教の衰退を招じ入れ、さらには揺籃期の「資本主義の精神」を忘却したかのごとき倫理を喪失した資本主義をもたらし、挙げ句の果てには資本主義の存立そのものを揺るがしかねない状況を招いていることを考えれば、いずれもウェーバーの予見内のこととして拱手傍観致すのみであろうか。

第２節　ウェーバーの宗教理論

ウェーバーが展開したプロテスタンティズムの倫理と「資本主義の精神」論を考察したのちでは、ウェーバーが辿り、信奉した、宗教理論の実像を究明するのが順序である。したがって、本節の目的は、彼のもう一方の主著『宗教社会学』および『宗教社会学論選』を手掛かりに彼の宗教論の実像を探ることにしたい。

ウェーバーが重大な感化を受けたルターにおいては、世俗の職業生活に道徳的性格を与えることが宗教改革の、とくにルターの業績のうちで後代への影響がもっとも大きかったものの一つであった。したがって、ウェーバーもこれに倣って天職やエートスの概念を導入して、世俗の職業生活に道徳的性格を与えようとした。

ウェーバーには宗教論的なものはなく、宗教の定義も慎重に回避している、とよく言われる。否、ウェーバーは宗教人でさえなかったと言われるほどである。確たる宗教論をもち合わせていないウェーバーに、天職やエートスの概念導入の必要がどこにあったのであろうか。当時の産業界は是としても、学会までもさしたる疑問も差し挟むことなくこれを受容していた背景はいったい何であったのだろうか。

洋の東西にわたる主要な宗教研究を修めたウェーバーであるが、宗教論はさておいても、「資本主義の精神」の定義についてもきわめて慎重に行っていて明確なものがどれであるか定かでない［ウェーバー（一九八九）三八頁］。

事実ウェーバーは、「（一般に世間では）『資本主義の精神』というやや意味深げな概念が使われている。この言葉はいったいどういう意味に解すべきなのか。『定義』というものを与えようとすると、われわれは直ちに研究目的の本質に根ざすある種の困難に直面する」と記している［ウェーバー・前掲書・三八頁］。同様にして、「宗教とは『何であるか』を定義することは以下の論述の結末においてなら、あるいは可能であるかも知れないが、冒頭からこれを行うことは到底不可能である」、とも述べている［ウェーバー（一九七六）三頁］。

とくに、これら「宗教」および「資本主義の精神」という『プロ倫』における二つの中核をなす概念について善意に解すれば慎重であると受け止めるべきであろうが、一般通念からすれば、これら二つを論じようとするものがその定義を故意に回避しているとしか思われない。現に、その後の論争はこれらの解釈を巡るものにほぼ集中しているからである。

さて、すでに第一節でのウェーバーの主張に従えば、プロテスタンティズム、なかでも禁欲的プロテスタンティズムの倫理と資本主義の精神とは期せずして一致を見たこと、大塚久雄はこれを補足代弁するかのごとく、「プロテスタンティズムは『意図せずして』資本主義文化の発達を促進する役割を果たしたに過ぎなかったこと」を掲げたが、私は、「いったい、プロテスタンティズムと資本主義文化とはそのように偶発的な結合を遂げることが出来たのであろうか、世俗化が特にウェーバーの『プロ倫』の発表を境に現在のように一段と進行し、宗教がヨーロッパからも衰退の一途を辿っているのも『意図せずして』の現象なのであろうか、それは飽くまで『歴史のパラドックス』であるとでもいうのだろうか、それならば、『資本主義の精神』が現代社会で奇しくも腐食化が進行している状況をいかに説明できるか」などに疑問を感じると論じた。以下は、この疑問に対する私見である。

ウェーバーは、資本主義の発展のもとで発生する世俗化や宗教の将来について以下のごとくに論じている。

まず、彼の『宗教社会学論選』において、ウェーバーは禁欲的プロテスタンティズムの倫理に関連しては、「行動的禁欲が現世（世俗生活）の内部で、その合理的な形成者として被造物堕落の状態にある人間を、世俗的職業（Beruf）労働を通じて陶冶する方向に働き（現世内的禁欲）、他方では神秘論が極端な現世逃避をどこまでも徹底させていく（現世逃避的瞑想）という場合、両者の対立はさらに根深くなる」［ウェーバー（一九七二）一〇四頁］としている。すなわち、ウェーバーはすでに禁欲的プロテスタンティズムの倫理が徹底され、人間が世俗的職業労働を通して現世的禁欲を推進していき、一方、現世逃避的瞑想とも称すべき神秘論が極端な現世逃避を推進していくかぎり、禁欲的プロテスタンティズムと世俗的職業労働とは互いに対立を深めていかざるを得ないと主張しているのである。

さらに、ウェーバーは同じく『宗教社会学論選』において、「宗教が救いの宗教にまで昇華され、経済も合理化されてくると、両者の間に次第に緊張関係が生じてくる。合理的な経済は事象的な性質を帯びた経営（Betrieb）であって、市場での人間相互の利害闘争の中から生まれてくる貨幣価格に目標を合わせる」［ウェーバー・前掲書・一一三ページ］として、現世において貨幣価格という形の評価なしには、すなわち利害闘争なしにはいかなる計算も不可能だからであるとしている。

彼によれば、貨幣は人間生活の中に見られるもっとも抽象的で無人間的なものであり、近代の合理的資本主義における経済秩序はそれに内在する固有な法則性に従って動くようになればなるほど、およそ宗教的な同胞倫理とはいかなる関係ももち得ないようなものになってくると明言しているのである。そして、資本主義の経済秩序が合理的・無人間的になればなるほど宗教的な同胞倫理とはますます無縁となることをも予言している。これらはすなわち、ウェーバーが世俗化は当然に予定されるばかりか、宗教そのものが離反していくことをはっきりと予見しているのである。ここに至れば、二〇世紀社会科学の分野で彼ほどに影響力を発揮した人物の主張が世俗化に一層の拍車を掛けたのは容易に首肯《しゅこう》できるし、さらに宗教の現実世界からの離反も、いわば当然の帰結として理解できよう。

同様にして、ここに至って先に掲げたウェーバーの「プロテスタンティズムの倫理と資本主義の精神との一致は偶発的なこと」などという単純な説明では済まされないことは明白である。ましてや、大塚久雄の言う、「資本主義社会の機構が確立するとともに禁欲的プロテスタンティズム自身もそうした文脈では歴史の背景に退く他はない。決して宗教改革や禁欲的プロテスタンティズムが資本主義文化を作り出したのではない等とは言っていない」などは、ウェーバーに劣らぬ資本主義文化の積極的信奉者だと解釈されても仕方ないであろう。

もちろん、真の問題はここにあるのではない。何故ならば、現代の資本主義文化の発展の恩恵に浴してきたわれわれからすれば、資本主義の発展そのものに異議を唱える理由はない。真の問題は、世俗化が極限に達し、そこから宗教が脱落してしまったことにある。それはいわば、禁欲的プロテスタンティズムを基盤としていた「資本主義の精神」からその基盤そのものが脱落してしまって、貨幣価値に象徴される合理的・無人間的経済秩序のみが一人歩きしてしまったことである。宗教が現代世俗化社会から遠のき、「資本主義の精神」自体がいまや腐敗の危機に立たされているのである。

とくに西洋社会では、倫理や道徳は古来宗教に胚胎するとされるが、禁欲的プロテスタンティズムを標榜したウェーバーにおいて皮相にも倫理は形だけのものであり、経済においても政治においても実質的には無用のものであったと解されるのである。それを証するウェーバーの発言は、たとえば金井新二によれば、「キリスト教の福音は始めから現世とは相容れない終末論的なものである。ウェーバーは『政治に関してはその種の宗教的理想や倫理は無用である』と宣言している」［金井（一九九二）九頁］として、ウェーバの倫理主義批判を指摘している。

当時マルクシズムと対峙し、激しくマルクシズム批判を行っていたウェーバーは、年来の親友であるナウマン（Friedrich Nauman, 1860~1919）がキリスト教的立場から「プロレタリア的政治」を追及し、社会政策の中に「倫理的基準」をもち込むことに対して、「社会政策に対して倫理的基準を持ち込むことは、それにより『良心の自由』をマルクシズムとは別方向の制約を強制によって脅かすことになる」と批判したとされるが［ウェーバー（一九六五）四一頁］、これはウェーバーの、ドイツ国民は冷厳な国際政治闘争の場において非政治的・非現実的なユートピアを夢見ていてはならないとした、ドイツ国民への特別なる警告であると認識しなければならない。

したがって、この文脈からウェーバーの持論ともいうべき「政治と倫理とを峻別する」［ウェーバー（一九八〇）八二~九〇頁］という主張は、とくにプロテスタントの倫理に対してわれわれの理解を超越するものを秘めていたのかも知れない。いずれにせよ、禁欲的プロテスタンティズムの倫理とまで呼んで現代「資本主義の精神」のまさに首座を与えられた倫理主義は、ウェーバーの予知せる通り、世俗化の進行や資本主義の発展とともにその背後に追いやられたか、自ら消失してしまったのである。

こうした事実を検証するならば、ウェーバーが『プロ倫』で唱えている「神は自ら助ける者を助ける」［ウェーバー（一九八九）一八五頁］として、カルヴァン派の信徒は自分で自分の救いを「造り出す」のであり、「カトリックのように個々の功績を徐々に積み上げることによってではなく、どんなときにでも、選らばれているか、捨てられているか、という二者択一の前に立つ組織的な自己審査によって造り出すのである」という主張が『プロ倫』の重要課題として記されている理由が十分理解できる。

こうしてウェーバーは、「世界像および生活様式の理論的かつ実践的な、また知的かつ事実的な全面的合理化という近代的な形態は次のような帰結をもたらした。すなわちこの独自な合理化の過程が進展するにつれて宗教のほうはますます――世界像の知的形成という観点から見て――非合理的なものの中におし込められていった」［ウェーバー（一九七二）五九頁］ことを観察しているし、同様にして、「『聖なるもの』と見做される宗教は次第に遠ざけられ、達人が聖者として直接に崇拝の対象とされたり、その人の祝福や呪術的な力を世俗的なり宗教的なりの救済を促すための手段として俗人が買い取ったりするようになった」［ウェーバー・前掲書・七四頁］として、世俗化の過程の進行につれて宗教そのものの衰退も予見している。

ウェーバーは、『プロ倫』において「世俗内禁欲」が宗教的基盤と情熱とを失えば宗教的信仰は喪失（世俗化）していくことを随所で述べている［ウェーバー・前掲書・三五一、三五五〜三五六、三六二〜三六四、三六六頁］。そして「こうした過程で誕生した『資本主義の精神』は、最も宗教的な情熱に溢れた『世俗内禁欲』がその宗教的な核心を失いつつ反転して、最も苛烈な『営利の精神』を生むという基本的な構図がある」としている。

果たして、この部分はウェーバーの現代資本主義への警告なのか、それとも社会科学者としてのクールな一観測を綴ったにすぎないものなのか。いずれにせよ、その後にわれわれが目にする全社会的な規模の世俗化に発展したのである。

第3節　エートスとクラトス

ウェーバーには宗教人として確固とした宗教学がなかったと言われるなかで、救済宗教(2)としてのいわゆるゲマイン

(2)　救済宗教：現世的な苦難とともに内面的な高度の倫理的な罪の心情的救済を含むもの［柳父（一九九二）一九〜一二三頁］現世と人生の無価値（拒否）を前提としそこからの救いを教える宗教。キリスト教と仏教が代表的なもの。

デ宗教意識は強く、こうした意識を通じて、政治現象を以下のような特徴を有するものと見ていた。すなわち、第一に政治はその合理化された状況ではいわば権力クラトスに支えられた行政であること、それは合理化された経済と同様にして、一種の企業経営ベトリープ（Betrieb）と同じくきわめて唯物的な性質を有するものなること、さらに第二に、政治とはそれが極端に非合理的に営まれた場合には革命とも戦争とも称し得るものなること、そこにおいては、政治的行動は共同体そのものの死活を賭けた契約事とも言えること、そうなれば、政治行動は一種の宗教的行動に類似してくること、である［柳父（一九九二）三八頁、ウェーバー（一九七二）一一七～頁］。(3)

この点について柳父は、ウェーバーの分析では、「政治とは権力現象（支配―服従関係）である、権力の背後にはいつも『強制力』ないし『暴力性』が潜んでいる」としているが［柳父（一九九二）三八頁］、ウェーバーの活躍した時代は鉄血宰相ビスマルクが独裁権力を恣にした時代であったことを思い合わせれば、ウェーバーのこのような定義も理解できないことではない。

こうしてウェーバーは国家理性について「それは権力の法則を媒介にして目的合理性のもとに追求される『責任倫理』の営為である」としている点［柳父・前掲書・三九頁］に関しては、むしろ同じくウェーバー・クライスに属して、倫理と実践の相克のもとで倫理性に重点を置くマイネッケや、さらにはマキアヴェリの主張に共感を抱く［坂本（二〇〇四）一三八～一四八頁］。したがって、柳父はこうしたウェーバーの「国家理性」の正しさの主張に対して、「救済宗教の視点からすれば、それはどこまでも『倫理的欺瞞』であり、『倫理の猿真似』に過ぎない」として、「ウェーバーがこうした純正な『ゲマインデ宗教意識』が生き続けている以上は政治の世界、すなわち、押し詰めれば『国家権力』と、『宗教倫理』との共存は、原理上不可能だということになる」［柳父（一九九二）三八頁］として批判を加えている。すなわち、ウェーバーにおいてはトレルチとの比較において、「政治と倫理とは峻別されるべきもの」となるのである。(4)

なお、ウェーバー研究の権威Ｈ・Ｅ・テートによる「プロテスタンティズムの倫理」に関するトレルチとウェーバーの解釈上の比較分析を掲げて両者の差異を検討いたしたいところであるが、これに関してはすでに第6章第2節（二）にて触れてあるので同項をご参照願いたい。

さて、エートスは一般的には「倫理的な動機付け」のごとくに解されて、宗教的な意味合いを濃く擁しているものであるが、ウェーバーにあってはむしろこれを、神の栄光のための①宗教的エートスと、営利のための、②世俗的エートス、の二つに分けて用いている［金井（一九九一）八三頁］。たしかに、こうすればウェーバーの「禁欲的プロテスタンティズム」と「資本主義の精神」の関係もより鮮明となる。もっとも世俗的エートスに禁欲的プロテスタンティズムという宗教的含意を込めるのは紛らわしいということになれば、せっかくのウェーバーの巧妙に構築された「資本主義の精神」論もその根底を揺るがしかねない。しかし筆者は、このような前提に立っての金井新二によるウェーバーの「資本主義の精神」解釈［金井・前掲書・八七〜九〇頁］に基本的に同調したい。

すなわち金井によれば、ウェーバーの西洋近代における「資本主義の精神」は、その後、合理的営利追求を目的とする自己目的的な「職業義務」とする近代的「職業人」における「合理的営利の精神」として理解されたのである。

しかし、ウェーバーは、以下のことを理由として、この「精神」を資本主義的秩序への「適応」として説明不可と

（3）　主体的な参加者による宗教的・経済的・政治的利害を巡る新しい共同体。ゲマインシャフトとゲゼルシャフトの中間のもの。［柳父（一九九二）二三〜二九頁］

（4）　「心情倫理」と「責任倫理」：道徳的善悪を見定める基準。「心情倫理（Gesinnungsethik）」は、行為の動機や心情を重視し結果を考慮せず「価値合理性」の主張にすぎない。原始キリスト教や福音書の倫理など。「責任倫理（Verantwortungsethik）」は行為の動機や心情の上にその行為が未来において引き起こす結果に重きを置いて道徳的価値を判断するもの。たとえば、政治の世界に適用。［青山（一九五二）四、五頁］［金子武蔵（一九八九）］

主張した。［ウェーバー（一九八九）五一、八一～八二、八四、三二三頁、注6、三四六～三四八頁注1］

❶「近代的」資本主義はプロテスタンティズムの合理的職業倫理を先行要件としてのみ誕生し確立しえた、と主張したこと。

❷近代資本主義の「営利の精神」とは禁欲的プロテスタンティズムの申し子として著しく「倫理的」なもの「非人間的」なものであること。

❸近代「資本主義の精神」はそれ自体としては資本主義経済社会体制の確立に先立って生まれたものであると主張したこと。

しかし金井は、まず❶については、必ずしも宗教的禁欲による「価値合理的」な方向からとはかぎらず、むしろ現代では、純粋に経済的な「目的合理的」なもののほうが圧倒的に多いというべきであり、さらに❷については、プロテスタンティズムの倫理は「営利欲」の説明に都合よく利用されたにすぎず、いわば新たな発言形式を与えたにすぎない。拝金主義、マモニスム（Mam monism）であり、倫理の衣服を着たにすぎないとも言え、そして❸については、資本主義の「精神」は資本主義的秩序に先行するというのは誇張であり、誇張的表現の極地であること、と指摘している。

金井は以上から、「西欧近代の資本主義の『精神』とは、経済的営利の自律的要請がキリスト教的職業倫理と折衝するところに生じたものであり、その双方を適度に満足させる妥協の産物としての『合理的営利の精神』のことである」としている。ウェーバーの積年の宗教学も「資本主義の精神」の説明のためにプロテスタンティズムの倫理の衣服を巧みに着用したまでのことで、「資本主義の合理的営利の精神」説明の具に供せられたまでのことではないかと考えられるのである。「禁欲的プロテスタンティズム」をその首座に据えた「資本主義の精神」は、いまや両者ともにウェーバーの唱えたような痕跡は微塵もなく、自ら退路を招こうとしている。要するに、ウェーバーの言うエートスとは、もっぱら世俗的エートスを意味していて宗教的なものではないと解釈すれば、彼のそれ以降の説明や、激しい世俗化、資本主義の精神の腐食化現象には納得がいく。

第4節　世俗化現象と現代ヨーロッパ

ウェーバーと並んで二〇世紀を代表する宗教社会学者デュルケムによると、人類の歴史は世俗化の歴史であり［デュルケム（二〇〇五・上）八六〜八七頁、（下）三三三〜三四九頁、金子（一九七六）八一〜八四頁］、事実ルネサンスや宗教改革以降、時代を経るごとに世俗化は加速化され、われわれの社会生活の隅々にまで行きわたっている。

キリスト教がとくにヨーロッパにおいて深刻なまでに地盤を失っている現在の状況を**テルボーン**（**Göran Therborn, 1914〜**）は統計により以下のように示している。

世俗化の傾向は必ずしも一様ではなく、一般にカトリック教会よりもプロテスタント教会で顕著であるが、一九九〇年代において少なくとも週一回以上教会に通う信者の比率は、旧西側諸国では平均で三三パーセント、うち北欧三か国の一〇パーセント近辺からフランスの一七パーセント、旧西ドイツの三三パーセントであり、旧東欧諸国では平均で二四パーセント、うちロシアの六パーセントを筆頭にきわめて低い。しかし、例外としてポーランドの八五パーセント、アイルランドの八八パーセントがある。ちなみに、米国では五九パーセントと西欧の二倍近い。こうして現在では、「かつてヨーロッパは宗教的であった」と過去形で表現されている(5)［Therborn, 1995, PP 272〜276］。

以上の通り、たしかに世俗化は、近代の歴史を形成する積極的な推進力であった。信仰の生命が枯渇し、死滅するとき、世俗化はその頂点に達していわゆる世俗主義の誕生をもたらした。金子晴勇はこのことを捉えて、「肯定的世俗化が否定的世俗主義に転落する」と形容している。すなわち、自然科学の発達を中心に近代史の積極的推進力として世俗化の意義は十分に評価される一方で、次第に聖なるものを失い、生命を失った荒涼たる世界のみが人間社会に現出することを意味した。

そこで彼は、「世俗化にはその両義性と弁証法的意義とがある」としているが［金子（二〇〇一）三八頁］、ウェーバーの近代社会科学の発展に対して比肩し得るもののないほどの寄与をもたらした反面、世俗化が「資本主義の精神」からいわば魂を奪ったと思料される点を述べようとしている本論もまさにこの文脈上にある。

一般的に、社会の世俗化の水準は世俗化される対象である宗教の水準と逆比例し、宗教の質が高ければ高いほど世俗化も逆比例して激しい形で生じると言われる。つまり、世俗化はキリスト教西洋社会に特有の現象なのである。

こうしたキリスト教世界においては、神のもとに現世と来世とが一元的に統一されているとされるが、東洋においては、とくに仏教では世俗化という発想はもともと存在していない。それは、仏教にとっては、この世において何らかの形をもったものはすべて世俗であると考えられているからである。［ベラー（一九九六）一六〇～一六九頁］

キリスト教社会ではまた、世俗化は聖なる宗教の世界からの人間回復の過程を示すものとして起こり、ルネサンス時代には人間の自己解放の不断の過程を示すものと賛美された。

このような世俗化過程は、古来、無数の学者によって多角的に捉えられている。バーガーによる「人間の理性的自律説」、ゴーガルテンによる「不信仰・信仰の生命の枯渇説」、R・N・ベラーによる「宗教の純化・再生の過程説」など多岐にわたる解釈が行われているが(6)、とりわけテンニースの説く「利益社会の発達説」は、現代資本主義文化のもとでの世俗化の進行を直截的に言い表している。なかでも、マックス・ウェーバーの『プロ倫』はもっとも世俗化を加速化したものである。すなわち、ウェーバーによる近代的な職業観と資本主義の精神はたしかに近代資本主義の発展をもたらしたが、その傍らでは激しい世俗化をもたらした。

ウェーバーの世俗化論についてはすでに十分触れたところであるが、これを金子［金子（二〇〇一）九〇～九七頁］ならびに『宗教社会学論選』を参考に以下のごとく略述しよう。

①禁欲による合理化と資本主義の精神――神への信仰により富が増すようになり信仰の「腐食現象」といわれている世俗化が必然的に起きる。

②ピューリタニズムの人生観と資本主義――信仰の世俗化が生じたのは信仰の内面性を強調したルター派が支配的であった地域ではなく、行動的なカルヴァン派が浸透していったとくにピューリタニズムの行き渡った地域であった。その基本概念は、できる限り利得するとともにできる限り節約するものはできる限り他に与えねばならない、というものであった。

③世俗化と世俗主義化した「末人」の運命――ウェーバーは「文化発展の最後に現れる『末人』にとって精神のない専門人、心情のない享楽人、この無のものは人間性のかつて達したことのない段階に登り詰めたと自ぼれるだろう」として、世俗化が行き着く先はこのような「末人」とも称すべき非人間のはびこる荒涼たる社会が到来するであろうと予見した。

（５）その後の統計では、フランス二一％、ドイツ一四％、ロシア二％、ポーランド五五％、アイルランド八五％、とあり、米国では四四％と大半の国で低下している。（Ontario Consultants on Religious Toleran, 1995～1997調査。）

（６）これらの諸説の名称は、それぞれの説の内容から筆者が命名したもの。さらに、バルト、ボンヘッファーなどの世俗化論も特異なものがあるが、その類似性からゴーガルテンの「不信仰・信仰の生命の枯渇説」の中に包摂した。詳細小論、「現代世俗化社会とキリスト教」（日仏経済学会『Bulltin』二〇〇六年号）。

問題なのは、世俗化がもたらした科学文明の発達と背中合わせに進行した宗教的象徴の衰微であり、それに続く「資本主義の精神」の腐食化である。そこでは、自然はもはや人間にとって神秘ではなく荒涼とした原野にすぎない。そして、そこではもはやキリストが説き、人間が必要とする超自然的な愛が枯渇してしまうことである。

まさしくヒュームが唱えたように、「理性は情念の奴隷であるばかりか、そのようにならなければならない。理性は情念に仕え、服従する以外の他の課題を求めることはできない」のであり、ウェーバーはこのような殺伐たる人間社会の到来を予見して、これを「不可避なもの」と告げることに意義を見いだそうとしたのか、それとも宗教の衰微を食い止め、このような社会を招来してはならないと警鐘を鳴らすことに真の狙いがあったのか不明のままである。

こうして宗教改革者たちの追求が経済的発展（近代資本主義）に対してもった影響（すなわち「資本主義の精神」の誕生）は、まったく意図せざる結果なのだとヒュームは言うのである。これは、「彼岸的追求の此岸的な『逆説的な影響力―比類を許さないまでの激しい富の追求――資本主義の精神――』である。ここに意図せざる結果とは、『歴史のパラドックス』である」という論理が登場する。［金井（一九九一）一二頁］。

金井新二はこれを称して、二王国論者（Caesar & God）の世俗化現象であると説いている。たしかに、歴史上はこのような偶然性を強調しても何ら問題はないと思われる。しかし一方では、ウェーバーのごとくに「資本主義」の発展の結果としては已むを得ないものがあるかもしれないが、偶然性を強調するのみでは今後の一層の発展に向けて何ら生産的でないばかりか、科学性に乏しいという謗りは免れない。

要するに、ウェーバーは伝統的宗教・世俗内禁欲主義を現代資本主義文化に合わせて解釈・伝播することに貢献があったのであり、いわば伝播者としての功績は評価に値する。あるいは、神の命令に従って現世を倫理的に合理化する召命（使命としての職業）にまで高めた日常生活の行為が、救済の状態にあることの証左となったのである。そこで中野毅のように、「現代社会が目的合理性や経済的効率性、技術的手段に依存する度合いが大きくなればなるほど人間性や価値・道徳を喚起し、正当化する源泉が求められてくる。総じて西洋世界における世俗化のプロセスは直線的進化の過程ではなく逆転可能（可逆的）な過程である」という解釈が成立する［中野（二〇〇二）六六頁］。

こうした世俗化の進展する中にあって、宗教が以下のごとく徐々に復権を図っているものもある。それらの特徴としては以下の三点が挙げられる。

❶ 聖典の無謬性を文字通りの受容を至上のものとして主張し、道理主義をある意味では否定して社会生活全体を宗教的倫理で律しようとする原理主義（ファンダメンタリズム）が顕著になってきたこと。

❷ 国境を越えて各地で展開している様々な新宗教の多くが近代西洋文明を支えた絶対神への信仰を背景にした禁欲的プロテスタンティズム的なものではなく人間や自然に内在する神秘的な力や霊性を強調する宗教運動であること。

❸ 民族主義またはナショナリズムの台頭と深く結び付いていること。宗教が再びナショナリズムの源泉として利用され、新宗教運動が抑圧・排斥される事態が顕著となる。［中野・前掲書・一一五頁］

しかし、永年ヨーロッパを中心に精神文化や文明の基礎を成してきたキリスト教が、一旦世俗化の進行過程で腐食化を起したのち、上記の新興宗教のごとくに復権を成し遂げることは至難のことのように思われる。また、ウェーバーは世俗化に十分留意しているように見えるが、世俗化の是非については問題視していないし検証もしていない。世俗化の促進は、彼が意識的に計画したものか、それとも彼の意図とは反対に結果として生じたものであろうか。

まとめ

今日のヨーロッパ社会のような無神論的な世俗文化が支配的である状況にあって宗教はまったく無力となり、元来文化の基底を成すものであるべきところ、むしろ宗教は文化の実体であることさえとどめているように思われる。そこでは神を否定して「神の死」を宣言し、「ニヒリズム」を主張するようになった。

ボンヘッファーによれば、世俗化は人間が自分の関心をあの世からこの世界・この時代に転じるときに起きるとされ、いわば「人間が成人になる」ことであるとする。宗教心は人間の心のもっとも深いところに宿る霊性とも言われるが、これが働かないと理性や感性に対する抑制やコントロールを失い、理性のみに頼る極端な合理主義者や道徳主義者とか感性のみに従う皮相な芸術家や快楽主義者などを輩出する。［金井（一九九一）二四三頁］言ってみれば「末人」の出現である。

学生時代に『プロ倫』に初めて接しておよそ半世紀にはなる。それ以来『プロ倫』に心酔し、エートスも禁欲的プロテスタンティズムも十分の理解を得ないままに、これこそが「資本主義の精神」なのだと信じて座右の銘のごとくに抱いて永年資本主義社会の一隅に奉じてきた。しかし、現実に見る資本主義社会は、「資本主義の精神」とは何かを訝しめるもので溢れている。禁欲的プロテスタンティズムとは似ても似つかないものばかりである。

『プロ倫』解釈に関する近年の激しい論争に関しては資料検索や方法論など技術的な面が主体である上に、多分に研究者としての面子をかけた感情的な対立が露わで、ウェーバー研究が専門ではない者からすれば、やや冷静さを欠いているのではないかと思われる。

プロテスタンティズムの倫理の上に築かれた職業倫理は勤労と節約を通じて富の蓄積をもたらしたが、現世的欲望が募って宗教の一層の形骸化をも招来した。キリスト教社会では、ルターの宗教改革に始まるこうした世俗化は聖なる宗教の世界からの人間回復の状況を示すものと解され、人間の自己解放の不断の過程と賛美されて人間復興を唱えるルネサンス時代には格好の手段であった。

こうした状況を捉えてテンニースが、「世俗化は、利益社会の段階に入って制度宗教の公共的妥当性が次第に失われていくことが確認される過程である」と指摘したように、世俗化は人間解放の動きとは裏腹に、次第に宗教自体の存在意義が薄れていくプロセスでもあった。

たしかに、これらはいずれも宗教社会学者としてのウェーバーがいみじくも予見したところのものであり、このこと自体ウェーバーに何ら非はない。ウェーバーの予見通りに、あるいはそれ以上に倫理は廃れ、世俗化は進行し、資本主義の精神は腐食化している。そして、日々に社会の無機質化は進行している。

ルターの宗教改革に始まるこうした世俗化は、元来聖なる宗教の世界からの人間回復の状況を示すものと解され、人間の自己解放の不断の過程と賛美されて、人間復興を唱えるルネサンス時代には格好の手段であった。しかし、「利益社会の段階に入って制度宗教の公共的妥当性が次第に失われていくことが確認される過程である」と世俗化に対するテンニースの指摘にあるように、世俗化は人間解放の動きとは裏腹に、次第に宗教自体の存在意義が薄れていく過程でもあった。

本来、禁欲主義が目指した善への欲求が、むしろ悪の創出を行う結果となっていたからであった。神と富の併存が不可能であることの何よりの証左であった。

ウェーバーは禁欲主義の限界や世俗化の予見に重ねて、なおも「禁欲による合理化と資本主義の精神」を説き、信仰の世俗化と資本主義の精神の「腐食現象」を惹起した。すなわち、ウェーバーの説く「倫理」とは、政治においても、経済においても、想像を絶するほどに巧みに化粧を施した隠れ蓑ではなかったかという疑念が再燃する。そして、このような資本主義の信奉者が、果たして何処まで敬虔なる宗教人であり続けられたのだろうかとの疑問も湧く。

真の問題は、世俗化によって人間が現実の理性や感性への傾斜を深め、霊性への関心からますます遠ざかったため人間性の危機を招いてしまったことにあった。政治や経済に絶対的な末人が蔓延《はびこ》り、社会の無機質化は進行する。そして、エートスがなければ国家ナショナリズムが絶えず力を蓄え、統合の行方を阻む。ウェーバーはこうした殺伐たる人間社会の到来を予見して、これを「不可避なもの」と告げることに意義を見いだそうとしたのか、それとも宗教の衰微を食い止め、このような社会を将来してはならないと警鐘を鳴らすことに真の狙いを定めたのだろうか。

英国政治学者**H・ラスキ**（Harold Laski, 1893～1950）の唱える「プロテスタンティズムの精神からすれば、ウェーバーの『プロ倫』は時期的に尚早であって、プロテスタンティズムはむしろ先に近代政治的自由主義と結びつくべきであった」という主張が、今更のごとくに現実味を帯びてくる［Laski, 1936, PP.92～96、石上訳（一九五一）八八～九二頁］。

第9章

プロテスタンティズムの倫理と脱世俗化

——過度の世俗化論への反省——

創造は神の啓示である。

出典：フォイエルバッハ『キリスト教の本質』

現代社会が抱える深刻な問題の一つに、社会格差の拡大と少子化がある。そして、対極には、およそ既存の道徳通念に悖《もと》ると思われる非道な犯罪が横行している。社会格差の拡大や少子化、あるいは旧来の道徳や倫理基準を遥かに超える犯罪の多発化など、近年の一連の社会事象は一体何に起因していると言うべきか。

それは、前二者にあっては世俗化が誤った文明化を助長したことにあり、後者にあっては人間が宗教の教えのもとに体得して、自らを戒めてきた道徳や倫理の箍《たが》が外れ、長年培った文化を破壊し、自由を一切の束縛からの解放とはき違えるに至ったことにあると言えるのではないか。また、人間が自らを装ってきた文化の衣を脱ぎ捨てて、動物性を剥き出しにし、自然の森に先祖帰りする状況そのものではないか。いずれも、過度の世俗化がもたらした現代人の浅薄な理性の帰結であると言えまいか。

これまでに世俗化が現代先進社会に及ぼした諸々の影響について論じ、ウェーバーが唱えた世俗化は現代を予見してのものか否かについて論じてもきた。世俗化が人間社会に浸透後の社会現象を観察すれば、世俗化は人間社会に深く根付いた文化や風習、秩序を揺るがし、ときに破壊もして、いたずらに弊害が目に付く。世俗化のもたらした人間社会の表層部分の変化のみを取り上げてみれば、それは価値基準の一元化を狙いとする現代のグローバル化にも酷似していると言えまいか。むしろ、世俗化の行き着くところ、それこそグローバル化だとさえ言い切れそうな気さえする。

世俗化は社会の文明化に伴う必然的な傾向と考えられてきたが、それはいまや決して修正不可能な公理や鉄則ではなく、世俗化論はもはや誤謬の墓に葬られるときに来ている、との声さえ囁かれている。世俗化論が葬られる時期が到来しているとすれば、脱世俗化時代をいかに担うかについて改めて宗教の見直しが端緒となろう。

第1節　世俗化論の伝統的主張とその隘路

近代化は必然的に社会および個々人の意識において宗教の衰退へと導く、というのが世俗化論の基本的な概念である。実際のところ、近代化は多かれ少なかれ世俗化を促したが、行きすぎた世俗化によって社会の無機質化が進行し、この動きを阻止するための反世俗化運動をも引き起こした。また、社会レベルの世俗化が必ずしも個人レベルの意識の世俗化には結び付かないことも注視しなければならない。すなわち、現在、定期的に教会へ通う者や宗教的行事に参加する者の数が著しく減少しはしたが、これが個々人の宗教的信念の放棄であることを意味していないことも見落としてはならない。教会や宗教団体など、いくつかの宗教機関では社会的権力や影響力を失いはした。しかし、新旧の宗教ともにそれぞれの信念や慣行は個々人に今も生きていて、時に新しい型の制度や宗教的情熱の発露へと導いている。

第7章で詳述の通り、世俗化論はそれまでのカトリック専横の中世社会の教会中心主義に反旗を翻したルターを主峰とするプロテスタンティズムの台頭以来、熱心に唱えられてきて、その解釈も多岐にわたった。その中で、とくに現代社会に大きな影響を及ぼしたと言われるのが、ウェーバーの『プロ倫』に代表されるいわゆる「利益社会の発達説」によるものであった。すなわち、人間解放の動きとは裏腹に、世俗化の進展につれ、彼も宗教自体の存在意義が次第に薄れていく過程の到来を予告していた。それは、現世における行動原理や生活目標が究極的なもの、そしてやがてイデオロギーに転化していくものと考えられ、これが新しい社会秩序や政治秩序を形成していくものとされた。

マックス・ウェーバーは、こうした時代の趨勢を巧みに捉え、自ら信奉するカルヴァン派のプロテスタンティズムの倫理を用いて、これこそ台頭する資本主義の基本精神の基礎をなすものとして、プロテスタンティズムの倫理に沿った勤労の精神こそその果実とも言うべき報酬の恩恵に値し、やがて資本主義の発展をもたらすことができると説いた。

自らに厳しい戒律を課して勤勉に天職に奉じてこそその果実を享受する資格があり、またそうした行動の帰結としての、企業の発展や資本主義の拡大は正当化されるものとした論法は見事なまでに大衆を魅了し、多くの共感を得ることができた。

もちろん、こうした流れの背景には、それまでの**ブレンターノ**(Lujo Brentano, 1844~1931)や**ゾンバルト**(Werner Sombart, 1863~1941)を代表とした思想家たちによる存分の思想的基盤が敷設されていたからこそであるとの見方があり、ウェーバー自身彼らの影響を多分に被っていることもこれまでに述べた通りである。しかし同時に、ウェーバーの強調した宗教と経済との親縁関係と、ブレンターノの説く倫理性（経済倫理）と営利追求（経済的目的）との間の対立性とは、相互に少なからざる乖離のあったことは事実であり、ゾンバルトとの関係においても、その経済的合理主義理論はウェーバーの強調した宗教的倫理とは必ずしも一致せず、両者を直線で結べるような共通点ばかりではなかった。

現代の世俗化の弊害を検証するに際しては、まずこれら二人との当時の論争をもう一度瞥見してみるのがきわめて有効である。すなわち、まずブレンターノの議論で注目すべきは、宗教と経済の関係を、経済倫理はいわば宗教的な理想の追及であるとして、むしろ資本主義経済が求める営利追求とは基本的に対立関係にあることを強調している点である。

これに対してウェーバーの議論では、合理的生活態度を有するプロテスタントの信者たちを新しいタイプの人たちの出現と捉え、プロテスタントの多数存在していた地で、当時偶然にも産業の発達していたことを理由に掲げて、この宗教のもつ戒律の厳しさや勤勉さこそ、その代償として存分の報酬に浴することを正当化し、それによって宗教と経済との間に「親縁関係」ありと強調したものであった。

このように、ウェーバーはブレンターノとの関係で言えばむしろきわめて鋭い対立関係にあり、ウェーバーの主張はことごとくブレンターノの批判を浴びる結果となった。ただし、ブレンターノにおいても、近代資本主義の発展に対するカルヴィニズム主体の宗教改革の意義についてはこれを十分認識しているところではあった。［大塚（一九六九）一〇一頁］。

もっとも、大塚も強調しているように、ウェーバーは決してカルヴィニズムが資本主義の精神の倫理的性格の唯一の源泉であるとは考えていなかったと言う。だから、この点にブレンターノの誤解があったとしていて［大塚・前掲書・一〇九頁］、倫理的性格については、一見ウェーバーはかなり恣意的に資本主義精神を想定したかに思われるとしているが、ここで問題とされるのは、資本主義精神だけではなくてカルヴィニズムの倫理的性格に関してもである。資本主義精神が近代の資本主義的企業に対してもっとも適合的な関係に立つ「精神」であることは、大塚のウェーバー擁護論通りであろう。

私が問題にしたい点は、むしろウェーバーが、「カルヴィニズムが資本主義精神の倫理的性格の唯一の源泉」であると考えているのではないとする点である。ブレンターノは、むしろプロテスタンティズムよりもカトリック的な「vocatio」[1]の観念の漸次的な変化として捉えていた［大塚・前掲書・一一六頁］とされるほどに、両者ともにカルヴィニズムの倫理的性格にのみ資本主義の精神の源泉を見ないのならば、何故ウェーバーは「プロテスタントの倫理」と、あたかもそれが資本主義の精神と何らかの（むしろ直接的な）因果関係があるかのごとき紛らわしい表現をあえ

（1）天職（calling）の意。vocationとも。ルターによればこれはさらに二分され、vocatio spiritualis（spiritual calling 宗教上の天職）とvocatio externa（outward calling 物象的職業）に分かれる。（The Encyclopedi of Christianity Vol.5 2008 Michigan）

てとっているのであろうか。

大塚はなお、「プロテスタンティズムないしピューリタニズムの倫理が、直ちに資本主義精神そのものであったとか、いわゆる近代的自由主義ないし、個人主義それ自身であったなどといったことが、聊かでも主張されているのではない」としているが、それならば、何故ウェーバーは「プロテスタントに代表される倫理」といったもっと他宗派の倫理をも包摂する余地を含むような表現をとらなかったのだろうか。

こうしたブレンターノとの関係に対して、ウェーバーとゾンバルトとの関係においてははっきりとした影響関係があった。すなわち、両者ともに近代資本主義の精神に注目し、それが冷静かつ合理的な営利の精神であり、それは自己目的化した栄利追求の精神で、カルヴィニズムが促進的な役割を果したと見た点である。

こうして、ゾンバルトによるウェーバーへの影響が頗《すこぶ》る大きかったと見られている。すなわち、ゾンバルトがあくまで「近代資本主義の精神」は経済的合理性を主に経済的技術の賜ものと見たのに対し、ウェーバーは、その原因を合理的生活態度をもち、厳しい戒律の宗教人という新しいタイプの人たちの出現に帰した。宗教特有の倫理性と、その対極にあるともいうべき営利追及の正当化という特異性、この一見論理の飛躍とも思えるウェーバーの巧みな論法が、当時においてはまさに時代を画するほどの説得力を得るのに奏功した。さらにウェーバーは、プロテスタンティズムがなければ、近代資本主義の精神もなければ近代的資本主義そのものさえないと主張した。すなわち、ゾンバルトとは多少の対立こそあれ、基本的には共通点が多かった。

ウェーバーとブレンターノ、あるいはウェーバーとゾンバルトとの関係の実証的歴史研究にあたって、上述の「親縁関係論」とは別に、企業家の精神とプロテスタンティズムの禁欲的な職業倫理との間には歴史的な因果関係があるのではないかとする、いわゆる「因果関係論」とがある。この二つの問題に対して、一般にはウェーバーは初めの「親縁関係」については答えているものの、あとの「因果関係」についての回答は不明であるとされる。

表9－1　宗教行事への参加状況

	フランス	ベルギー	オランダ	ドイツ	イタリア	アイルランド	英国	ギリシャ	ポルトガル	スペイン
1970	23	52	41	29	56					
1975	22	45	44	26	39	93	17			
1980	14	38	31	21	37	91	9			
1985	12	27	24	19	37	88	8	26		
1990	13	30	36	21	46	85	13	24	42	35
1991	10	24	35	19	46	82	13	24	39	33
1992	9	22	22	17	43	79	6	26	33	27
1993	12	27	33	15	45	81	7	25	31	33
1994	11	27	28	16	41	77	12	24	37	36
1998	5	10	14	15	39	65	4	21	30	20
減少率	－0.62	－1.29	－0.78	－0.59	－0.19	－0.85	－0.23	－0.25	－1.09	－1.30
観察件数	18	18	18	18	18	16	16	10	8	9

出典：The Mannheim Eurobarometer Trend File,1970-1999
宗教行事への参加状況：週一回以上参加をカウント

本章で論証するところは、これを現代社会で、プロテスタントを中心に他宗教との比較において、その倫理性などの比較において必ずしもウェーバーの主張が的を射ていないことを証明しようとするものである。現に、こうした理由から**金井新二**（一九四二～）も『プロ倫』に見る限り、ウェーバーは主観主義的危険性を露呈している」と指摘している。次節以下では、この危険性が現実化していることを統計によって示そうとするものである。

表9－1に参照するように、世俗化が進んだ現在ではプロテスタント信仰はおろか一般宗教の信者さえその数は夥しく減少し、これをもってすればウェーバーの予告の通り、あるいはウェーバーが予期した以上に世俗化は著しく進行しているかのように思える。

たしかに、一時は人々が安息日の礼拝に参集したものだが、現在では信徒席（**Pews**）はほとんど空席が目立つと言えるほどである。過去五〇年間におけるヨーロッパの教会での調査ではこのことを如実に証明しているが、米国のケースは例外である。

同表に明白なように、ヨーロッパ諸国の教会など宗教行事への市民の参加状況は悪化の一途を辿っている。統計にある一九七〇年以降の三〇年間でさえEUのコアー加盟国（創設六か国）においてその減少度は夥しく、この間辛うじて面目を保っているのはペリフェリー国のアイルランド、ポルトガル、ギリシアなどの数か国のみである。また、米国などEU以外の諸国との比較については、別途第8章第4節にてテルボーンの調査結果をもとに触れてあるところであるので同項を参照されたい。同項に記しているように、米国における宗教行事への参加状況は五九パーセントと欧州諸国の比ではない。

文明化が進展すれば人間による自然や環境に対する支配が次第に高まり、その高まりにつれて人間の神に対する依存度も次第に減少するというのも至極当然のことと思われる。また、最大の宗教参加の衰退は豊かで安全な国家において起き、かつそこでは宗教の重要性が消失してしまってからでも宗教自体の衰退は進行すると言われる。

第2節　ウェーバーのプロテスタンティズム倫理の欠陥

ウェーバー理論の主題は、まず「資本主義的経済活動とプロテスタントの宗教信仰との間の相互促進的な『親縁関係』を主張すること」であり、次に「非世俗的、禁欲的信仰と資本主義的営利生活との内面的『親縁関係』を主張すること」であって、それと同時に「科学的知識の普及と教育水準の向上とはあらゆる産業において、合理的世界観の増大へと導く傾向がある」とするものであった。さらに彼によれば、「科学や技術に対する信念が、奇跡的にも、思想的にも、信仰を衰退させた」とするものであった。そこで、ウェーバー理論に対する反証の一つは、そうした科学

表９－２　職業倫理度に関する中央値

	固有の報酬	金銭的報酬	義務としての仕事
全体	54	55	72
内宗教文化（Religious Culture）			
プロテスタント	50	49	68
カトリック	52	52	72
オーソドックス	51	55	73
イスラム	70	70	90
東方教会	53	52	75
社会形態			
ポスト産業社会	50	46	65
産業社会	53	55	74
農業社会	61	63	81

本表における数値は100を満点とし、各々の作業の倫理度は
固有の報酬；イニシャティヴを取れる機会、達成感のある仕事、責任ある仕事、能力にあった仕事、周囲から尊敬される仕事、興味のある仕事を選好する場合高得点。
金銭的報酬；時間、休暇、給与、安全、を選好する場合高得点。
義務としての仕事；仕事優先、社会的義務、無為に報酬を得ることは罪悪を選考する場合高得点。
出典：World Values Survey / European Values Survey, Waves 3 & 4 (1995-2001)
［Norris & Inglehart: p.165］本表は高得点ほど倫理度の高さを示し、他宗教文化（Religious culture）に比してプロテスタントの相対的な低さを示す。総じてイスラムの相対的高位な倫理度が目立っている。

技術に対する信念が果たして現実に宗教信仰を衰退させたかということであり、さらに付言すれば、プロテスタンティズムの倫理は果たして現代でも彼の説くような厳格性を有して、資本主義社会においてその精神の牢固とした下支えとして機能しているかということである。

もし、ウェーバーの理論が正しいとすれば、プロテスタンティズムの文化は今日でも命脈を保つ永続的な価値を残したであろう。これらの議論をさらに推し進めていくには、ウェーバー仮説の核心に焦点を絞る、すなわち他の宗教的文化（とくにカトリック社会の）に比較して、プロテスタント社会が現代の資本主義を導くもっとも強力な職業倫理を演じているか否かを検証しなければならない。これの目的のために、**表９－２**、**表９－３**、**表９－４**、**表９－５**は一つの有力な参考指標となろう。

表９－２は、職業倫理度の強弱を測る一つの指標として、それぞれの宗教文化（Religious Culture）ごとに、仕事の固有の価値、仕事が生み出す金銭的

表9－3　宗教文化別・社会別の経済的対応度（V2のみ尚要調査）

宗教文化の型	経済的平等VS 経済的刺激選好	政府の責任VS 個人の責任選好	競争の選好	私的所有制選好
	V1	V2	V3	V4
全体	5.9	5.6	7.5	6.1
宗教文化（Religious Culture）				
プロテスタント	5.8	5.1	7.6	6.8
カトリック	5.6	5.6	7.2	6.2
オーソドックス	6.4	6.4	7.5	5.4
イスラム	6.4	5.4	8.0	5.6
ギリシア正教	5.7	5.9	7.6	5.6
社会の型（Type of Society）				
ポスト産業社会	5.7	5.3	7.2	6.8
産業社会	5.8	5.8	7.4	5.8
農業社会	6.4	5.4	8.0	5.6
宗教文化による差異	.120	.131	.097	.182
社会の型による差異	.088	.080	.110	.177
対象回答者数	188,401	204,909	187,400	172,549

Q1：個人の努力にインセンティヴとしてより大きな所得格差（1点）/平等に（10点）を設けるべき。
Q2：総ての人がより満たされるために政府が（1点）/個人が（10点）より責任を負うべきである。
Q3：個人による私的所有を拡大すべきである（1点）/政府による公的所有を拡大すべきである（10点）。
Q4：競争は有害である（1点）、競争は有益である（10点）。
出典：World Values Survey/European Values Survey, Waves (WVS), (1990-2001)
［Norris & Inglehart: p.171］同表によれば、V2の結果については再調査の必要があるとしている。

な価値、義務としての仕事の価値の三点から、どの宗教文化がいずれの価値に重点を置いているかを観察したものである。これによれば、ウェーバーの仮説とは逆に他の宗教文化比較に比してイスラムの倫理性がもっとも高く、プロテスタントはこれら五つの中では最下位にランクされる。この理由としては、ポスト産業経済では、豊かさがレジャーやゆとり、職業以外の自己充実に重要性を求めるため、こうした職業倫理度の低さとなって現れていると見られる。

表9－3は、同じく職業倫理を測る一つの指標として、おのおのの宗教文化ごとに、経済的平等VS経済的刺激（格差）、個人の責任VS政府責任、競争選好、私的所有選好の四点から観察したものであり、**V1**（価値1）では平等志向に、**V2**（価値2）では個人責任に、**V3**（価値3）では

競争選好に、V4（価値４）では政府所有選好に高配点がしてある。これによると、V1ではオーソドックスやイスラムの平等主張が強く、V2ではオーソドックスが個人責任の主張が強く、V3ではイスラムが競争選考の主張が強く、V4ではプロテスタントが政府所有選好の主張が強いことが分かる。プロテスタントとカトリックの比較の上では、概してプロテスタントが信頼の念が厚くインセンティヴに重点を置くのに対して、カトリックでは個人財産や競争をより選好していることである。

表９－４は、宗教文化別の倫理観度（罪悪感）の比較を試みたものであり、それぞれに倫理観度の強いほど点数は低くなっている。これによれば、総じてカトリックやオーソドックスにおいて倫理観度は強い（点数は低い）ことが分かる。プロテスタントは、イスラムやギリシア正教ほどではないにしても倫理観度が高いほうにはランクされていない。

また、**表９－５**は、宗教文化別生命倫理価値観（罪悪感）の比較を行ったものであり、より広い範囲で生と死に対する倫理観を示すものと解することができる。この調査で、宗教文化ごとに経済倫理と一般倫理との比較をすることができる。この調査において調査項目である中絶、自殺、安楽死、に関する罪悪感・感応性に関してプロテスタントは、観察対象の五つの宗派の中でもっとも高位に位置づけられている。倫理観の厳格性を代表するものとしてウェーバーが対象に取り上げたプロテスタントであり、ここに掲げられた項目については、総じてプロテスタントの厳格性を物語っているということができよう。

こうして見れば、プロテスタントと他の宗派との職業倫理に関する比較上では、プロテスタントはウェーバーが対象とした時点とは異なり、生命倫理を除き、経済倫理ではむしろ他の宗派に劣後している状況にあると言える。

ウェーバーが『プロ倫』を発表した二〇世紀初頭がいまだ現代資本主義の黎明期とも言える時期で、ましてや世俗化も現在ほどに極端なまでに進行していなかったという、現代とは時代的背景がまったく異質であることを考慮に入

表9－4　宗教別の倫理観度（%Ethical Scale 罪悪感）

宗教文化の型	不正を知りながら政府に権利を請求	公共の交通機関に無賃乗車する	機会あらば税金を詐取	義務履行に際し賄賂を受領する
全体	61	59	60	74
宗教文化（Religious Culture）				
プロテスタント	67	61	56	76
カトリック	57	54	57	71
オーソドックス	54	47	50	72
イスラム	66	71	75	81
ギリシア正教	68	75	79	80
社会の型（Type of Society）				
ポスト産業社会	66	63	56	75
産業社会	55	50	57	71
農業社会	65	69	71	79
宗教文化による差異	.114	.171	.176	.081
社会の型による差異	.108	.155	.120	.065
対象件数（社会数）	75	75	75	75

質問：各項目に対し貴方はそれを是認するや否や。回答：是認する（10点）、是認しない（1点）。
出典：World Values Survey / European Values Survey, Waves 3 & 4 (1995-2001)
［Norris & Inglehart: p 173］

表9－5　宗教文化別の生命倫理価値感（%罪悪感）

	中絶	自殺	安楽死
全体	41	67	44
宗教文化（Religious Culture）			
プロテスタント	31	58	32
カトリック	45	65	43
オーソドックス	25	69	41
イスラム	60	86	72
ギリシア正教	40	65	34
社会の型（Type of Society）			
ポスト産業社会	25	50	26
産業社会	38	68	42
農業社会	60	88	65
宗教文化による差異	.480	.526	.596
社会の型による差異	.575	.715	.705
対象件数（社会数）	75	75	75

質問：各項目に対しあなたはそれを是認するや否や。回答：是認する（10点）是認しない（1点）。
出典：World Values Survey / European Values Survey, Waves (WVS), (1981-2001)［Norris & Inglehart: p 174］

れても、戒律の厳しさゆえにその倫理性が基準として選択され、資本主義の精神の源泉として認識されたはずのプロテスタンティズムであった。プロテスタント自体が、いわば一種の自己崩壊をしつつあるものか。それとも、資本主義の精神のもとになっていたがゆえに資本主義の発達と運命をともにして衰退しつつあるのか。現在では、このかぎられた統計のみから判断することはきわめて危険であるが、やはり問題はウェーバー仮説にも相当程度の主観主義的判断の危険性を包含していたということは言えよう。

次にウェーバー理論の反証として掲げるべきことは、果たして科学技術に対する信念が現実に宗教信仰を衰退させたかということである。合理的な世界観の受容がこの役割を果たすなら、科学に対してもっとも積極的な態度を有する社会が、宗教的な信仰に対しては最も懐疑的となるであろうという結論になるはずである。しかし、現実には、科学に大なる関心を示す社会がしばしば宗教的信仰にも強い関心を示している [Norris & Inglehart, 2006, P.67]。そのよい例がオランダ、ノルウェー、デンマークであり、これらの諸国ではもっとも世俗化が進んだポスト産業社会を有しながら、近代科学の一部である遺伝子組み換え食物、生化学上のクローン技術、核燃料などの利用による科学技術に対して国民による懸念がきわめて強い。

さらに米国のケースでは、まさにヨーロッパとは対照的で、神と科学の双方に対してきわめて強い信念を抱いている。一般に、イスラム社会でも神に対する信仰と科学に対する信頼とは決して矛盾する関係にはない。したがって、ノーリスやイングルハートは、信仰心の後退は必ずしも科学知識の普及や教育の普及を反映しない、それは、社会が台頭する実存的安全を経験したか否か、あるいは経済的停滞、国家的破局、国富の破産――共産主義経済の失敗の如き――を経たか否かに依存するとしている [Norris & Inglehart, op.cit. P.29]。

(一) 社会格差について

次の問題は社会格差である。現在、最大の社会格差は、多くの同じ所得が不平等に配分されているところで経験されている。これら二つの結合の結果として、富裕な国家はますます世俗化し、世界全体では一層宗教的となる。文化は、社会にとって生き残りのための戦術であると定義されてきた。そしてこのことは、以下の二つの基本的に異なる生き残り戦術の間の競争であると看做《みな》されてきた。

❶ 富裕で世俗化が進行した社会では少子化が一層普及し、おのおの子供への教育を含む高投資を行うのを常として長寿社会を形成する。経済的・技術的水準も高く、戦争のリスクを回避しようとする。

❷ 一方、貧困で伝統的な社会では依然として多産を旨とし、個々人への投資は小さく抑えられ、息子が娘よりも重用される。死亡率はきわめて高く、暗黙に子供がみな生き残るような期待は抱かない。

こうして、先進工業社会の出生率低下と貧困社会の出生率上昇とが常習化する。結果として、次の三つのことが言われる。

❶ 人間の安全性の向上に伴い、実質的に先進工業社会の大衆は一層の世俗化の方向へ向って動いてきた。にもかかわらず、世俗化が勝者のごとく進み、宗教が世界的に消失するというのは誤りである。

❷ 貧困社会の人口統計上の傾向で、世界は以前にもまして伝統的宗教観をもつ人たちが増していることである。文化上の転換は、出生率の顕著な減少と関係がある。宗教心と人間の進歩とはともに出産率に多大のインパクトを有する。

❸ 聖者の世界と世俗の世界とは、政治の世界に多大の影響をもたらす。貧困社会における生存期間は低いものの、

強い宗教心をもった国における人口増加は世俗化社会よりもさらに多くよいことを知るに至る。

(二) 産業社会からポスト産業社会へ

宗教心の急激な減退は農業社会から産業社会という初期の社会の近代化につれて起きるが、産業社会からポスト産業社会と移行する第二段階ではこうした減退は緩慢であり、開発のプロセスは世俗化や安全社会を推進する上で一直線に進展するものではない。また、経済的格差が厳格なところで富裕なだけでは十分とは言えない。むしろ、人々の生活が極貧や生命を脅かす危険から解放されても、社会は精神世界の要求に反応し難くなる［Norris & Inglehart, op. cit. P.71］。この間の状況については、**表9－2**、**表9－3**、**表9－4**、**表9－5**のそれぞれの表の後半部分（下段）に表示されている。

(三) 年齢と信仰心

人間は年齢とともに信仰心が募るというが、**図9－1**ではこのことは示されず、むしろ社会の発展段階に応じて宗教心の変化を示している。人生のサイクルによるよりも、人間の発展段階（農業から産業社会へｅｔｃ）による変化に結び付いている［Norris & Inglehart, op.cit. P.78］。

図9－1　宗教信仰と科学技術の相関関係

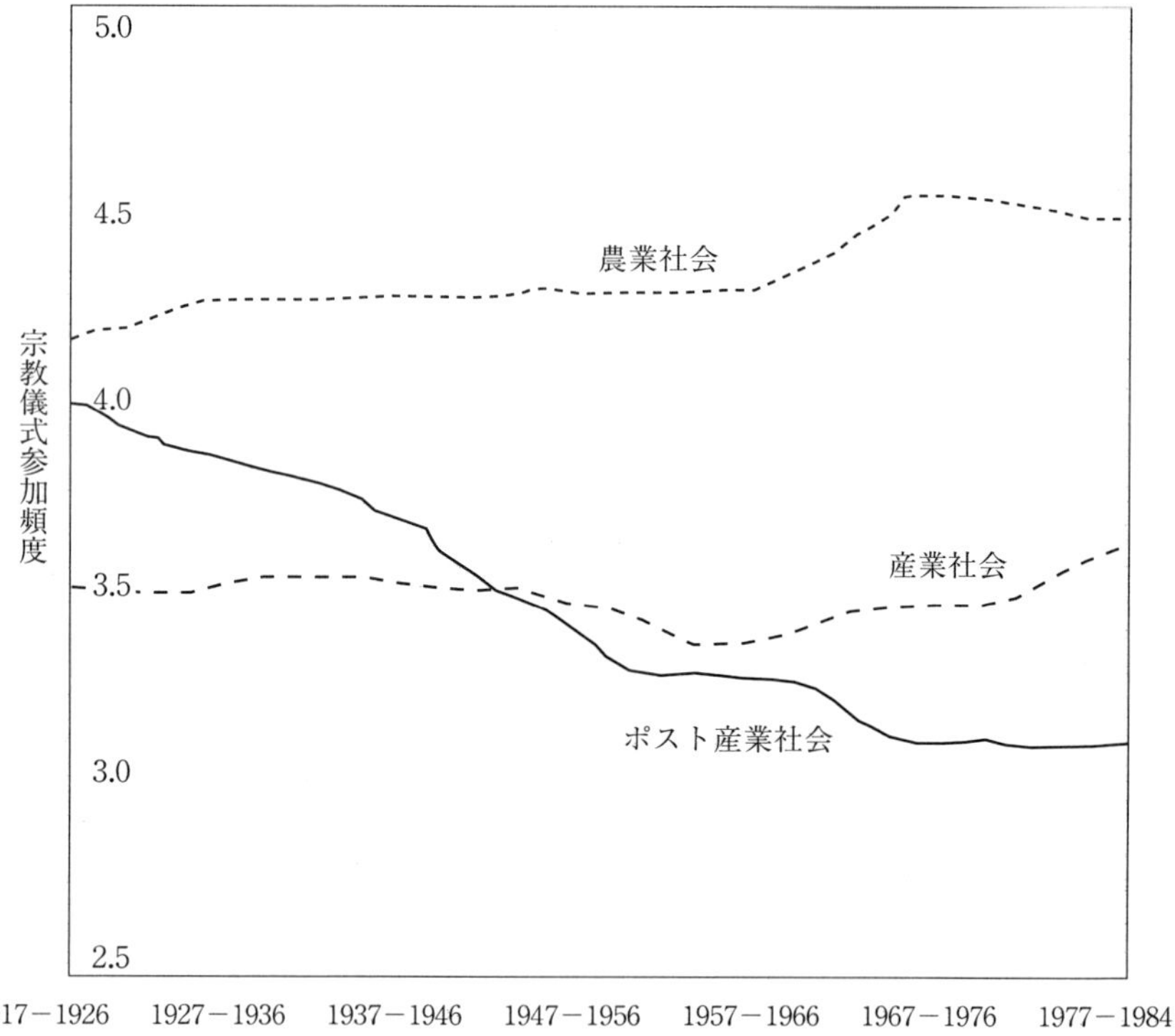

出生集団別の宗教行事への参加状況（結婚、葬式、宗教儀式、以外の宗教行事に週一度以上参加した比率%）

（注）　職業倫理は人間の発展段階や教育、個人の所得水準によって弱体化する。また、プロテスタントを除き、他宗派の文化はもっと職業志向だし、とくにイスラム国家でもっとも職業倫理への志向も強かった。**図9－1**は、この間の状況を示すものである。[Norris & Inglehart, 2006, P.167]。

(四) 神への信仰度(一九四七~二〇〇一)

表9－6は、ギャラップ調査(一九四七~二〇〇一)による一八か国における神の存在に関する調査結果である。この内一九四七年度の一〇か国調査では八〇パーセントの人が神を信じているという高い結果を示していた。しかし、二〇〇一年度の一四か国調査では七二パーセントの人が神を信じているという結果となり、この間の時代の進行につれて若干の落ち込みがあるかのようである。しかし、カナダ、オーストリア、ギリシア、インド、米国ならびにブラジルでは非常に高位のまま推移している。もっとも減少度の著しいのは北欧諸国、オランダ、オーストラリア、英国である。なかでも、米国におけるこの比率の非常に高位のまま現在に至っている点は注目するべきところである[Norris & Inglehart, op.cit. PP.89~90]。

第3節　宗教市場論

無機質化など世俗化のもたらしたとも言える殺伐とした社会の建て直しを目指して、現在、脱世俗化(Desecularization)論(ポスト世俗化論とも)が静かに唱えられている。脱世俗化をめぐる議論のなかでも、とくに有力と思われる説は二派に大別される。その第一は、宗教に対する需要サイドからの理論とでも呼ばれ、大衆に対して下位層からの盛り上がりに注目するものである。これは社会が工業化するにつれて、ほとんどどんな宗教指導者や組織が試みようと関係なく宗教的な習慣は次第に朽ちていき、大衆は精神的な要求に無関心になるとするものである。ただし、この議論には現在さしたる盛り上がりはない。

表9－6　神に対する信仰（%）

国　名	1947	1968	1975	1981	1990	1995	2001	変化（1947―2001）	変化率
スウェーデン	80	60		52	38	48	46	−33.6	−.675
オランダ	80	79		64	61		58	−22.0	−.463
豪州	95		80	79		75	75	−19.9	−.379
ノルウェー	84	73		68	58	65		−18.9	−.473
デンマーク	80			53	59		62	−17.9	−.387
英国		77	76	73	72		61	−16.5	−.461
ギリシア		96					84	−12.3	−.364
ドイツ		81	72	68	63	71	69	−12.0	−.305
ベルギー			78	76	65		67	−11.2	−.487
フィンランド	83	83			61	73	72	−10.8	−.296
フランス	66	73	72	59	57		56	−10.1	−.263
カナダ	95		89	91	85		88	−7.2	−.387
スイス		84			77	77		−7.2	−.277
インド			98		93	94		−4.0	−.231
日本			38	39	37	44	35	−3.0	−.016
オーストリア		85			78		83	−1.9	−.097
米国	94	98	94	96	93	94	94	−0.4	−.027
ブラジル	96				98	99		−3.0	.056
10ヶ国平均	85						72	−13.5	−.315

19カ国に於ける神への信仰度調査（%）出典：Gallap Opinion Index [Norris & Inglehart: p 90]

これとは対照的に、供給サイドからの理論と呼ぶべきものがあり、宗教的な組織に上位層からの下達方式に注目するものである。大衆の宗教に対する要求は常に習慣的にあり、精神生活の活力における国を超えた多様な変化も宗教市場における供給の産物であることを強調する。

現在、多分に論議の余地はあるものの、唯一、一九九〇年代に登場した供給サイド学派のものが有力であると言われ、この説を唱える**ウォーナー**（Steven Warner）によれば、これが新しいパラダイムを提供し、最近一〇年間では多数の研究を促したとされる。この宗教市場モデルは、常に存在していると思われる大衆の宗教への欲求を無視し、宗教の自由の条件や競合する宗教機関の仕事、その供給の普及に焦点を置いている。

主要な提唱者として、ロジャー・フィン

ク（Roger Finke）、ロドニー・スターク（Rodney Stark）、ローレンス・R・イアナコーン（Laurence R. Iannacorne）、ウィリアム・シムス・ベインブリッジ（William Sims Bainbridge）、そして、スティーヴン・ウォーナーなどの名が挙げられている。

競争が、教会をして大衆の要求に応じて積極的に集人活動を行わせる。たとえば、宗教研究や文化・芸術グループの組成、地域政治への参加、台所への参加、ベビーシッターなどの協力である。また、教会と国家を分かち、いかなる特定宗派や信仰にも偏せず、異なる宗派の崇拝や寛容の宗教的自由を保護する強力な憲法上の分離が存在するときに宗教への参加は極大化されるという宗教市場論がある。宗教市場論は、宗教的参加が宗教の制度的供給と国家の役割によって主に影響されるという立場に立つ。すなわち、宗教的参加は宗教多元化が大きいほど、そして宗教団体への国家の規制が少ないほど大きくなると予見する。

しかし、この宗教市場論はアメリカの経験を世界に広めようとした点で誤っていたとも言われる。すなわち、米国市民はほかのいかなるポスト産業社会の人々よりも経験が少ない。ウェーバーの論点は啓蒙に続く合理主義の台頭は西側諸国の宗教的信仰を台無しにするというものであり、またデュルケムは工業化の過程は制度的無関心を招き、教会から主要な鍵となる社会的機能を掠奪しようとする。そこで、工業化のプロセスを経ていない地域では宗教は強力であると主張した。

われわれが世俗化社会に生きているというのは誤りであると、きっぱり言い切る社会学者（ピーター・バーガー）がいる［Berger, 1999, P.2］。世界は今日一部の例外を除き、かつてないほどにとてつもなく宗教的であるとさえ唱える。世俗化論の一般概念である「近代化は必然的に社会および個々人の意識において宗教の衰退へと導く」という考えが誤りである、と彼も主張する。

かくしてわれわれは、現在世俗化と反世俗化ないし脱世俗化の相互作用の中に存在しており、いずれの方向に進むべきかについてはきわめて難しい判断を要求されるところで、現にこの判断こそは現代宗教社会学のもっとも重要な課題でもあると言われている。

宗教市場論はこうした宗教の見直し、すなわち宗教の活性化といった文脈上からウォーナーなどを中心に一部の社会学者によって米国での経験を基礎に世界に広めようとしたものであったが、米国市民はヨーロッパなどのポスト産業社会の人々に比して経験が少なく、これの普及には障壁が厚い。すなわち、脱世俗化の必要性は認識されていても、宗教市場論そのものはいまだ十分に彫琢された理論には成長していない。それに広範な領域に及ぶ社会の多岐にわたる分析をもってしても、宗教的多元主義が高度の宗教性を生むという仮説は支持されていない。また、国家の宗教に対する規制緩和が宗教心を高めるか否かについても必ずしも是認される方向にない。それは、世界は皮肉にも全体としてはもっとも同類に近い宗教文化と、国家による宗教規制のもっとも厳しい国で一番の宗教参加と神への強い信仰が起きていて、国家も宗教的権威に対してもはや制御しようとはしないからであるというノーリスやイングルハートの指摘もある［Norris & Inglehart, 2006, P.230］。そもそも宗教という形而上的世界に、市場という形而下的概念に頼って議論しようとすること自体に限界があり、違和感を覚えるのを禁じ得ない。

まとめ

豊かな社会ではさらに世俗化が進行する（北半球）が、世界全体（農業社会主体の南半球で多数の人口を抱える）では宗教化がさらに進む。すなわち、ウェーバーの合理主義的世俗化論は必ずしも現代に妥当するものでもなければ、

表９－７　人生の意義に関する思考

国　名	1981	1990	1995	2001	変化
アルゼンティン	29	57	51	51	22
スウェーデン	20	24	28	37	17
メキシコ	31	40	39	47	16
カナダ	37	44		52	15
イタリア	37	48		50	13
韓国	29	39		41	12
オーストラリア	34		45		9
米国	49	49	46	58	9
オランダ	23	31			8
アイルランド	26	34			8
デンマーク	29	29		37	8
フィンランド	32	38	40	40	7
ベルギー	22	29			7
ノルウェー	25	31	32		7
日本	21	21	25	26	5
ドイツ	27	30		31	4
フランス	36	39			3
ハンガリー	44	45	45		−1
スペイン	24	27	24	22	−2
英国	33	36		25	−8

何度くらい人生について考えるか。出典：**World Values Survey** [Norris & Inglehart: p 75]

デュルケムの機能分化論もそのまま現代に受容できそうもないとノーリス、イングルハート両人が主張しているのは当然のことで、世俗化がもたらした現実の弊害の数々を目の当たりにすれば、これを拱手傍観していてはならない。

また、彼らによれば、西洋諸国民は世俗的というより教会不参加国民である。宗教行事への顕著な不参加現象は、宗教的（とくにプロテスタント）信念の放棄の結果ではないとしている［Norris & Inglehart, 2006, P 221］。**表９－７**、**表９－８**によれば、現実に人生の意義に関する人々の思考の高まりは大半の先進諸国において確認し得るところであり、ハンガリー、スペイン、英国に見られる減少という結果もきわめて微小であり、統計上の誤差の範囲内のものであろう。

こうして開発が清貧国の生活状況を改善

表９－８　死後の生活に対する信仰

国　名	1947	1968	1975	1981	1990	1995	2001	変化
ノルウェー	71	54		41	36	43		−28
フィンランド	69	55			44	50	44	−25
デンマーク	55			25	29		32	−23
オランダ	68	50		41	39		47	−22
フランス	58	35	39	35	38		39	−20
カナダ	78		54	61	61		67	−11
ブラジル	78				70	67		−11
スウェーデン	49	38		28	31	40	39	−10
ギリシア		57					47	−10
ベルギー			48	36	37		40	−8
オーストラリア	63		48	49		56		−7
英国	49	38	43	46	44		45	−4
スイス		55			52	52		−3
ドイツ		41	33	36	38	50	38	0
米国	68	73	69	70	70	73	76	8
日本			18	33	30	33	32	14
イタリア			46	46	53		61	15
全８カ国（47−01）	68						46	−22

数字は％。変化は各国の統計上の初数と末数の差。全８カ国とは1947−2001の両方あるもの（＿で表示）。
出典：Gallap Opinion Index 1947-1975他。[Norris & Inglehart: p 91]

するにつれて世俗化も世界中に広まると想像するかもしれないが、現実はまったく複雑で、正反対の結果に終わろうとしている。

聖なる社会（宗教的社会）と世俗的な社会（近代的社会）との格差は、国際政治にも少なからざる影響を与えており、こうした宗教の意義も自然環境と同様に地球規模で一層際立つものになるかも知れない。この宗教的格差が、現実に民族―宗教間闘争や社会的暴力を一層激化させるのも必至の様相を呈している。現在の世界情勢では、より多くの宗教社会とより多くの世俗化社会とによってそれぞれに支持を受けている価値観の乖離（格差）は、国際社会における文化的問題の重要性を一層募らせようとしている。こうした文化的差異をどう巧みに受容するか否かが、われわれに課された二一世紀の課題の一つとして真剣に受け止められなければならない。

第10章

ポスト世俗化時代と統合の今後

――二一世紀におけるEU――

神がいなければ人間は無である。しかし人間がいなければ神が無である。

出典：フォイエルバッハ『キリスト教の本質』

ＥＵ憲法条約が再度頓挫して早や一年が経つ。独仏両首脳が強固な連携を組み、今度こそはと背水の陣で臨んだ第二回目の投票であったが、アイルランドの国民投票による否決に遭遇してまたしても膝を屈した。これは、ＥＵ総人口の一パーセントにも満たぬ小国の国民投票だから安泰であろうと、この国のみに国民投票を許容したＥＵ委員会の見通しの甘さにあった。もしも国民投票をほかの加盟国にも容認致せば、批准否決は燎原の火のごとくに他国にも拡大したかも知れなかった。事実、その直後チェコ、ポーランドなどの旧東側諸国においては、改めて国民投票への気運が一気に広がり、否決の懸念はひとりアイルランドだけにとどまりそうにない状況となり、ＥＵ委員会はこれら諸国に国民投票を急遽変更させて議決方式とし逐一批准させてしまった。

今回の不調の原因は、ＥＵが拡大や意思決定の簡素化・迅速化など事務合理化を急ぐあまり、もっぱら表面的な手続的条項の手直し主体に取り繕い、性急に批准にもち込もうとしたことにあり、実体がＥＵ憲法であるにもかかわらず、危険な国民投票を回避して、議決のみで決定してしまうというＥＵ憲法制定事務局の軽率とも言える目論見に起因した。

ＥＵ憲法条約は外見上の名称のいかんにかかわらず、条約自身は今回のリスボン条約に象徴されるように、実質的に九〇パーセント以上当初の草案から変更はなく、ひとたび批准されれば、大統領や外相といった重要ポストの決定やＥＵ議会における各種の意思決定の問題を含むＥＵ全体の高度の意思判断において、加盟国をすべて拘束することができるようになるなどの最重要条約となる。それは、加盟国それぞれの国内法に優先しての拘束力を有するに至る。それにもかかわらず、立法の生命とも言うべき条約の理念に言及すること少なく、いたずらに批准のみを急いだ今回のＥＵ当局による一連の動きには、前回の仏蘭による否決結果に何らの原因追究や深い反省の形跡は見られず、再度その轍を踏んだ。さらに、今回アイルランドを唯一シンボリックに国民投票国として残し、国民投票に不安の残る他加盟国はすべて議決方式に切り替えて早期成立へ向けて再スタートした。立法の精神たるべき民主主義とキリスト教文化を象徴する理念の検証と明文化なくして、手続法的側面のみに注力した憲法条約は果たして憲法条約の名に値するのだろうか。

究極的に政治統合を目指すEUであれば、性急に手続法的側面のみを取り上げ、アキコミュノテールの延長にとどまることなく、確たる憲法理念の検証を行い、条約の前文に明文化すべしと考える。しかし、EU委員会は、今回はあくまで条約の段階にとどめ、その後実績を積んだ後に憲法へのステップアップを図るものと推察する。本章では、その憲法理念を考察する上に重要な役割を演じるポスト世俗化事情とその歴史的背景とを探る。

第1節　ライシテ（Laïcité）の歴史と今日的解釈

ヨーロッパはその起源において「キリスト教国」と呼ばれたように、キリスト教はヨーロッパのアイデンティティの重要な構成要素の一つである［Boissonnat, 2005, P.169］。EUの軸軸国の一つフランスはキリスト教の宗主国バチカンの長女とも称され、そこでの社会理念の基本にあるライシテ(1)はEU憲法の策定に際しても核心を成す。

一般的に宗教が政治に対して優位に立つ場合には、政治は民主主義に基づいた健全な推進力を失い、嵩じれば腐敗の道を辿りかねない。歴史上、この種の事例は枚挙に暇もないほどで、カトリックと政府との癒着がもたらしたと言われるブルボン王朝時代のフランスで政治の腐敗が進行し、これを糾すべく誕生したのがフランス革命時代に登場し

（1）　フランスでは、政教分離の意味で「ライシテ（Laïcité）」を用いる。この語の本来的な意味は世俗化である。但し、世俗化の意味では「Secularisation」があり、「Laicite」はもっぱら政教分離に用いられる。「Laïcité」は、語源的にはカトリック用語の「Laïcité（俗人）」によると言われ、「Clericalisme」の対語と考えられる。［小泉（一九九八）］

たライシテである。政治と宗教とは多面的に多くの類似点を保有し、両者の協調はしばしば有効に作用したが、一方では世俗化のために宗教はその本質を逸脱し、自らの衰退を招く結果となった。

フランスにおいてライシテは、いわば憲法原則にも匹敵するほどに政治理念の中核をなし、政治の伝統に組み入れられている。だからフランスでは、「ライシテはわが共和国主義的アイデンティティの核心」であり、「共和国の礎石」と主張されているのである。

ライシテが本来「世俗化」に由来するものであることは夙《つと》に知られているところであったが、ブルボン王朝に端を発するフランス政治史における特殊事情から、同国ではそれはやがて政教分離を意味するものとして解釈され、一般化するようになり、共和国政治理念の骨格をなすようになった。同国では、一九〇五年二月一四日の政教分離法の発効を記念して、その一〇〇周年目にあたる二〇〇五年の同日に記念式典まで挙行されたほどで、その重要性がうかがわれる。

フランスにおけるライシテの習慣が、ＥＵ憲法条約草案の策定にいかに大きな影響を及ぼしたかは、多少とも同条約に関心を有する識者の広く承知するところで今さら論を重ねるまでもないことであるが、本論の展開の便を帰するため以下に略述しておく。

ＥＵ憲法条約草案起草当時から、キリスト教をＥＵの根本的価値として欧州憲法上に明記すべきだという声は、ドイツ・イタリアを中心にポーランド・デンマーク・スペインなどから上がっていたが、政教分離を国是としてきたフランスはこれに断固反対した(2)。

そして、フランスによる政教分離の主張のもと、修正案をもってしてもキリスト教はもちろん、神さへ欧州憲法上に記載することは一切見送られることとなった。それは、フランスではフランス革命時代からカトリックと政治との結びつきが強く、カトリックはフランス絶対王政の支柱として君臨し、革命後もその主流は常に王党派に加担してきたからであった。

すなわち、ライシテはこうした悲劇の再発を未然に防止しようとしたフランス政府の苦渋の選択の結果で、フランス共和制の反教権主義的（Anti-Clericalism）イデオロギーであり、フランスの憲法原則であると言われる。(3) フランスでセキュラリゼーション（Secularization）に代えてライシテ（Laïcité）を用い、ともに世俗化＝政教分離を意味するものとされているものの、とくに第四共和制憲法（一九四六年）以降はライシテを多用していると言われる。もっともフランスにおいては、セキュラリザスィオン（Sécularisation）は修道会からの脱会の上、教区付きになることを意味し、いわゆる英米のセキュラリゼーション（Secularization）のような世俗化を意味しない。

ライシテは「世俗権力」と「教会権力」とは癒着してはならないという、いわば国家権力の側に求められる政教分離を意味するもので、その具体的な内容については、国家が宗教の宣伝をしないこと、国家が個人の宗教的選択を尊重すること、公職採用における思想・信条に関する差別禁止、そして国家が宗教的事項に関する教会の規制を尊重することを含むとされるが、学説的には、政教分離のほかに国家の宗教的中立性ならびに教会の非政治性をも加味する。注意すべきは、「政教分離」はあくまで「国家」と「公共機関」の間における規定であって、一般の社会生活や個人における問題ではないことである。

---

(2)　サンテール元欧州委員会委員長など、欧州議会の中道右派と呼ばれる人たちも、かのポーランド憲法の前文にある神に関する文言を加えるよう要求した。デンマーク議会代表、「キリスト教は欧州の歴史に深く刻み込まれている」、イタリア代表、「ＥＵの根本的価値の源はユダヤ・キリスト教である」などと主張。ローマ法王庁やギリシア正教会も。

(3)　フランス憲法第一条、「フランスは不可分のライックな民主的かつ社会的な共和国である。フランスは出生・人種・または宗教による差別なく、すべての市民に対し法律の前の平等を確保する。フランスはすべての信仰を尊重する」とあって憲法上にライシテを明記している。

たしかに、ライシテが用いられ始めた一八七〇年代では宗教的中立性をも意味していたが、宗教的中立性については多分に疑問がある。それは、フランス人のおよそ八〇パーセントはカトリックであり、そのほかのキリスト教徒を加えればキリスト教徒の総数は九〇パーセントを超えるほどである上(4)、フランスでは九五パーセントがカトリックの宗教学校であるとも言われ、公教育における中立性がどこまで保てるかにも少なからぬ疑問が残されているからである(5)。

さらに、公共施設内でスカーフ（ヒジャブ）着用を禁じる条例など、フランスの移民排斥に関する国民性を反映した各種のレトリックがあり、他のヨーロッパ諸国とは対照的である。多元的価値を認める文化主義思想が、実際には排除や分離という実質的効果をもつにもかかわらず、それを不透明なものにし、異文化の尊重という表面的な寛容という形式のもとに自国文化至上主義を説くとともに排除と無理解という不寛容の正当化を行っている。

真の問題は、単なる標章としてのスカーフやチャドル着用の可否ではなく、増加の一途をたどる移民子弟が被っている教育上の不平等やハンディキャップであり、フランスを象徴する「平等への権利」や「相違への権利」の両立が、まさにこのフランスでいかに困難であるかが示されている。このように、歴史的に国家と宗教との緊張関係がもっとも強いフランスであれば、EUに発展したのちでも非宗教性の必要をもっとも強く主張したい同国の立場は十分理解できる。

こうして見れば、ライシテが政教分離を基礎とするならば、宗教的中立性を保つべきなのに、実質的にはカトリック偏重の政治体制であり、異文化政策面での建前と本音の食い違いが明確なフランスであるので、ライシテそのものの含意は必ずしも明確でなく、これを単純に政教分離の解釈のもとに欧州憲法に同一精神を織り込むとすれば、現在フランス自体が抱える幾多の錯綜した宗教上の問題を、ほとんど未解決のままEUにもち込みかねない危険性を孕んでいると言えまいか。

これに対してフランスの宗教社会学の権威ボベロ（Jean Baubérot）は、ライシテの歴史を繙《ひもと》きながら、その問題点や現在のサルコジ仏大統領の改革構想に関してパリ郊外の一小都市の例を取り上げて以下のように言及している［Le Monde, 2007. 7. 18］。

すなわち、フランスでは一九〇五年にいわゆる憲法とも称すべき政教分離法の成立時、国は宗教に補助金を与えないが宗教団体の自由な活動は保障するとした。そこで過般《かはん》、パリ郊外セルジー・ポントワーズ（Cergy-Pontoise）の行政裁判所は、モスクの建設に関して同市とイスラム教会との間にて署名が交わされた永代賃借権を無効とする判決を下した。これは、九九年間に及ぶ賃借権で、しかも賃借料は一ユーロという象徴的なものであり、ボベロによれば、この賃借権は一九〇五年の政教分離法の第2条で国（仏共和国）による宗教団体へのいかなる補助金の支出も禁じており[(6)]、それに抵触している上に現実的でないとしている。

これほどまでにライシテに固執するフランスであり、ＥＵ憲法条約草案策定に際して、その前文にＥＵのアイデンティティとしてのキリスト教に関する記載をめぐって賛否両論が相拮抗したとき、死命を制したのが実にこのライシテであった。

内には、公的な場所でのイスラム教徒によるスカーフ着用をめぐって、異文化容認の建前と実態との齟齬の露呈問

（4）一九九六年フランス統計［小泉（一九九八）三七頁］総人口五七〇〇万人。内カトリック四五〇〇万人、プロテスタント八五～九〇、東方正教会一五～二〇、ユダヤ教五〇～七〇、イスラム四〇〇、仏教六〇（単位：万人）。

（5）ルネ・ヴィヴィアーニによれば、中立性は虚偽であるとさえ言われる。［小泉（一九九八）三七、六六、八二頁］

（6）一九〇五年、仏国政教分離法（六章四四か条より成る）。うち、もっとも重要な規定は以下の二条。
第1条　共和国は良心の自由を確保する。共和国は公の秩序のために以下に定める制限のみに服する。自由な礼拝を保障する。
第2条　共和国はいかなる礼拝に対しても公認をせず、給与を支払わず、補助金を交付しない。これにより本法審署後の一月一日から礼拝に関するすべての支出は国、県および市町村の予算から削除される。（以下省略）

題を抱え、外にはイスラム諸国、とりわけトルコのＥＵ加盟問題の処理に苦しむＥＵとの軋轢というフランスにおける苦悩の痕跡を象徴的に綴ったものであった。

こうして、さしたる定義もなければ解釈もまちまちというライシテや政教分離に起因する政治的混乱、ならびにもたつくＥＵ改革の進行に、フランスのみならずＥＵ加盟各国とも年々焦燥感を募らせるばかりであった。こうした状況下ＥＵ改革に性急なサルコジ仏大統領が登板後のフランスは、ほとんど日を措《お》かずしてまず膝下のフランスの法制度見直しに着手したのであった［Sarkozi, 2004, PP.10～11］。

ライシテや政教分離法に関する新たな解釈を施そうとするサルコジの真の狙いはどこにあったのか、これは想像の域を出ないが、現在の欧州政治全般およびフランス国内政治状況を一瞥すればある程度の見通しはつく。すなわち、ライシテを大上段に振り翳《かざ》したフランスではあるが、異文化協調を建前とするフランスにしては、相次ぐイスラム教徒の暴力的行動を封ずるために抑圧的なまでの強硬策を多用していること、実務的なＥＵ拡大と深化を図るためにはＥＵ憲法条約を換骨奪胎化し、執拗にライシテに拘泥することをこの際止めなければならないことであろう。もちろん、異文化理解が建前のフランスであるだけに、イスラム教徒のスカーフ着用排斥にあたってもその対応策はいたずらに抑圧的方策を講じるのではなく、あくまで相互理解の立場を掲げて、相手側を自国の政策に服せしめるなどきわめて手の込んだやり方である。

第２節　世俗化と政教分離

世俗化はそもそも現代に始まったことではなくて、ルターが宗教改革を唱えた中世においてキリスト教の改革の必要性を叫んだ時期に、早くもその兆しが芽生えていたと言われる。世俗化がキリスト教の解釈を聖職者の手を介することなく、信者である民衆が直かに聖書に触れ、直接神の教えに従うことにあるとすればまさにこの通りで、そうした世俗化の形は多彩をきわめ、それに伴う世俗化論についてもその数多岐に上る。ちなみに、それらを原因ごとに大別した下記の諸説を瞥見しておく。ただし、この項に関しては第七章第一節にて詳述してあるので、その補足として以下を追加するにとどめる。

その第一は「人間の理性的自律説」であり、バーガー（**Peter L. Berger**）を中心に唱えるもので、近代において「人間が理性的な自律に基づいて伝統的な宗教から自己を解放することによって生きる意味を発見しようとした思想」を指すとし、これこそが世俗化の最大の原因であるとしている。彼は世俗化の概念をイデオロギーとしては用いず、単なる重要な歴史の一プロセスであるとしている［金子（二〇〇一）九七～一〇一頁］。

その二は「不信仰・信仰の生命の枯渇説」である。ゴーガルテン（**Friedrich Gogarten**）を中心に唱えるもので、「世俗化とは元来神聖なものが世俗のために用いられ、宗教が外形的には宗教的構造を保ちながらも非宗教的な目的に用いられている現象」であり、「キリスト教信仰の合法的結果」であるとする［金子・前掲書・三〇頁］。また、世俗化は神の世俗化・神の除去に通じ、さらに近代人が信仰から自由になろうとする現象を指すとも指摘している［宮田（一九七五）九一頁］。また**ボンヘッファー**（**Dietrich Bonhöffer**）によれば、「世俗化は人間が自分の関心をあの世からこの世・この時代へと転じるときに起きるもので人間が成人になることを意味する」ともしている［金子（二〇〇一）三八頁］。

その三は「利益社会の発達説」である。**テンニース**（**Ferdinand Tönnies**）は「世俗化は利益社会の段階に入って制度宗教の公共的妥当性が次第に失われていくことが確認される過程」であると唱え、人間解放の動きとは裏腹に次第に宗教自体の存在意義が薄れていく過程でもあると指摘した［宮田（一九七五）七頁］。

そして、その四は「宗教の純化・再生の過程説」である。**R・N・ベラー**（Robert Neely Bellah）は、「世俗化は必ずしも宗教の衰退を意味するのではなく、むしろ宗教が他の社会的制度から分化して一層純化していくプロセスである」と唱え［中野（一九九八）二二一頁、ベラー（一九七三）三七〇〜三七二頁］、**ルックマン**（Thomas Luckmann）は世俗化を宗教社会学の立場から社会と個人の弁証法的プロセスと捉えて、「一方において社会の組織化が進行し、他方ではラディカルな個人化が深まった結果、世俗化は社会秩序との関係に生じた根本的変化であり、キリスト教の伝統的形態の衰退に現れてくる現象である」と解釈した。彼は社会構造のプロセスと個人とを分けて考察する点に特徴があった。またデュルケム（Durkheim）は、人類の歴史は世俗化の歴史であったとしている。

もっとも第一の人間の理性的自律説を説くバーガーではあるが、彼は一方では、現代社会におけるわれわれは必ずしも世俗化社会に生きているわけではないとして、以上のような世俗化論は必ずしも適切ではないとも唱えている[Berger, 1999, P.2]。彼の言う世俗化とは、社会と文化ならびに意識の三領域において宗教制度や象徴の支配からわれわれ人間が離脱していくそのプロセスであるとして意義付けられる。たしかに、現代社会においてキリスト教がかつてその支配下や影響下に置いた地域から徐々にでも後退せざるを得なくなって、政教分離や教会領地の接収あるいは教育場面からの教会の離脱などによって教育がキリスト教から解放されていったことにより見ることができる。そして、とくに科学分野を中心に文化的領域では宗教的内容がますます剥離して、世に言う世俗化が進んだ。しかし、これをもってわれわれが世俗化時代に生を享《う》けているとするのは言いすぎであるというのがバーガーの主張である。

第3節　脱世俗化と宗教に課せられたもの

以上の区分に従えば、第三の「利益社会の発達説」に属し、世俗化を加速したとして象徴的なのが『プロ倫』のウェーバーである。彼の説く近代的な職業観と資本主義の精神は近代資本主義の発展を促したが、その基礎となる合理主義は同時にキリスト教の世俗化をもたらした。

プロテスタンティズムの倫理の上に築かれた職業倫理は、勤勉と節約を通じて富の蓄積をもたらしたが、現世的欲望が募って宗教の一層の形骸化をも招来した。キリスト教社会では、ルターの宗教改革に始まるこうした世俗化は聖なる宗教の世界からの人間回復の状況を示すものと解され、人間の自己解放の不断の過程と賛美されて、人間復興を唱えるルネサンス時代には格好の手段であった。

こうした状況を捉えてテンニースが、世俗化による制度宗教の公共的妥当性が次第に失われていくことを歎いたように、世俗化は人間解放の動きとは裏腹に次第に宗教自体の存在意義が薄れていくプロセスでもあった。

これは、ウェーバーが利益主体の資本主義を是認するのに際して、カルヴィニズムの倫理に過大なまでの精神面の要因を強調したことにも起因する。職業倫理や禁欲的な生活態度というような「徳」が経済的な成功の重要な要因となり得たと説いたがために、カルヴィニズムの倫理の世俗化が、純粋に現世的な成功の努力によるものであると理解さるべきものではなかった。すなわち、ウェーバーは「禁欲による合理化と資本主義の精神の関係」を説いたが、その資本主義の精神は神への信仰のもとに富の増加をもたらす反面、信仰の「腐食化現象」と言われる世俗化を惹起した。

しかし、勤勉や誠実などの個人的倫理を『プロ倫』を通じて説いたときに、それが資本主義の発展の基礎となったと言われるのはごく初期段階にかぎられ、その後はこのような資本主義の精神もまったく忘れ去られ、キリスト教も大きく変貌した。

第一ウェーバー自身は、キリスト教に由来する西欧近代の倫理的価値について不動の確信を抱いた人物ではなく、むしろキリスト教以前的な古代世界の人生態度にきわめて近い信条を抱いた人物であったと言われる［山之内（一九九三）iv、v頁］。すなわち、彼の人生態度はキリスト教的なそれとはほど遠いとされる。それは、ニーチェのいわゆる歴史を神々に対する人間の闘争の場として捉え、あらゆる結果を予測不可能な運命性において受け止める「悲劇の精神」の立場に立って古代ギリシアの信条に近いものとするもので、ウェーバーはこのニーチェの影響を多分に受けていると言われるゆえんである。

ニーチェのウェーバーへの学問的影響は巷間《こうかん》言われるように、非常に多面にわたっているが、それら両者の親縁性を象徴する代表的なものを例示すれば以下のごとくである。

❶ ニーチェの永劫回帰の思想を受け継ぎ、キリスト教登場以降の歴史の経過をそこからの退化として描き、これと同じ歴史経過が現代文明をも再び捉えようとしていると見ている。ニーチェの思考の同じパースペクティヴと見ることができる。

❷ 俗に言われるウェーバーの合理化論は『職業としての学問』に示されているもので、ニーチェがヨーロッパ文化の根源を自らの『道徳の系譜』に記し、それをソクラテス以前の古代ギリシアに求めキリスト教登場以降はむしろ堕落と退歩の歴史を歩んだとしている。ウェーバーもまったくこれと同様の思考をしていて、ホメロス時代に興味を抱いている。

❸『プロ倫』末尾に登場する「文化発展の最後に現れる『末人たち』」とは、ニーチェ『ツァラトストラ』の序文にある「Die Letzte Menschen（末人たち）」の引用である。

これらはいずれもニーチェが神を否定し、この世に軸足を置く思考を固守し続けたことにあり、ウェーバーが本来的にキリスト教に与《くみ》せず、キリスト教的倫理観を心底から信奉していなかったことに起因している。

これは、「禁欲的プロテスタンティズムの範型を、近代化にとって不可欠な理念型として提出することに限定されているのではなくて、歴史的変革を主導した倫理的規範が、その共同主観的思考において、まったく予期していなかった『意図せざる結果』を生み出すこと、ここにウェーバーの主たる関心は向けられていた」とし、客観的結果の逆説的連関を見落としているという山之内の重要な指摘通りである。したがって、「従来のウェーバー解釈[7]がもっぱら禁欲的プロテスタンティズムの内面世界を、それが持つ歴史的変革との関わりにおいて積極的な意味づけをもって叙述した箇所に行き当たると、素朴にもそれをウェーバー自身の価値評価と看做し、そこから直ちに聖者マックス・ウェーバーをつくり上げてしまった」とも記しているが、ここにこそ『プロ倫』解釈の最大のポイントがある。

山之内靖説をさらに具体的に記述すれば、「西欧近代の合理性を精神的に創造したものはプロテスタント的禁欲であったが、これが資本主義的実践や官僚制的経営の成立とともに非合理化していくという捉え方はウェーバー理解としては余りにも外面的である」〔山之内（一九八二）三七頁〕としている。すなわち、「プロテスタンティズムにおける『世俗的禁欲』は本来の『霊魂の救済』という非合理的で実質的な内容を実践するためのひとつの手段であるにすぎなかった。したがって改革者たちから見るならば、信仰生活の中から『資本主義精神』と呼ばれるに相応しい実践的な倫理態度と看做され、これを通して日常生活の組織的な変革がもたらされたとしても、それは本来の意図とはか

（7）従来の『プロ倫』解釈とは本邦においてウェーバー研究の主流を成した大塚久雄を元祖とする大塚史学を中心とするもので、ヨーロッパ近代の精神を禁欲的プロテスタンティズムとその職業倫理という一点に集約して理解するものである。近年、『プロ倫』の解釈の違いに端を発し、いわゆる「羽入・折原論争」が年を追うごとに過熱化しているが、論争はその重要性にもかかわらず本質を衝いてはおらず、山之内氏などは中立である。

かわりのない一種の副産物にほかならないのである」と解しているが、まさにこの解釈に賛同したい。

こうした禁欲的労働が、エートスとしてあたかも対価として致富をもたらしたとして、これがまさに「資本主義の精神」なりとする解釈はあまりにも穿ちすぎたものと評されよう。

さて、信仰の「腐食化現象」に象徴される世俗化の一連の事態は、いずれも宗教社会学者としてのウェーバーがいみじくも予見したところのものであり、このこと自体ウェーバーに何ら非はない。ウェーバーの予見通りに、あるいはそれ以上に倫理は廃れ、世俗化は進行し、資本主義の精神は衰退している。そして、日々に社会の無機質化は進行している。

ニーチェの叙上のウェーバーへの影響を考慮しなければ、従来解釈によるウェーバーの説く「倫理」とは、政治においても、経済においても、想像を絶するほどに巧みに化粧を施した隠れ蓑ではなかったかという疑念が払拭できない。このような資本主義の信奉者が、果たして何処まで敬虔なる宗教人であり続けられたのだろうかとの疑問も湧《わ》く。

真の問題は、世俗化によって人間が現実の理性や感性への傾斜を深め、霊性への関心からますます遠ざかったため人間性の危機を招いてしまったことにあった。政治や経済に絶対的な末人が蔓延《はびこ》り、社会の無機質化は進行する。ウェーバーはこうした殺伐たる人間社会の到来を予見して、これを「不可避なもの」と告げることに意義を見いだそうとしたのか、それとも宗教の衰微を食い止め、このような社会を招来してはならないと警鐘を鳴らすことに真の狙いを定めたのか。

一方、バーガーが現代世界をとらえて、それは世俗化社会ではないとして、従来から一般的に言われているような世俗化論に異議を唱えるかの主張をしてからすでに一〇年が経つ。この議論は、前節に見た世俗化論に対して真っ向から対立する議論のごとくにも思えるが、科学文明の発展の著しい現代社会において、ややもすれば神の存在や宗教意識がわれわれの日常生活の片隅に退けられて、理性のみが価値判断基準であるかのごとき安易な思考の現代社会に対する警告であって、神の存在や宗教性の意義に何ら変わりがあるべくもない。

バーガーの言わんとするところを要約すれば、世俗化とは、社会と文化ならびに人々の意識という各領域において宗教の制度や支配から離脱する過程であるとされ、近代西洋社会ではキリスト教会がその影響下に置いた地域から徐々に退出することによって、結果として政教分離や教育の科学化などに表されているとするものである。これに対して、ソ連崩壊後の正統派教会の復活やイスラム過激派の運動などをとらえて、バーガーが反世俗化（Counter Secularization）と呼んでいるのは、脱世俗化との対比の上で意味がある［Berger, 1999, P.2］。脱世俗化には世俗化による宗教時代の断絶があることが前提とされるが、反世俗化にはこのような断絶の有無は前提とされない。

現代の欧州社会のような無神論的文化、すなわち世俗文化が支配的である状況では、宗教はまったく無力となり、文化の実体であることを止めてしまっているようにも思える。そこでは、神を否定ないし形骸化させてしまっている。また文化の基底に宗教があることを閑却している。ここに、まさにウェーバーの主張の影にニーチェの影響が色濃く反映されている。すなわち、ウェーバーはマルクスと並んでニーチェの感化を存分に受けて、その後の自らの思想形成に生かしているのである。

しかし、ウェーバーを中心に加速化されたと見えた世俗化のもとで発達した科学を主体とする現代文明においても、やがて科学と世俗化との相対的関係に疑問が生じ、科学はもはや必ずしも真理や現実に自動的に結び付くものとは看做されなくなった。それは、ガブリエル・モツキン（Gabriel Motzkin, The Hebrew University of Jerusalem）［Motzkin, 2002］によれば、実在しない世界の存在が、数学の発達により、真理と実在との間の関係は従来の必然的なものから偶発的なものという思考を可能としたと言う。すなわち、科学は自然と文化の双方に向き合って、もはや世俗化進行の基礎としては無用となったと言うのである。モツキンは加えて、現代の文明社会において科学概念の変化がいかに脱世俗化に寄与したかについて論じるにあたり、二〇世紀の終わりには大多数の人は科学の発展の文化上の意味は継続する宗教への執着に抗して影響したと信じたとする。要するに、科学の発展は宗教に対して阻害要因ともなったと言うのである。

世俗化が、必ずしも合理化の促進を含まないのである。すなわち、世俗化は人類学や生物学にも基礎を置き、宗教から科学へのシフトよりも前宗教的文化的意識を助長する。しかし、このようないわゆる原始状態への焦点は往々にして矛盾したものである。それは、同様の脱世俗化をも意味するからである。合理前社会への支持は、世俗化からの転化と同様に宗教からの転化を意味することでもある。もし、世俗化が必ずしも合理化を意味しないならば、脱世俗化は必ずしも合理的思考の減退を意味しないと言える。

世俗化と脱世俗化という対照的な現象の前合理的なものに対する興味の解釈の可能性における文化的意義は何か。それは、カッシーラーが唱えるように、高度に発展した宗教が神秘的であるような問題と同様に、二〇世紀の世俗化と科学文化という文化的問題は非合理的な状態であった言えるのである。

文化的には、文化と合理性という二つの間の同等性の崩壊は、世俗的反合理主義と科学の脱世俗的概念の間の対立という言葉で定義される。

同様にして、過般のハーバーマスと、当時枢密卿で現在のローマ教皇ベネディクト一六世・ラッツィンガーとの討論を再検証してみよう。すなわち、ポスト形而上学を唱えてきたハーバーマスが理性や宗教的信仰の多様性を説き、ラッツィンガーが理性と信仰の相互補完性を形而上学的に前提として、現世内的普遍主義と神学的普遍主義とが相互に補完しあう議論である。それは、近代化イコール世俗化という今までの図式の修正を試みているのである。現代宗教界と文明社会を代表する二人とは申せ、ラッツィンガーの新教皇名ベネディクト（Benedict：仏名 Benoit は、ヨーロッパの守護聖人）に象徴されように、彼はＥＵ統合支持派である。

それによれば、ハーバーマスが啓蒙の伝統を現代に向けて書き換えてきたとするならば、ラッツィンガーはアリストテレス政治学のカトリック版に依拠していると言われる。ポスト形而上学を唱えるハーバーマスが理性や政治的共存の規則を公共の場での議論の手続きに求めてきたとすれば、ラッツィンガーは理性と信仰の相互補完性を形而上学的に前提としてきたと言える。また、ラッツィンガーは近代のさまざまな問題点や行きすぎに対する矯正剤の役割を宗教に求めているのに対し、ハーバーマスは宗教と並び、近代における脱宗教的な日常生活の文化対話の構造、民主主義的な政治参加の可能性や透明性の要求などにも矯正剤の役割を求めている。ハーバーマスは、宗教の時代は終わったとか、宗教を無為徒食の坊主による搾取の構造であるとして事たれりとはしない。神学的普遍主義と現世内的普遍主義が大きな差異を抱えながらも、決して排除し合わないどころか、相互に引き合い絡み合うこともありうることを示唆している。

　聖なる社会（宗教的社会）と世俗的な社会（近代的社会）との格差は国際政治にも少なからざる影響を与えており、こうした宗教の意義も、自然環境と同様に地球規模で一層際立つものになるかも知れない。この宗教的格差が現実に民族―宗教間闘争や社会的暴力を一層激化させるのも必至の様相を呈している。

　現在の世界情勢では、より多くの宗教社会とより多くの世俗化社会とによって、それぞれに支持を受けている価値観の乖離（格差）が国際社会における文化的問題の重要性を一層募らせようとしている。こうした文化的差異をどう巧みに受容するか否かがわれわれに課された二一世紀の課題の一つとして真剣に受け止められなければならない。

第4節　EU憲法と統合の将来

二〇〇七年一二月、フランス大統領として初めてローマ法王ベネディクト一六世をバチカンにて謁見した文化的カトリック教徒サルコジ大統領が法王に対して、「われわれは、現在のフランスの法である政教分離を変更しようとは思わない。ただし、フランス国家はこの法を欲しないし、宗教もこの法を欲しない」として、「フランスは自分たちが誰であり、何を信じているかを、確信をもって言えるカトリック教徒を必要としている」と喝破した。彼は、あらゆる宗教の公然とした信者を歓迎し、キリスト教徒を動員して何か特定の政策を支持するようなことはしないと明言した。「もちろん、信仰をもたない者もいかなる形の不寛容や改宗などから保護されるべきだが、また信者たる者は希望を持った人であるべきである。共和国は希望をもった人々を有することに誇りをもつ」と発言した。

　これに対して、欧州最大のメディアであるRTLラジオの解説者ユリ（Serge July）は、サルコジの移民に関する不意の発言を批評し、日曜日の買い物に関する制限を撤廃する計画であると報じ、「カトリックは彼に投票してもよいが、司祭たちは辟易するであろう」と付言した。

　一方、フランス国内のカトリック系の新聞は「ライシテは国家をキリスト教の源流から分離すべきではない」という大統領の発言に対して一斉に驚きの声を上げた。それら批判のうちでも、二〇〇八年一月三日付のフィガロ紙「Le Figaro: 2008.1.3」に掲載されたペナルイ（**Henri Pena-Ruiz**：前スタジ［Stasi］委員会委員）[8]による批判は明確である。それは、「世俗主義に関するサルコジ流の解釈、フランスの伝統的世俗化概念を崩す」との表題のもとに五つの欠陥を掲げて、以下のように批判した。

①**道徳的見地からの誤り**——無神論者を軽視していること。国家の関心のみに傾斜していること。無神論者たちは市民として価値が下回るか。

②**政治的見地からの誤り**——私人としての信念と、公人としての発言内容との区別がない。官僚や教師であれば叱責されるべきところを、私人としての意見を取り混ぜて堂々と言ってしまう。憲法までも他国と交渉してしまうが、宗教までもとは？

③**法律的見地からの誤り**――法治国家においては、政治権力を有する者は宗教までも格付けしたり、特定の宗教に特権を与えたりする権力はない。それにもかかわらず、学校の教師は祭司に代わって価値の移転や正邪の判定を指導すべきだと主張する。

④**歴史的見地からの誤り**――憲法における人間の普遍的な権利は、聖書からの模倣ではなく古からの哲学からのものが多いのに、彼はキリスト教から生じたものであると主張する。

⑤**文化的見地からの誤り**――文化的問題に関して混同しているものが多い。

以来、サルコジは文明のもたらす政治に転換し、この種の誤りは尽きないとしている。

フランスにとって、トルコのEU加盟問題は長年の頭痛の種である。EU加盟に初回に挙手してからすでに四五年が経ち、いまだになおも固くその意思を貫こうとしているトルコである。フランスが掲げるライシテの原則はあくまでフランス特有の建前論であることが明白となっている今日、トルコを排除する口実はますます困難となっている。それにしても、何故トルコはこれほどにEU加盟に固執するのであろうか。(9) たしかに、トルコは加盟申請を再提出してからでもすでに二〇年近くに及び、後発国が次々に加盟を承認されていくのを目のあたりにしながら、いまだにいつ承認されるとも目途もたっていない状況にある。それは、地域的にアジアともヨーロッパともとれる中東の中間地点にあって、かつて日本が脱アジアを標榜したように、トルコにも脱中東、あるいは親西洋のような矜持があって

(8)　ベラナール・スタジ(Bernard Stasi)を委員長とする共和国内宗教差別調査委員会。

(9)　トルコによるEU加盟申請の歴史。初回申請一九六二年（申請後、二五年以内に加盟の予定であった）、内閣更迭による加盟申請撤回一九七八年、EU関税同盟に加盟、申請再提出一九八七年、二〇〇三年、EUによる申請書検討対象国に決定、さらに二〇〇四年一〇月には加盟交渉開始も決定した。

も不思議ではない。より明確に言えば、トルコにはアタチュルク以来の西洋文明国の列に加わりたいとの悲願が根強く息づいていると言える。

国内インフレ問題、民族的差別問題、未熟な民主主義問題、複雑な宗教問題など、いずれも未解決であるとの指摘をほぼ一方的にEU側から次々に指摘され、その都度半ば屈辱的とも言える涙を飲まされながらも、じっと堪えて雌伏の時期を過ごしているのがトルコである。こうしたトルコに対して、同国のEU加盟反対の急先鋒に立つフランスでは、トルコ問題は疾うに決着済みという声さえ上がっているという。地中海連合結成案は、[10]こうしたトルコのいわば受け皿として一つの有力な解決手段になり得るという。

このためサルコジ大統領は、フランスを軸に地中海連合UPM（l'Union pour la Méditerranée）の組成を図ったが、ここにはトルコを含むイスラム圏諸国の加盟を巧みに誘導し、これにより懸案のトルコのEU加盟を巧く躱《かわ》す狙いのあることは明白である。もちろん、トルコのEU加盟の代替案とはしないというフランスによる約束はあるものの、UPM自身の目標は定かでなく、現にその活動も目下のところ活発であるとは言えない。

この問題を提起しようものなら、現EU官僚（Eurocrat）は挙《こぞ》って「UPMの狙いは然にあらず」と否定にかかる。もちろん、表向きの組成目標はもっともらしく掲げられている。すなわち、合理的な投資活動、エネルギー問題、環境問題、文化活動などこの地域に属する地中海周辺諸国が結束すれば、無駄な重複投資を回避するのみかシナジー効果の期待できる経済・政治文化活動は多いと看做されている。それに、スーダンやリビア、シリアをはじめとするアフリカ諸国の地域紛争は絶える間もないほどで、連合の結成によってこれら地域的紛争を共同で解決していこうという狙いは頗《すこぶ》るもっともではある。しかし、リビアのカダフィによるアラブ連合会議での発言が注目に値する。[Le Monde, 2008.6.12]

二〇〇八年六月一〇日のアラブ連合会議においてUPMに反対する彼のスピーチは、長年にわたって、テロ支援や大量破壊兵器を受け入れたリビアの外交復活を封印するサルコジに対して、いわば事実上加盟拒絶を表明したものであった。カダフィは、アルジェリアやチュニジア、モーリタニア、シリア、モロッコなどの首脳を前にしてこう喝破した。

「われわれはアラブ連合のメンバーであり、アフリカ連合のメンバーでもある。われわれはアラブやアフリカの結束を破壊するいかなるリスクをも引き受けるつもりはない。われわれのパートナーであるヨーロッパ人はこのことをよく解ってもらわねばならない。EUは自らの連合の上に構想を画き、自らの分裂を拒み、われわれの友人であるサルコジ氏のイニシャティヴはヨーロッパ（EU）によって固く閉ざされた」と続け、「アラブ連合は自らの仲間を散々にし、約束を壊すようなことは受け入れぬ」と明言した。

加えて彼は、このUPMのプロジェクトへのイスラエルの参加を批判した。彼にはまず、地中海沿岸諸国がメンバーであるというのが不満で、さらにアジア的なものが含まれるというのも不満であった。さらには、EU内部からもドイツを中心にUPM組成への反対があった。EUの一部国家の参加に対して、EU資金の利用は理不尽であるなどの主張がそれで、UPM一応二〇〇八年七月一三日を期して成立はしたが、リビアはついに参加を見送った。

かくして、UPMは成立したとは言え必ずしもフランスの思惑通りには運んでおらず、たとえライシテの問題がうまく解決の目処が立ったとしても、その名に相応しいEU憲法条約の成立はもちろん、EUの政治統合への道程はきわめて厳しいと予測される。

（10）　地中海連合（Union pour la Méditerranée: UPM）フランス・サルコジ大統領の提唱に掛るもの。地中海に面する一七か国（内、イスラム国七か国、フランス、スペイン、ポルトガル、イタリアなど一部のEU加盟国およびイスラエルを含む）を主体に現在四三か国が加盟し、二〇〇八年七月一三日に発足した。EU二七か国は全部メンバーだが、リビアは未加盟。

まとめ

フランスではニコラ・サルコジ大統領の登板で、ライシテの行方に混乱が生じている。彼はシラク内閣のもとで内務大臣を務めて以来、フランス伝統のライシテの改革に強い意欲を示してきた。憲法にも匹敵すると言われる一九〇五年成立の政教分離法の改正をも視野に入れた大改革を実施しようとしているのである。

しかし、新大統領による巧みな遠交近攻策とも言うべき諸方策にもかかわらず、EU憲法条約もトルコのEU加盟問題も実質的には何ら改善への前進ありとは判じがたい。ライシテ問題は彼の登板時ほどの勢いは消失している。しかしEUの今後を占う上でこの問題に一定の方向が見られない限りEU憲法条約成立への本質的解決とはなり得ない。加盟国間の経済協力体制の一層の強化など外溝埋立て工事のみに終始し、核心には手がつけられていない。それはライシテがもたらしているフランス国内の混乱があまりにも根本的な解決を阻んでいるからでもある。

経済的統合からスタートしたEUは、統合の帰結とも言うべき政治的統合の完成を目指してきたが、米国に震源を有するサブプライム・ローンによる思わぬ金融混乱の煽りを被り、前進を阻まれ、従来の政治統合の勢いが殺《そ》がれてしまったかの観を呈している。

新フランス大統領の登板は、他の人物であれば三年掛かって、辛うじて行う仕事をわずか三か月で実施してしまったといわれるほどで、彼はきわめて行動力に富んだ、従来にない政治改革を矢継ぎ早に実行している。その一つがEUの枢軸国の一つフランスの国民投票で否決されたEU憲法条約を、半ば表紙のすげ替えの形でEU改革条約（リスボン条約）として甦らせようとしていることで、法案は再度不調に終わりはしたが、その行動力はまさに刮目《かつもく》に値する。

ＥＵがその憲法条約の真髄とも言うべき理念として掲げた民主主義とならぶキリスト教を、ライシテを理由に条約草案から削除したにもかかわらず、彼はそのライシテにメスを入れようとしている。あるいは、ライシテに新しい解釈への道を開こうとでもするものなのか。

ライシテ問題の権威ジャン・ボベロが警鐘を鳴らすように、フランス大統領の唱導する「開かれたライシテ」が、長年ライシテ原理を自家薬籠中のものとしてきたフランスのカトリック教徒を十分承服させることができるほどに説得力を有するものなのか。目下フランス大統領の唐突な発言にカトリック聖者たちは一様に戸惑いを見せており、プロテスタントの英国でも怨嗟《えんさ》の声さえ聴かれる。しかし、サルコジがこの停滞しているEUに対して、貴重な一石を投じたことは明らかである。成り行き次第では、事はフランス国内の出来事にとどまることなく、ＥＵ全体に及ぶほどの影響力をもつことになる。

イスラム対策など宗教問題に対する取り組みや、宗教を政治統治へ利用しようとする政策、あるいはフランスの主張する多文化政策など、着任以来最初の半年間のフランス大統領によってとられた宗教政策が旧来の一般解釈をことごとく打破するかのようであり、これが同国における社会的変化を反映するものと解すべきなのか、あるいはフランス大統領のごく個人的な意図に基づくものなのか、ＥＵ全体をも震撼しかねない問題であるだけに事は重大である。また、『プロ倫』は俗に言われるように現代の資本主義に深く浸透したものであろうか。

ポスト世俗化時代と言われ、行きすぎた世俗化によって文化と社会にアンバランスが生じたことで、宗教への新しい期待が膨らもうとしている。バイオテクノロジーの発達に例証されているように、生命の創造や再生など、いまや生命倫理の問題が世俗化による文明科学の発達に大きく立ちはだかっている。統合の今後を考える上に重要な問題を内包している。

「宗教が国家の基礎としての役割を果たさなければ、国家は成立しなかった」（ルソー）や「国家の建設の場合に、宗教が強力に規定する働きをもつものであった」（ブルクハルト）、あるいは「社会が宗教感情と密接な関係にあり、宗教が向かうのは完全な社会の実現にある」（デュルケム）など、古来、国は宗教なくして成立し難いことは数々の思想家によって唱えられている。欧州連合においてもこの本質は同様である。世俗化と脱世俗化の狭間に立って、欧州においてはキリスト教への新しい期待は高まっている。

本稿では、世俗化問題、とりわけ近代においてウェーバーの職業倫理の問題に少しく紙幅を割きすぎたきらいがないでもないが、それは『プロ倫』と世俗化、職業倫理とプロテスタントの腐食化現象、ライシテとＥＵ憲法条約、などの相対的関連性をたどれば、自ずとその理由は判明するものと期待する。

かつて、西洋において一八世紀以来顕著となってきたキリスト教的文化の日々に崩れいく姿を目のあたりにして、トレルチはそれを「巨大なる破局」と歎き、ヨーロッパの「文化体系」の再建のために「ヨーロッパ文化綜合体」の必要性を唱えたが、今世紀に入って時代は新しい変化の波に晒されている。改めて、宗教の存在意義を問い直す時期に来ている。

あとがき

ＥＵは現在の二七か国にまで拡大し、統合もここにまで至れば、拡大問題に絞って考えれば、積み残された二～三か国の加盟をどう処理するか、またいつごろ実施するかなどはＥＵのこれまでの長い道程を思えばさしたる大事業でもない。もちろん、トルコを含むイスラム諸国の加盟という長年の懸案事項は、何ら進展なきまま少なくとも向こう一〇年間での解決は困難であろう。もっとも、地中海連合（ＵＰＭ：l'Union pour la Mediterranee）構想の立役者フランスでは、トルコのＵＰＭへの加盟はＥＵ加盟の代替案とはしないとする約束をしているとするが、おそらくこれをもってトルコ加盟問題はすでに解決済みとして、素知らぬ振りを装っている風があるとも伝えられる。

むしろ、現在のＥＵにとって新たな課題は、ＥＵを南北に挟む近隣諸国との環境問題をめぐる協力関係をいかにポジティヴに推進できるかに集約されるであろう。いわゆる近隣諸国対策問題ＥＮＰ（European Neighboring Policy）である。もとより環境問題はＥＵにとって国際的には先駆者的立場にあり、いわば通貨ユーロと並んでＥＵが世界に誇り得る象徴的なものと言えよう。

環境問題に眼を向けさせる利点は、これが人類の明日の存亡をかけた地球的規模での緊急の課題であるからであり、それがＥＵのもっとも得手とする分野であってみればなおのこと、トルコという、あるいはイスラムという一地域の行政的な問題などはとりあえず脇へ退けて置いてもよいほどの瑣事として、人々の目に映ることも期待できよう。

平和的側面の検証に注力した前著に引き続き、本書ではＥＵの政治的統合へ向けての精神的風土の醸成について、自由と民主主義的側面の検証に意を注いだ。欧米社会においては歴史的に、自由も民主主義もともにキリスト教と深い繋《つな》がりを保ちつつ今日まで発展してきた。

しかし、前著にて検証してきたように、二度にわたる大戦の戦火を浴びて欧州は全土が戦場となり、焦土と化して、大戦後の欧州統合が一つは戦後の経済的復興の目的のために機能主義や新機能主義など、統合における合理的側面が強調され、統合の機能的文脈の自律性の論理が主役を演じた。そしてもう一つは、第二次世界大戦中のナチズムに続いて、共産主義という新たな全体主義の台頭に曝され、この脅威からいかに逃れることができるかに腐心せざるを得なかった。こうした貧困や抑圧からの自由を求めて、人々は少しでも多くの経済的繁栄を希求し、米国による支援に縋《すが》ったり、自らも経営革新や技術開発に専念したりした。

必死の努力の結果、経済的復興も緒につき、やがて自然科学的技術や軍事開発技術、そして経済復興技術の発展・向上により、人々の目は海洋開発や宇宙開発、生命開発などの方向へと広がり、文明の発展はとどまるところを知らないかのごとくであった。しかし、こうした人間を取り巻く環境の変化は、同時に文明の発展と半ばトレードオフの関係にあるかのごとくに、地球環境の悪化や人間の心の荒廃を招かずにはいなかった。すなわち、人々はもはや経済発展や技術開発といった物質的幸福ではとても解決できないほどの内面の精神的空洞を抱えるようになり、再び精神生活に縋るようになってしまった。

しかし、宗教改革以来と言われる世俗化は、人々を宗教生活から徐々に疎遠なものに導き、とくにウェーバーの『プロ倫』はプロテスタンティズムの禁欲と節約の倫理こそ、その果実としての富の蓄積をもたらすとして、これぞまさに資本主義の精神なりと喧伝してしまったがために、これがやがて資本主義の発展にも、そして宗教の健全なる育成にも少なからぬ阻害要因になってしまった。

この間の事情は本文に少しく詳述しているところであるので、とくに第一〇章を中心にご高覧いただきたい。要するに、プロテスタンティズムの禁欲と節約といった倫理は、現代資本主義の初期段階では富の利得や蓄積に対する学問的な正当化であるかのごとくに受容されて、きわめて効果的であったのである。しかし、資本主義の発展につれてこうした学問的立証はもはや効力を喪失し、プロテスタンティズムの倫理は資本主義の営利主義とはまったく無縁のものに堕してしまったのである。

欧米はもちろん、わが国においても、大企業と言われ長期にわたり社会の信用を恣《ほしいまま》にした現代の資本主義の中核が悪徳商法や決算書の偽装工作によって社会を欺くなど、音を立てて崩壊した。もはや、そこには禁欲の倫理など微塵も残されていない。むしろ、プロテスタンティズムそのものが、職業倫理において、もはや他宗教にも劣後してしまっている状況にある（第9章第2節参照）。

これらの事実から考察すれば、「禁欲的プロテスタンティズムの範型を、近代化にとって不可欠な理念型として提出することに限定されているのではなくて、歴史的変革を主導した倫理的規範が、その共同主観的思考においてまったく予期していなかった『意図せざる結果』を生み出すこと、ここにウェーバーの主たる関心は向けられていた」とし、客観的結果の逆説的連関を見落としているという山之内の重要な指摘どおりである。したがって、「従来のウェーバー解釈がもっぱら禁欲的プロテスタンティズムの内面世界を、それが持つ歴史的変革との関わりにおいて、積極的な意味づけをもって叙述した箇所に行きあたると、素朴にもそれをウェーバー自身の価値評価と看做し、そこから直ちに聖者マックス・ウェーバーを作り上げてしまった」とも記しているが、ここにこそ『プロ倫』解釈の最大のポイントがある。

キリスト教と自由の政治思想については、自由がきわめて強く倫理的な意味をもった概念であることがとくにキリスト教の登場を機に認識されるようになったため、こうした立場に立つトレルチの自由論を足掛かりに検証した。検証に際しては、半澤孝麿の最近の著書二冊や金子晴男を参照し、アウグスティヌスやトマス・アクィナスにおけるキリスト教的自由意思説から、カント、ニーバー、ヒューム、ハイエクなど多岐におよぶ自由意思論を総覧した。しかし、本研究は、現代社会が求める自由とは何かを基本概念として認識はするものの、自由意思論そのものの検証にあるのではなく、主眼としたのは、現代社会が求めようとしている自由が果たして人間社会や西洋社会が永年憧憬した自由であるのか、ややもすれば、それは人類を進歩や幸福へ導く自由ではなくして、むしろ人類を退歩や腐敗へと貶める自由ではないのかという危険が不断につきまとうことを、ブルクハルトやキュング、そしてマキアヴェリやマイネッケを通して確認した。

キリスト教と民主主義の政治思想については、とくに近代プロテスタンティズムの深い理解者としてのトレルチと、ピューリタニズム思想を基礎にイギリスデモクラシーの源流の卓越した理解者であるA・Dリンゼイに注力した。

連邦制度や直接民主主義では、小体ながらすでに現行のEUに先行するとまで称されるスイスの例を、ツヴィングリの改革を事例に取り上げて検証した。そこでは、多数決原理が内包する矛盾と少数意見の汲み上げ方式とが検討されたが、そのスイスが婦人参政権の確立や国連への参加の遅れ、その後の国民投票率の低下や苦汁の永世中立問題に逢着し、苦悶する様を見た。

こうした検証にあわせて、再度トレルチによるキリスト教を基礎としたヨーロッパ精神の形成過程と、その崩壊の過程をたどった。それは、現在の統合にもほぼ同様に適応しうるほどに、ともに類似した現象で、まさしくトレルチを慨嘆させた「ヨーロッパを培ったキリスト教的文化の『巨大なる破局』」であり、ヨーロッパ文化再建のための「ヨーロッパ文化綜合」の必要性である。ヨーロッパは、「生命的統一体」とも「文化的総合体」とも、あるいは「調和せる不調和（Discordia concors《ディスコルディア・コンコルス》）」とも呼称すべく、こうした理念に沿って再建されるべきなのである。

欧州統合の思想を、キリスト教を軸足にして、とくに近代のものを中心にその形成過程から始めて、発展の状況、内包する問題などに至るまで回顧し、最後にEUがやがて目指すと思われる欧州連邦ないし欧州国家連合のいわばミニアチャー版とも称すべきスイス連邦のケースを瞥見した。

日米に比して経済的地盤の沈下が顕著なヨーロッパが、失地回復を目指してEUを軸に必死の努力を重ねる現在の状況からは、新生ヨーロッパに精神的紐帯としての宗教的倫理規範の存在を訝しく思わせるものがあり、かつてわが国をはじめ世界が近代文明の嚆矢として仰ぎ見たヨーロッパに復帰することができるのであろうかと危惧する。「欧州単一市場計画を軸に経済力の強化を基本目標とするも、理想とする共通の目標は、繁栄し、安定し、より開かれた欧州共同体を確立することであり、EUが単なる高度な自由貿易領域にとどまってしまうことではない」とは、かつてのヨーロッパ統合のリーダーたちのほぼ一致した見解である。ヨーロッパの現状打開に向けてハーバーマスは、「経済的な期待だけでは真にその名に値する政治的統合というはるかにリスクに富み、はるかに到達困難なプロジェクトへ向かっての政治的支援を動かすことはできない。EUの経済的利益はそれが物質的利益を超えて拡大する文化的魅力に訴えることができるときにおいてのみEUのさらなる建設のための議論として有用である」としている。

ユーロがゴールではなくほんの出発点であることや、東欧諸国への拡大に備えたアムステルダム条約やニース条約の改定もすでにヨーロッパ憲法の策定という形でアジェンダに上っていることなどからも、ヨーロッパの平和と繁栄に向けて統合は今後も前進を続けるものと期待される。しかし、キリスト教的平和観を基礎とした宗教的倫理規定がヨーロッパ人から等閑視されたときには政治倫理の欠落を招き、統合はバベルの塔と帰する危険性を絶えず孕《はら》んでいることも、現代ヨーロッパ統合の直面しているアポリアとして看過してはならない。

EUがその規模や性格において、人類史上に類例のない国際統合の実験として、世界の注目を浴び、EUに関する研究が地元ヨーロッパ人はもちろん、広く世界中で広範な研究者の関心を集め、わが国においても、日本EU学会をはじめ、非常に多くの方々の優れた研究が行われている。本文で随所に触れたとおり、戦後経済的地盤の沈下が顕著なヨーロッパが、いかにすれば失地回復が図れるかが緊急の課題であったため、それらの研究の大半はEUが統合によっていかに経済的成功を収められるかに主眼が置かれており、経済統合が一応の形を整えた今世紀に入って以降は、専門家の関心ももっぱらヨーロッパ連合EUの制度や組織上の問題、あるいはそれに基づく機能および発展のダイナミックスに注がれがちのようである。

拙著は、このような状況下でEUが現在内包している問題は何かに関して思想的な面からその核心の一端にでも触れられればというごくささやかな願いを込めて筆をとったもので、とくに現在では統合推進論者をはじめ、広く一般のヨーロッパ人からも関心の薄らいだキリスト教を軸足にしている点で、著者自らは勇を鼓しての挑戦のつもりであった。多少なりとも共感を抱いてくださる読者が、一人でも多くおられれば幸いと思う次第である。

なお、本書は前著『ヨーロッパ統合とキリスト教』の出版後に起稿し、本年初にはほぼ脱稿せるものであるため、この度のアイルランドにおける再度の国民投票が一〇月二日に実施されることについては触れることができなかった。投票の結果は本書で予測した通りとは思うが、結果のいかんにかかわりなく、本書の基本的主張が変更を受けるものではない。

二〇〇九年　秋

坂本　進

- Peter L.Berger, Ed.（1999）*The Desecularization of the World,* Resurgent Religion and .World Politics.Ethics and Public Policy Center, Washington, D.C.
- Jean Boissonnat（2005）*Dieu et L'Europe,* Desclée de Brouwer, Paris.
- Nicolas Sarkozi（2004）*La République, les religions, l'espérance,* Entretiens avec Thibaud Collin et Philippe Verdin, Cerf.Paris.
- Manuel Valls（2005）*La laicite en face,* Editions Desclée de Brouwer Paris.
- Anson Shupe, Jeffrey K.Hadden（1988）*The Politics of Religion and SocialChange,* Religion and the Political Order Vol.1, Paragon House.
- Gabriel Motzkin（2002）"Science Secularization, and Desecularization at the Turn of the Twentieth Century" *Science in Context,* Cambridge University Press.
- Max Weber（2005）*Die Protestantische Ethik und Der Geist des Kapitalismus.* Kathrin Steiburgerward, Hamburg.（邦訳［1989］『プロテスタンティズムの倫理と資本主義の精神』大塚久雄訳、岩波文庫）
- 金子晴勇（2001）『近代人の宿命とキリスト教』聖学院大学出版会。
- キリスト教大事典編集委員会編（1979）『キリスト教大事典』教文館。
- 小泉洋一（1998）『政教分離と宗教的自由』法律文化社。
- 小泉洋一（2005）『政教分離の法』法律文化社。
- 中野実（1998）『宗教と政治』新評論。
- ニーチェ（2006）『権力への意志（上）（下）』原佑訳、ちくま書房。
- ユルゲン・ハーバーマス、ヨーゼフ・ラッツィンガー（2007）『ポスト世俗化時代の哲学と宗教』三島憲一訳、岩波書店。
- R·N・ベラー（1973）「アメリカの市民宗教」（『社会変革と宗教倫理』河合秀和訳、未来社、所収）（Robert Nelly Bellah, *Beyond Belief. Essays on Religion in a posttransitional World.* Harper & Row N.Y, 1970.）
- 宮田光男（1975）『政治と宗教倫理』岩波書店。
- 山之内　靖（1982）『現代社会の歴史的位相』日本評論社。
- 山之内　靖（1997）『マックス・ウェーバー入門』岩波新書。
- 山之内　靖（1993）『ニーチェとウェーバー』未来社。

- マックス・ウェーバー（1976）『宗教社会学』武藤一雄・薗田宗人・薗田坦共訳、創文社。（Max Weber, *Wirtschaft und Gesellschaft-Grundris der verstehenden Soziologie*）
- マックス・ウェーバー（1989）『プロテスタンティズムの倫理と資本主義の精神』岩波文庫。（Max Weber［1920］*Die Protestantische Ethik und der Geist des Kapitalismus*, 2005, Kathrin Steigerwald, Hamburg）
- マックス・ウェーバー（1980）『職業としての政治』脇圭平訳、岩波文庫。（Max-Weber, 1919, Politik als Beruf.）
- マックス・ウェーバー（1965）「国民社会党の設立に寄せて」（『ウェーバー政治社会論集』中村貞二訳、河出書房新社、所収）（Max Weber, 1896. *Zur Gründung einer National-Sozialen Partei,*）
- ニクラス・ルーマン（1989）『宗教社会学』土方昭、三瓶憲彦共訳、新泉社。（Niklas Luhmann, 1977, *Funktion der Religion,* Suhrkamp Verlag Frankfurt am Main）
- 柳父圀近（1992）『エートスとクラトス　政治思想史における宗教の問題』創文社。
- Harold J.Laski（1936）*The Rise of European Liberalism,* Transaction Publishers New Brunswick（USA）（邦訳［1951］『ヨーロッパ自由主義の発達』石上良平訳、みすず書房）

第９章参考文献

- Jean Boissonnat（2005）*Dieu et L'Europe*. Desclée de Brouwer.Paris.
- Pippa Norris & Ronald Inglehart（2006）*Sacred and Secular*, *Religion and Politics Worldwide*, Cambridge University Press, New York
- Peter Berger（Ed.）（1999）*The Desecularization of the World*, Resurgent Religion and World Politics.Published jointly by Ethics and Public Policy Center.Washington D.C & William B.Publishing Company Michigan.
- 大塚久雄（1969）『近代人の人間的基礎』（『大塚久雄著作集第８巻』岩波書店、所収）。
- 金井新二（1991）『ウェーバーの宗教理論』東京大学出版会。

第10章参考文献

- Jean Bauberot（2000）*Histoire de la Laïcité en France,* Dépot legal, Paris.

- 金井新二（1991）『ウェーバーの宗教理論』東京大学出版会。
- 金子武蔵（1976）『マックス・ウェーバー　倫理と宗教』以文社。
- 金子武蔵編（1989）『新倫理学辞典』弘文堂。
- 金子晴勇（2001）『近代人の宿命とキリスト教　世俗化の人間的考察』聖学院大学出版会。
- 坂本進（2004）『ヨーロッパ統合とキリスト教』新評論。
- H·E・テート（1988）『ハイデルベルクにおけるウェーバーとトレルチ』宮田光男、石原博訳、創文社。(Harold Eduard Tödt, 1985, *Weber and Ernst Troeltsch in Heidelberg*)
- Göran Therborn（1995）*European Modernity and Beyond,* SAGE Publications, London
- デュルケム（2005）『宗教生活の原初形態（上）（下）』古野清人訳、岩波文庫。（Émile Durkheim［1912］*Les Formes Élementaires de la Vie Religieuse*）
- トーニー（1973）『宗教と資本主義の興隆（上）（下）』出口勇蔵・越智武臣共訳、岩波文庫。(Richard Henry Tawney, 1926. *Religion and the Rise of Capitalism, A Historical Study*))
- エルンスト・トレルチ（1983）『キリスト教社会哲学』(『トレルチ著作集３』佐々木勝彦訳、ヨルダン社、所収)。(ErnstTroeltsch. 1922. *Die Sozialphilosophie des Christentums,*)
- エルンスト・トレルチ（1983）『政治倫理とキリスト教』(『トレルチ著作集３』佐々木勝彦訳、ヨルダン社、所収）（ErnstTroeltsch, 1904,, *Politische Ethik und Christentum*, 1904）
- 中野毅（2002）『宗教の復権』東京堂出版。
- 西村貞二（1988）『ウェーバー・トレルチ・マイネッケ』中央公論社。
- R·N・ベラー(1973)『社会変革と宗教倫理』河合秀和訳、未来社。(Robert Nelly Bellah, *Social Revolution and Religious Ethics*）
- R·N・ベラー（1996）『徳川時代の宗教』池田昭訳、岩波文庫。(Robert Nelly Bellah, 1957, *Tokugawa Religion.*）
- マックス・ウェーバー（1991）『宗教社会学論選』大塚久雄・生松敬三共訳、みすず書房。(Max Weber［1921］*Gesammelte Augsätze zur Religionssoziologie*）
- マックス・ウェーバー（1968）『世界の大思想、第２期－７　ウェーバー宗教・社会論集』安藤英治代表訳、河出書房。

- R·N・ベラー（1973）「アメリカの市民宗教」（『社会変革と宗教倫理』河合秀和訳、未来社、所収）。（Robert Nelly Bellah, 1970, *Beyond Belief. Essays on Religion in a posttransitional World.* Harper & Row N.Y）
- R·N・ベラー（1996）『徳川時代の宗教』池田昭訳、岩波文庫。（Robert Nelly Bellah, 1957, *Tokugawa Religion*.）
- ボンヘッファー・ディートリッヒ（1973）『抵抗と服従—獄中書簡』（現代キリスト教思想叢書６、平石善司訳、白水社）。（Bonhöffer Dietrich, 1951, *Widerstand und Ergebung,* Chr.Kaiser Verlag, München）
- 宮田光男（1975）『政治と宗教倫理』岩波書店。
- J·J・ルソー（1954）『社会契約論』、桑原武夫・前川貞次郎訳、岩波文庫。（Rousseau, 1762. *Le Contrat Social*）
- Peter L. Berger（1979）*The Heretical Imperative Contemporary Possibilities of Religious Affirmation* Doubleday & Company , Inc., New York（邦訳［1987］『異端の時代——現代に於ける宗教の可能性』薗田稔・金井新二訳、新曜社）。
- David C.Rappoport（1991）“Some General Obser-vations on Religion and Violence” in *Juergens-meyer ed.* New York N.Y
- Jean Boissonnat（2005）*Dieu et L'Europe,* Desclée de Brouwer, Paris
- Anson Shupe, Jeffrey K.Hadden（1988）*The Politics of Religion and Social-Change*: Religion and the Political Order Vol.1, Paragon House,
- Thomson *New Catholic Encyclopedia 2nd Edition,* The Catholic University of America. Press Washington
- Hans Küng（1988）*A Global Ethic for Global Politics and Economics*, Oxford University Press, New York, N.Y
- Reinhold Niebuhr（1935）*An Interpretation of Christian Ethics,* Harper & Row, Publishers London
- Pippa Norris, Ronald Inglehart（2004）*Sacred and Secular Religion and Politics Worldwide,* Cambridge University Press.

第８章参考文献

- 青山秀夫（1951）『マックス・ウェーバー』岩波新書。
- 安藤英治編（1977）『ウェーバー　プロテスタンティズムの倫理と資本主義の精神』有斐閣新書。
- 大塚久雄（1969）『大塚久雄著作集第８巻　近代化の人間的基礎』岩波書店。

Kapitalismus.）
- T·S・エリオット（1951）『文化とは何か』深瀬基寛訳、アテネ新書、弘文堂。（Thomas Stearns Eliot, 1962, *Notes towards the definition of culture.* Faber and Faber, London）
- 小田島義久（1988）『キリスト教倫理入門』ヨルダン社。
- 金子晴勇（2001）『近代人の宿命とキリスト教』聖学院大学出版会。
- 金子晴勇（1987）『キリスト教倫理入門』教文館。
- キリスト教大事典編集委員会編（1979）『キリスト教大事典』教文館。
- 小泉洋一（1998）『政教分離と宗教的自由』法律文化社。
- フリードリッヒ・ゴーガルテン（1975）「世俗化と世俗主義」（『近代の宿命と希望』現代キリスト教思想叢書10、白水社、所収）（Friedrich Gogarten, 1958, *Verhängnis und Hoffnung der Neuzeit,* Friedrich Vorweg Verlag, Stuttgart）
- 坂本進（2004）『ヨーロッパ統合とキリスト教』新評論。
- フェデルコ・シャボー（1961）『ヨーロッパとは何か』清水純一訳、サイマル出版会。
- David B. Barrett 著（1986）『世界キリスト教百科事典』教文館。
- 土居真俊（1971）『ティリッヒ　人と思想シリーズ』日本基督教団出版局。
- ティリッヒ・パウル（1978）『ティリッヒ著作集第７巻　文化の神学』谷口美智雄他訳、白水社。
- ティリッヒ・パウル（1962）『文化と宗教』高木八尺訳、岩波書店。（Tillich Paul. *Religion and Culture*）
- デュルケム・エミール（1941）『宗教生活の原初形態（上）（下）』古野清人訳、岩波文庫。（Émile Durkheim, 1912, *Les Formes Élementaires de la Vie Religieuse*）
- エルンスト・トレルチ（1983）『政治倫理とキリスト教』（『トレルチ著作集３　キリスト教倫理』佐々木勝彦訳、ヨルダン社、所収）（ErnstTroeltsch, 1904, *Politische Ethik und Christentum*）
- 中野実（1998）『宗教と政治』新評論。
- 南原繁（1972）『南原繁著作集第１巻　国家と宗教』岩波書店。
- 西村貞二（1991）『トレルチの文化哲学』キリスト教歴史双書７、南窓社。
- ブルクハルト（1981）『世界史的諸考察』藤田健治訳、二玄社。（Jacob Burckhardt, 1905, *Weltgeschichtliche Betrachtungen Über Geschichtliches Studium* Herausgegeben von Jacob Oeri, Schwabe & Co., Verlagp.）

- カント（1998）『永遠平和のために』宇都宮芳明訳、岩波文庫。（Immanuel Kant, 1795, *Zum Ewigen Frieden*）
- 竹本秀彦（1989）『エルンスト・トレルチと歴史的世界』行路社。
- 西村貞二（1988）『ウェーバー・トレルチ・マイネッケ』中公新書。
- 西村貞二（1991）『トレルチの文化哲学』キリスト教歴史双書７、南窓社。
- 近藤勝彦（1996）『トレルチ研究（下）』創文社。
- 永岡薫編著（1998）『イギリスデモクラシーの擁護者——AD リンゼイ——その人と思想』聖学院大学出版会。
- A・フェルドロース（1974）『自然法』原秀男・栗田睦雄共訳、成文堂。（Alfred Verdross, 1970, *Statisches und dynamisches Naturrecht*）
- R·B・ペリー（1971）『ピューリタニズムとデモクラシー』高木誠・高木八尺訳、有信堂。（Ralph Barton Perry, 1944, *Puritanism and Democracy*）
- 村田良平編（1999）『EU——21世紀の政治課題』勁草書房。
- Karl Barth（1950）*Diekirchliche Dogmatik*, Bd 3, Zollikon-Zurich, zit., K, E.Aphelbacher Ebd
- ドニ・ド・ルージュモン（1975）『ヨーロッパ人への手紙』波木居純一訳、紀伊國屋書店。（Denis de Rougemont, 1970, *Lettre ouverte aux Europeens*.）
- H·E・テート（1988）『ハイデルベルクにおけるウェーバーとトレルチ』宮田光男・石原博訳、創文社。（Heinz Edward Tödt, 1985, *Weber and Ernst Troeltsch in Heidelberg*）
- トマス・モア（1957）『ユートピア』平井正穂訳、岩波文庫。（Thomas More, 1516, *UTOPIA*）
- 川端香男里（1993）『ユートピアの幻想』講談社学術文庫
- ロベール・シューマン Robert Schuman *Pour L'Europe*（邦訳［1964］『ヨーロッパ復興』上原和夫・杉並利英訳、朝日新聞社）。
- ハインリッヒ・ロンメン（1956）『自然法の歴史と理論』阿南成一訳、有斐閣。（Heinrich A.Rommen, 1947, *The Natural Law*, Liberty Fund, Indianapolis.）
- E・ジルソン（1974）『中世哲学の精神（上）（下）』服部英次郎訳、筑摩書房。（Gilson Etienne, *L'Esprit de la Philosophie medievale*）。

第７章参考文献

- ウェーバー（1989）『プロテスタンティズムの倫理と資本主義の精神』大塚久雄訳、岩波文庫。（Max Weber, 1920, *Die Protestantische Ethik und Der Geist des*

- D'Entrève A.Passerin（1951）*NATURAL LAW*, An Introduction to Legal Philosophy, Huntchinton's University Library（邦訳［1967］『自然法』久保正幡訳、岩波現代叢書）
- エルンスト・トレルチ（1983A）『政治倫理とキリスト教』佐々木勝彦訳（『トレルチ著作集第３巻、キリスト教倫理』）ヨルダン社、所収。（Ernst Troeltsch, 1904, *Politische Ethik und Christentum*,）
- エルンスト・トレルチ（1983B）『キリスト教社会哲学』佐々木勝彦訳（『トレルチ著作集第３巻』ヨルダン社、所収）（Ernst Troeltsch, 1922, *Die Sozialphilosophie des Christentums*）
- エルンスト・トレルチ（1988）『歴史主義とその諸問題（下）』近藤勝彦訳（『トレルチ著作集第６巻』ヨルダン社、所収）（Ernst Troeltsch, 1922, 1961, *Die Historismus und seine Probleme*,）
- エルンスト・トレルチ（1981）「ストア的＝キリスト教的自然法と近代的世俗的自然法」（『トレルチ著作集第７巻　キリスト教と社会思想』住谷一彦・小林純訳、ヨルダン社、所収）（1912, Ernst Troeltsch, *Die Sozialphilosophie des Christentums*）
- エルンスト・トレルチ（1984A）『近代世界の成立に対するプロテスタンティズムの意義』（『トレルチ著作集第８巻』堀孝彦訳、ヨルダン社、所収）（Ernst Troeltsch, 1911, *DieBedeutung des Protestantismus für die Entstehung der modernen Welt*）
- エルンスト・トレルチ（1984B）『カルヴァン派とルター派』（『トレルチ著作集第８巻　プロテスタンティズムと近代世界１』半田恭雄訳、ヨルダン社、所収）（Ernst Troeltsch, 1909, *Calvinismus und Luthertum-berblick*）
- マックス・ウェーバー（1980）『職業としての政治』脇圭平訳、岩波文庫。（Max Weber, 1919, *Politik als Beruf*）
- Leo Straus（1971）*Natural Right and History*, The University of Chicago Press（邦訳［1988］『自然権と歴史』塚崎智・石塚嘉彦訳、昭和堂）
- フリードリヒ・マイネッケ（1980）『近代史における国家理性の理念』（『世界の名著　マイネッケ』）岸田達也訳、中央公論社、所収。（Friedlich Meinecke, 1924, *Die Idee der Staatsrason in der neueren Geschichite*）
- 佐々木隆生／中村研一（1994）『ヨーロッパ統合の脱神話化』ミネルヴァ書房。
- 高坂直之（1971）『トマス・アクィナスの自然法研究』創文社。
- 林健太郎（1980）『世界の名著　マイネッケ』中央公論社。

- GALLANGHER, Michael/ULERI, Pier Vincenzo (Ed.)（1996）*The Referendum Experience in Europe*, London/New York
- 富本健輔（1987）『宗教改革におけるツヴィングリ主義』風間書房。
- 澤野義一（1992）「永世中立—歴史と展望」（田畑忍編『非戦・平和の論理』法律文化社、所収）
- 金子晴勇（2001）『宗教改革の精神—ルターとエラスムスの思想対決—』講談社。
- マルティン・ルター（2001）『キリスト者の自由』石原謙訳、岩波文庫。（Martine Luther, 1520, *Von der Freiheit Christenmenschen*）
- ベルジャーエフ（1998）『歴史の意味』氷上英廣訳、白水社。（Nikolai A.Berdjaev, 1925, *Der Sinn der Geschichite*）
- Bruce Gordon（2002）*The Swiss Reformation*, Manchester Univ. Press N.Y
- ツヴィングリ（1984）『聖餐論』出村彰訳（『宗教改革著作集 5　ツヴィングリとその周辺』教文館、所収）。（Huldreich Zwinglis. 1526. *Ein Klare Underrichtung vom Nachtmal Christi.*）
- F・ビュッサー（1980）『ツヴィングリの人と神学』森田安一訳、新教出版社。（Fritz Busser, *Huldrich Zwingli Reformation als prophestischen Aufrag*）
- 鯖田豊之（1977）『生活文化の発想』雄山閣出版。
- 踊共二（1999）「近代スイスにおける宗派問題と多数決原理」（森田安一編『スイスの歴史と文化』刀水書房、所収）
- G・イェリネック（1989）『少数者の権利』森　英樹・篠原　巌訳、日本評論社。（Georg Jellinek, 1898, *Das Recht der Minoritäten.Wien*）
- ジョン・ロック（1997）『市民政府論』鵜飼信成訳、岩波文庫。（John　Locke, 1690, *Two Treatises of Government*, Cambridge University Press, Cambridge）
- 田口晃（1993）「スイスはなぜヨーロッパ統合に消極的か——1992年12月 6 日の国民投票をめぐって」『年報政治学』所収。
- 上田哲、1983,『逆想の非武装中立』、廣済堂出版。

第 6 章参考文献

- 阿久戸光晴（1988）『近代デモクラシーの思想と根源』聖学院ゼネラルサービス。
- 小田切雅也（1995）『キリスト教の歴史』講談社学術文庫。
- 小田垣雅也（1996）『現代のキリスト教』講談社学術文庫。

（聖学院大学紀要『聖学2000年３月５日』所収）（Langdon Gilky. Reinhold Niebuhr.）

第４章参考文献

- 阿久戸光晴（1988）『近代民主主義の思想と根源』聖学院ゼネラルサービス。
- 近藤勝彦（1993）「リンゼイとトレルチ」（永岡薫編著『イギリス・民主主義の擁護者——AD リンゼイ——その人と思想』聖学院大学出版会）
- エルンスト・トレルチ（1983）『政治倫理とキリスト教』，佐々木勝彦訳（『トレルチ著作３　キリスト教倫理』ヨルダン社、所収）（Ernst Troeltsch, 1904, *Politische Ethik und Christentum*）
- エルンスト・トレルチ（1999）『古代キリスト教の社会教説』高野晃兆・帆苅猛共訳、教文館。（Ernst Troeltsch, 1912, *Die Soziallehren der Christlichen Kirchen und Gruppen*.）
- 永岡薫編著（1993）『イギリス・民主主義の擁護者—AD リンゼイ—その人と思想』聖学院大学出版会。
- 西村貞二（1991）『トレルチの文化哲学』キリスト教歴史双書７、南窓社。
- 福田歓一（1977）『近代民主主義とその展望』岩波書店。
- A·D・リンゼイ（1964）『民主主義の本質』永井薫訳、未来社。（Alexander Dunlop Lindsay, 1930, *The Essentials of Democracy*, Oxford University Press）
- A·D・リンゼイ（1969）『現代民主主義国家』紀藤信義訳、未来社。（Alexander Dunlop Lindsay, 1943, *The Modern Democratic State*, Oxford Univ. Press.）
- A·D・リンゼイ（2006）『キリスト教諸教会とデモクラシー』山本俊樹・大澤麦共訳、聖学院大学出版会。（A.D. Lindsay, 1934, *Churches and Democracy*.The Epworth Press, London）

第５章参考文献

- 森田安一（1995）『歴史全書16　スイス——歴史から現代へ』刀水書店。
- 森田安一（2000）『物語　スイスの歴史』中公新書。
- Gregory A.Fossedal（2002）*Direct Democracy in Switzerland*, Transaction Publishers N.J
- プラトン（2002）『国家（上）（下）』藤沢令夫訳、岩波文庫。（Platon.The Republic）
- 渡辺久丸（1999）『現代スイス憲法の研究』信山社。

第3章の参考文献

- Reinhold Niebuhr, *The Self and Dramas of History*, p.18.（邦訳［1964］『自我と歴史の対話』オーテス・ケーリ訳、未来社）
- Reinhold Niebuhr（1941）*The Nature and Destiny of Man, I*, 1943, *Human Nature, II*,: *Human Destiny*, Westminster John Knox Press Louisville, Kentucky（邦訳［1964］『人間の本性と運命』武田清子一部抄訳、新教出版社）
- Reinhold Niebuhr（1932）*Moral Man and Immoral Society*, Charles Scribers Sons New York,（邦訳［1974］『道徳的人間と非道徳的社会』大木英夫訳、現代キリスト教叢書所収、白水社）
- Reinhold Niebuhr（1944）*The Children of Light and the Children of Darkness*, Charles Scriber's and Sons, New York.（邦訳［1994］『光の子と闇の子』武田清子訳、聖学院大学出版会）
- Reinhold Niebuhr（1927）*Does Civilization Need Religion? A study in the Social Resouces and Limitations of Religion in Modern Life*. MacMillan Co.New York,（邦訳［1928］『近代文明とキリスト教』栗原基訳、イデア書院）
- Hans Küng（1998）*A Global Ethic for Global Politics and Economics*, Oxford Univ. Press.
- Hans Küng, Karl Joseph Kuschel（1993）*Declaration of Global Ethic*（邦訳［1995］『地球倫理宣言』吉田収訳、世界聖典刊行協会）
- Michael Walzer（1935）*Thick and Thin*, Moral Argument at home and abroad, Univ. of Notre Dame Press, London.
- Hans Morgenthau（1978）*Politics Among Nations*, Alfred A Knopf, Inc, New York（邦訳［1986］『国際政治』現代平和研究会訳, 福村出版）
- 鈴木有郷（1982）『ラインホールド・ニーバーの人間観』教分館。
- Davis and Good, (eds)（1960）*Reinhold Niebuhr on Politics*, Scriber's and Sons, NewYork.
- パスカル（1973）『パンセ』前田陽一・由木康訳、ブランシュヴィック版、中央公論社。（Pascal, c 1680, *Pensées*）
- ハンス・モーゲンソー（1970）「ラインホールド・ニーバー　現代における預言者的実存」、大木英夫訳（『終末論的考察』中央公論社、所収）（Hans Morgenthau., 1961., Reinhold Niebuhr, *A Prophet Voice in our Time*）
- 社会科学大事典編集委員会編（1969年）『社会科学大事典』鹿島出版会。
- ラングドン・ギルキー（2000）『ラインホールド・ニーバー』久保島理恵訳

第2章の参考文献

- 下村寅太郎（1994）「世界史的諸考察」（『ブルクハルト研究』みすず書房、所収）
- G・ヴィーコ（1999）『新しい学』清水幾太郎訳（『世界の名著33　ヴィーコ』中央公論社、所収）（Giambattista Vico, 1709, *De Nostri Temporis Studiorum Ratione.*）
- 清水幾太郎（1999）「私のヴィーコ」（『世界の名著33　ヴィーコ』中央公論社、所収）
- 西村貞二（1981）『ブルクハルト』清水書院。
- アリストテレス（1949）『詩学』松本仁助訳、岩波文庫。
- 仲手川良雄（1987）『ブルクハルト史学と現代』創文社。
- W・ケーギ（1979）『小国家の理念　歴史的省察』坂井直芳訳、中央公論社。（Werner Kaegi, 1966, *Discordia concors, Historische Meditationen*,）
- F・ニーチェ（1998）『反時代的考察』小倉志祥訳、ちくま学芸文庫。（Friedrich Nietzsche, 1876, *Unzeitgemässe Betrachtungen*）
- ランケ（1961）『世界史概観』鈴木成高、相原信作共訳、岩波文庫。（Leopord von Ranke, 1906, *Über die Epochen der neueren Geschichite*）
- Alan S.Kahan（2001）*Aristocratic Liberals,* Transaction Publishers, New Brunswick USA,
- Jacob Burckhardt（1905）*Weltgeschichtliche Betrachtungen Über Geschichtliches Studium* Herausgege ben von Jacob Oeri, Schwabe & Co., Verlagp.（邦訳［1981］『世界史的諸考察』藤田健治訳、二玄社）
- J・ブルクハルト（2003）『イタリア・ルネッサンスの文化（上）（下）』柴田治三郎訳、中央公論社。（Jacob Burckhardt, 1860, *Die Kultur der Renaissance in Italien, ein Versuch*）
- K・レーヴィット（1957）「人間と歴史」（岩波講座『現代思想　別巻』岩波書店、所収）（Karl Löwith, 1957, *Mensch und Geshichite, Samtliche Schriften*）
- K・レーヴィット（1994）『ヤーコプ・ブルクハルト——歴史の中の人間』西尾幹二・滝内槙雄訳、ちくま学芸文庫。（Karl Löwith, 1966, *Jacob Burckhardt, Der Mensch immitten der Geschichte,* Kohlhammer）
- K・レーヴィット（1964）『世界史と救済史』信太正三、長井和雄、山本新共訳、創文社。（Karl Löwith, 1953, *Weltgeschichte und, Heilsgeschehen,* Verlag W. Kohlhammer, Stuttgart）

洋書房。

- 西谷幸介（1992）「ニーバーとトレルチ」（椎の樹会『雑誌　形成』257，258号、滝野川教会）
- 半澤孝麿（2003）『ヨーロッパ思想史における〈政治〉の位相』岩波書店。
- 半澤孝麿（2006）『ヨーロッパ思想史のなかの自由』創文社。
- ライプニッツ（1991）『宗教哲学「弁神論」（下）』（『ライプニッツ著作集第7巻』佐々木能章訳、工作舎、所収）（Gottfried Wilhelm F.von Leibnitz. 1710, *Theologia, Die Philosophischen Schriften*.）
- A·D・リンゼイ（2006）『キリスト教諸教会とデモクラシー』山本俊樹、大澤麦共訳、聖学院大学出版会。（A.D. Lindsay, 1934, *Churches and Democracy*. The Epworth Press, London）
- Constance L.Benson（1999）*God & Caesar, Troeltsch's Social Teaching as Legitimation.* Trnsaction Publishers, New Brownswick
- Heinrich Bornkamm（1969）*Luther im Spiegel der deutschen Geistegesgeschichte 2*. neu bearbeitete und erweiterte Aufl（(邦訳［1978］『ドイツ精神史とルター』谷口茂訳、聖文舎）
- Charles C.Brown（2002）*Niebuhr and His Age*, Reinhold Niebuhr'sProphetic Role and Legacy, Pensylvania Trinity Press International Pensylvania.
- Maurice Cranston（1967）*Freedom A New Analysis*, Longmans, Green and Co. Ltd., London（邦訳［1976］『自由――哲学的分析――』小松茂夫訳、岩波新書）
- David Hume（2000）*An Inquiry concerning Human Understanding*, Oxford University Press, Oxford.（邦訳［2004］『人間知性研究』斎藤繁雄・一ノ瀬正樹訳、法政大学出版局）
- John Locke（1997）*An Essay Concerning Human Understanding*, Penguin Classics, London（邦訳［1972～1977］『人間知性論』大槻春彦訳、岩波文庫）
- Reinhold Niebuhr（1932）*Moral Man and Immoral Society*, Charles Scribers's Sons, N.Y（邦訳［1998］『道徳的人間と非道徳的社会』大木英夫訳、白水社）
- Ronald H.Stone（1981）*Reinhold Niebuhr Prophet to Politicians*, University Press of America, Inc., Washington D.C..
- Richard Wightman Fox（1985）*Reinhold Niebuhr, A Biography*, New York Pantheon Books New York.

参考文献一覧

第１章の参考文献

- アウグスティヌス（1989）『自由意志』（『アウグスティヌス著作集第三巻』泉治典訳、教文館）（Augustine, Saint, Bishop of Hipo, *De libero arbitrio*）
- 高橋義文（1993）『ラインホールド・ニーバーの歴史神学』聖学院大学出版会。
- エルンスト・トレルチ（1970）『ドイツ精神と西欧』西村貞二訳、筑摩書房。（Ernst Troeltsch, 1925, *Deutschen Geist undWesteuropa*, Gesammelte Kulturphilosophische Aufsätze und Reden, Heraus gegeben von Hans Baron）
- カント（2000）『実践理性批判』波多野精一、宮本和吉、篠田英雄訳、岩波文庫。（Immanuel Kant, 1768, *Kritik der praktischen Vernunft*.）
- カント（2005）『純粋理性批判』篠田英雄訳、岩波文庫。（Immanuel Kant, 1787, *Kritik der Reinen Vernunft.*）
- トマス・アクィナス（1991）『神学大全６』高田三郎、大鹿一正訳、創文社。（*Thomas* Aquinas, Saint, *Summa theogiae*）
- トーマス・マン（1990）『ドイツとドイツ人』青木順三訳、岩波文庫。（Thomas Mann, *Sorge um Deuschland Sechs Essays*）
- ニコライ・ベルジャーエフ（1998）『歴史の意味』氷上英廣訳、白水社。（Nikolai Aleksandrovich Berdyaev, 1925, *Der Sinn der Geschichite*, Versuch einer Philosophie des Menschengeschicken.）
- ハイエク（1997）『自由の価値―自由の条件』（新装版「ハイエク全集」第５巻）気賀健三、古賀勝次郎訳、春秋社。（F.A.Hayek, 1960, *The Constitution of Liberty Part I*: *The Value of Freedom*, Routledge & Kegan Paul, London）
- ハイデッガー（1980）『存在と時間』（『世界の名著74』原佑他訳、中央公論社、所収）（Martin Heidegger, 1967, *Sein und Zeit*, M.Niemeyer, Tubingen）
- ヘーゲル（1996）『小論理学』真下信一、宮本十三訳、岩波書店。（Georg Wilhelm Friedrich Hegel, 1830, *Enzyklopädie der philosophischen Wissenschaften*）
- 安酸敏眞（2001）『歴史と探求　レッシング・トレルチ・ニーバー』聖学院大学出版会。
- G・ヴィーコ（1999）『新しい学』（『世界の名著33　ヴィーコ』清水幾多郎訳、中央公論社、所収）（Giambattista Vico, 1953, *Principj di Scienza Nuova*. Ricciardo-Ricciardi）
- 古賀敬太（2001）『近代政治思想における自由の伝統ルターからミルまで』晃

【ラ】
ライプニッツ，G・W・F（Gottfried Wilhelm F.von Leibniz） 30, 31
ラスキ，H（Harold Laski） 244
ラパポート，D（Darid C.Rappoport） 202
ランケ，レオポルト（Leopold v. Ranke） 53, 61
リシュリュー，A・J（Armand Jean Richelieu） 100, 101
ハーバート，リード・エドワード（Herbert Read Edward） 32
リンゼイ，A・D（Alexanders Dunlop Lindsay） 119, 120, 122
ペナルイ，アンリ（Henri Pena-Ruiz） 284
ルージュモン，ドニ・ド（Denis de Rougemont） 167
ルソー，ジャン・ジャック（Jean Jaques Rousseau） 24, 30, 31, 59, 117
ルター，マルティン（Martin Luther） 141, 144, 145
ルックマン，トーマス（Thomas Luckmann） 199, 276
ルナン，J・E（Joseph Ernest Renan） 64
レーヴィット，K（Karl Löwith） 51, 65
ロック，ジョン（John Locke） 117, 185

【ワ】
渡辺久丸 133

196, 238, 263, 275
パスカル，ブレーズ（Blaise Pascal）84, 91
ハデン，J・K（Jeffrey K.Hadden） 200
ハーバーマス，ユルゲン（Jürgen Habermas） 282
バフェット，W（Warren Buffett） 226
ビスマルク，O（Otto Bismark） 169
フィンク，ロジャー（Roger Finke） 262
ブッツァー，マルティン（Martin Bucer） 142
ブラウン，C・C（Charles C.Brown）42
プラトン（Platon） 130
ブリンガー，J・H（Johan Heinrich Bullinger） 151
ブルクハルト，ヤーコプ（Jacob Christoph Burckhardt） 50, 57, 61, 65, 67, 76, 138, 165, 215
ブルンナ，エミル（Emil Brunner） 207
ブレンターノ，L（Lujo Brentano）248, 249
ベインブリッジ，ウィリアム・シムス（William Sims Bainbridge） 263
ヘーゲル，G・W・F（Georg Wilhelm Friedrich Hegel） 30, 31, 52, 59, 214
ベネディクト16世（Benedict XVI）282, 283
ベラー，R・N（Robert Neely Bellah）196, 238, 276
ペリー，R・B（Rapin Barton Perry）179
ベルグソン，アンリ（Henri Bergson）35, 36
ベルジャーエフ，ニコライ（Nikolai A. Berdyaev） 32, 33, 41, 145
ベンサム，ジェラミー（Jeremy Bentham） 33, 39, 117
ベンソン，C・L（Constance L.Benson）42
ホッブス，トマス（Thomas Hobbes）116
ボベロ，ジャン（Jean Baubérot） 273
ポランニー，マイクル（Michael Polany） 32
ボルンカム，H（Heinrich Bornkamm）45
ボンヘッファー，ディートリッヒ（Dietrich Bonhöffer） 197, 275

【マ】

マイネッケ，フリードリヒ（Friedrich Meinecke） 61, 100, 162, 165
マッカーサー，ダグラス（Douglass MacArthur） 156
マン，トーマス（Thomas Mann） 45
ミル，ジェイムス（James Mill） 117
ミル，ジョン・スチュアート（John Stuart Mill） 39, 40, 117
宮田光男 198
メッテルニッヒ，クレメンス（Klemens Metternich） 68
モア，トマス（Thomas More） 189, 190
モーゲンソー，ハンス（Hans Joachim Morgenthau） 94, 98
モツキン，ガブリエル（Gabriel Motzkin） 281
森田安一 128
モンテスキュー，C・S（Charles de Secondat Montesquieu） 68

【ヤ】

山之内　靖 278, 279
ユリ，S（Serge July） 284

ケーギ，W（Werner Kaegi） 68
ゲーテ，J・W（Johann Wolfgang von Goethe） 68
ゴーガルテン，フリードリッヒ（Friedrich Gogarten） 197, 213, 238, 275
近藤勝彦 164

【サ】

サルコジ，ニコラ（Nicolas Sarkozy） 273
サンテール，J（Jacques Santer） 271
シェリング，F・W・J（F.W.J Schelling） 30, 31
ジスカールデスタン，ヴァレリー（Valery Giscard d'Estaing） 156
シャールマーニュ（Charlemagne） 19
シュトラウス，レオ（Leo Strauss） 184
シュープ，アンソン（Anson Shupe） 200
シューマン，ロベール（Robert Schuman） 22, 167
スターク，ロドニー（Rodney Stark） 263
スタジ，ベラナール（Bernard Stasi） 285
ストーン，R・H（Ronald H.Stone） 42
スピノザ，B（Baruch de Spinoza） 30, 31
ゾンバルト，W（Welner Sombart） 248, 250

【タ】

ダントレーヴ，A・P（Alexander Passerin D'Entrèves） 182
ツヴィングリ，H（Huldrych Zwingli） 140, 142, 143, 148〜151
ディルタイ，W（Wilhelm Dilthey） 183
ティリッヒ，ポール（Paul Tillich） 42, 211
デカルト，ルネ（Renè Descartes） 54
テート，H・E（Heinz Eduard Tödt） 172, 235
デュルケム，エミール（Émile Durkheim） 201, 276
デラ・カーサ，G（Giovanni della Casa） 100
テルボーン，G（Göran Therborn） 237, 252
テンニース，F（Ferdinand Tönnies） 198, 238, 275, 277
トックヴィル，A（Alexis de Tocqueville） 58, 118, 126
トマス・アクィナス（Thomas Aquinas） 38, 120, 123, 180
トレルチ，エルンスト（Ernst Troeltsch） 16, 28, 41, 109, 120, 123, 162, 164, 169, 188

【ナ】

中野　毅 240
ナポレオン（Napoleon 1 ér） 131
ニーチェ，F（Friedrich Nietzsche） 278, 280
ニーバー，H・R（Hermud Richard Niebuhr） 81
ニーバー，ラインホルト（Reinhold Niebuhr） 41, 42, 84, 89, 90, 102, 103, 106
ノーリス，P（Pippa Norris） 257, 264

【ハ】

ハイデッガー，マルタン（Martin Heidegger） 30, 31
パウロ２世（Johannes Paulus II） 104
バーガー，ピーター（Peter L.Berger）

人 名 索 引

【ア】
アウグスティヌス
(St. Aurelius Augustinus) 34,36,52,189
アクトン，ロード (Lord, Acton) 30,31
アタチュルク，ケマル (Mustafa Kemal Atatürk) 286
イアナコーン，ローレンス・G(Laurence R.Oannacorne) 263
イェリネック，G (Georg Jellineck) 47,121,123,149,177
イングルハート，ロナルド (Ronald Inglehart) 257,264
ヴィヴィアーニ，ルネ (René Viviani) 273
ヴィーコ，G (Giambattista Vico) 54,55
ウェズリー，ジョン (John, Wesley) 227
ウェーバー，マックス (Max Weber) 28,123,199,220,228,247,277
ウォーカー，パトリック・ゴードン (Patrick Gordon Walker) 32
ウォーナー, S(Steven Warner) 262,263
ウォルツァー，マイケル (Michael Walzer) 86
エコラパディウス，J (Johannes Oecolapadius) 142
エラスムス，D (Desiderius Erasmus Roterodamus) 40,141,144
エラスタス，T・L (Thomas Lieber Erastus) 203
エリオット，T・S (Thomas Stearns Eliot) 211,212
エンゲルス, F(Friedrich Engels) 30,31
大塚久雄 222,223,229

【カ】
金井新二 240,251
カダフィ，ムハメド (Muhammed Kadhafi) 287
カッシーラー，エルンスト (Ernst Cassirer) 282
金子晴勇 207,213
カピト，W (Wolfgang Fabricius Capito) 142
カルヴァン，J (Jean Calvin) 59,140,151,177,186
カント，エマニエル (Emmanuel Kant) 30,31
キュング，ハンス (Hans Küng) 81,87,88,90,96,102,104,107,108,210
キルケゴール，S・A (Soren Aabye Kierkegaard) 206,211
クランストン，モーリス (Maurice Cranston) 28
ゲイツ，ビル (Bill Gates) 226

著者紹介

坂本　進（さかもと・すすむ）

1937年、熊谷市生まれ。

早稲田大学第一政治経済学部卒業後、三井銀行（現・三井住友銀行）パリ支店長等歴任。

コナミ株式会社米国現地法人社長等を経て、早稲田大学大学院博士課程満期退学。学術博士

日本EU学会、経済社会学会、政治思想学会、日仏政治学会、日仏経済学会の会員。

現在、早稲田大学日欧研究機構　EU研究所研究員。

主要著書『ヨーロッパ統合とキリスト教』（新評論、2004年）

主要論文「欧州憲法条約と神の記載」（『日本EU学会年報』第25号、有斐閣、所収）

ポスト世俗化時代とヨーロッパ連合

――自由と民主主義とキリスト教――

（検印廃止）

2009年11月25日　初版第1刷発行

著者　坂本　進

発行者　武市一幸

発行所　株式会社　新評論

〒169-0051 東京都新宿区西早稲田3-16-28

http://www.shinhyoron.co.jp

TEL 03(3202)7391

FAX 03(3202)5832

振替 00160-1-113487

落丁・乱丁はお取り替えします。

定価はカバーに表示してあります。

印刷　フォレスト

装丁　山田英春

製本　清水製本プラス紙工

ISBN978-4-7948-0821-9

新評論　好評既刊

坂本　進

ヨーロッパ統合とキリスト教

平和と自由の果てしなき道程

欧州統合の「平和」理念の基底にあるキリスト教的政治倫理を歴史的に再考しつつ，拡大し続けるEUの思想的基盤を問い直す。

[A5上製　360頁　3990円　ISBN4-7948-0644-2]

清水嘉治・石井伸一

［増補改訂版］新EU論

欧州社会経済の発展と展望

戦後復興をめざした1958年ローマ条約発効から，旧東欧諸国の加盟による拡大圏，欧州憲法など最新動向までを踏まえた決定版。

[A5並製　264頁　2520円　ISBN978-4-7948-0768-7]

I.クラーク＆ I.B.ノイマン 編／押村高・飯島昇藏 他訳

国際関係思想史

論争の座標軸

代表的な思想家の国際関係認識を分析，政治思想史と国際関係論の二領域を結びつつ，新たな世界秩序の構想に挑む。

[A5上製　340頁　3150円　ISBN4-7948-0590-X]

B.スターンクィスト／若林靖永・崔　容熏 他訳

変わる世界の小売業

ローカルからグローバルへ

国際市場の次の主役は「小売業」！ 世界各地の流通事情を詳説した，研究者・ビジネスマン必携の画期的入門書。

[A5並製　432頁　4200円　ISBN978-4-7948-0814-1]

＊ 表示価格はすべて消費税込みの定価です。